KB145370

코틀린
코루틴의
정석

코틀린 코루틴의 정석

기초부터 심화까지 알아보는

조세영 지음

에이콘

 에이콘출판의 기틀을 마련하신 故 정완재 선생님 (1935-2004)

코틀린 저서를 집필하면서 코루틴과 동시성에 대한 내용을 넣지 않아 관련된 책을 낼까 고민하던 중, 우연히 출판사를 통해 출간 계획서를 검토해달라는 요청을 받았다. 이름은 없었지만 코루틴 기술 문서를 번역해 올린 저자라는 사실을 너무 쉽게 알 수 있었다. 코루틴을 공부하면서 저자가 정리한 내용과 번역한 내용에서 많은 도움을 받았기 때문이었다. 기획 내용도 체계적이었고, 내가 썼으면 하는 내용들이 다 들어가 있어서 흔쾌히 베타리딩을 통해 작게나마 도움을 드리기로 결정했다.

코틀린을 배우고 활용하다 보면 코루틴을 통한 동시성 처리가 필수적이다. 하지만 코틀린 공식 문서나 코틀린 코루틴 구현 관련 문서는 처음 보는 사람이 흐름을 따라가면서 이해하기엔 어려운 부분이 많다. 이는 코루틴에 대해 다루는 대부분의 문서나 책, 동영상이 어느 정도 동시성 처리에 대해 알고 있다고 가정하기 때문이다. 그래서 처음부터 컨티뉴에이션이나 코루틴 내부의 상태머신, 디스패치 구조 등 나중에 살펴보는 편이 더 나은 세부 사항을 설명하는 것부터 시작하기 때문에, 코틀린으로 동시성 처리를 처음 시작하는 사람은 오히려 복잡한 개념들 속에서 갈피를 못 잡고 헤매는 경우가 많다.

이 책은 다중스레드 프로그래밍을 다루고, 코루틴 디스패처, 코루틴 빌더, Job, Deferred, 코루틴 컨텍스트, 구조화된 동시성, 예외 처리 순서로 설명을 진행한다. 그리고 다시 일시 중단 함수와 코루틴에 대해 설명함으로써 처음 코루틴을 사용할 때 정말 필요한 내용부터 코틀린 코루틴을 깊이 배워나갈 수 있도록 도와준다. 그 과정에서 자세한 예제 코드를 통해 실무에서 코루틴을 사용할 때 알아둬야 하는 개념과 주의해야 할 함정을 알려준다. 설명과 예제 코드는 개념을 충분히 설명하되 너무 지나치지 않고, 너무 간결하지도 않게 딱 적당한 수준이므로 차근차근 쫓아가기 좋다. 이 책을 곁에 두고 잘 익히면 코틀린 개발자들에게 크게 도움이 될 것이다.

코틀린을 배우고 코루틴을 활용한 동시성 프로그래밍을 진행하려는 개발자들이나,

코루틴을 사용하기는 했지만 코루틴 디스패처, 컨텍스트, 잡 계층구조 등에 대해 더 잘 알고 싶은 개발자들에게 이 책을 권한다.

오현석 | 모빌리티42 이사

『코틀린 코루틴의 정석』은 『수학의 정석』과 같이 코루틴 개념에 입문하는 데 최적화된 훌륭한 안내서이다. 초보자도 부담 없이 따라갈 수 있도록 쉬운 언어와 직관적인 예제, 그림으로 설명돼 있어 입문자에게 편하게 다가가며, 예제 코드를 통해 개념을 실제로 적용하는 방법을 명확히 보여줘서 실무에 바로 적용해볼 수 있다. 코틀린 코루틴의 기초를 탄탄히 다지고자 하는 주니어 개발자나 비동기 프로그래밍에 어려움을 느끼는 독자들에게 강력히 추천한다.

강대규 | 당근마켓 안드로이드 개발자

코루틴을 초심자도 이해할 수 있도록 체계적으로 정리한 책을 찾기 어려웠다 보니 이 책의 등장이 반가웠다. 코루틴을 배운다면 필수적으로 알아야 할 주제들을 담고 있으며, 코루틴의 기초 사용뿐만 아니라 내부 동작을 이해하기 위한 내용을 그림과 예제 코드를 통해서 친절하게 설명한다.
각 기술의 주제에 대한 WHAT을 설명해 주는 것을 넘어 이해를 돕기 위한 용어의 어원이나 배경을 통해 WHY를 설명하고 있어서 저자가 독자의 이해를 돕기 위해 고민한 흔적이 느껴진다. 코루틴을 처음 공부하는 독자들이나, 이미 코루틴을 배웠지만 좀 더 깊게 이해하고 싶은 독자들에게 도움이 될 것이다. 코루틴, 이 책 한 권이면 된다.

이주영 | 화해 안드로이드 리드 개발자

코틀린 코루틴 초심자가 읽어나가는 데 전혀 어려움이 없도록 내용을 구성하고 있으며, 배경지식이 각 챕터 서두에 잘 서술돼 있다. 짧은 호흡으로 이뤄진 이 책의 구성은 자칫 쉽게 방향을 잃어버릴 수 있는 일반적인 IT 기술 서적과는 전혀 다르게 느껴진다.
코루틴의 복잡한 동시성을 설명하기 위해 절차를 상세히 도식화해 이해를 도왔고,

특히 실 사용에 있을 법한 적절한 예시를 바탕으로 사용 의도를 파악하기 쉽게 집필했다. 주요 인터페이스를 코드 레벨에서 비교해 분명한 쓰임새를 구분하는 것도 독자의 이해 흐름에 큰 도움이 된다.

이지환 | 네이버 백엔드 개발자

개발자에게 비동기 코드의 중요성을 이해하고 실질적으로 활용하는 것은 필수적인 능력이다. 이 책은 비동기가 왜 필요한지, 그리고 어떻게 효율적으로 비동기 코드를 작성할 수 있는지, 코루틴의 제어와 관리를 위한 방법들을 다양한 예제를 통해 쉽게 이해할 수 있게 제공한다. 그뿐만 아니라 심화 주제에 대해서도 다루고 있어, 기본 개념을 넘어서 더 깊은 이해를 돕는다.

이 책을 특히 주니어 개발자들에게 추천하는 이유는 코루틴에 대한 깊은 이해 없이는 효율적인 코드 작성이 어렵기 때문이다. 버그를 최소화하고, 개발 시간을 단축하기 위해 필요한 코루틴의 많은 활용법을 이 책에서 찾을 수 있다. 독자들이 비동기 코드의 복잡성을 깔끔하게 다루고 이해하는 데 큰 도움을 받을 수 있을 거라 확신한다.

정우진 | 라인 안드로이드 개발자

고등학생 때는 학교 선생님들의 수업으로 이해하지 못했던 개념을 인터넷의 스타 강사들이 이해시켜 줬다. 코틀린 코루틴의 정석도 마찬가지다. 심지어 동영상도 아닌 책이지만, 쉽게 이해하지 못했던 코루틴 개념을 머릿속에 주입해 준다.

책은 앞에서부터 예시 코드를 실행해보면서 따라가면 제일 좋다. 설명을 조금만 읽어보더라도 내 말을 이해할 수 있을 것이다. 머릿속에 개념을 주입하고 있는 스타 강사의 편린이 느껴질 것이다. 본문을 읽어보러 가자. 일부만 읽더라도 얻어가는 게 있을 것이다.

이대건 | 하이퍼커넥트 백엔드 개발자

| 지은이 소개 |

조세영(seyoungcho2@gmail.com)

취미로 안드로이드 개발을 시작했다가 빠져들어 안드로이드 개발자가 됐다. 하이퍼커넥트에서 안드로이드 개발자로서 커리어를 시작했고, 현재는 라인플러스에서 라인 안드로이드 앱을 개발하고 있다.

안드로이드 개발을 하면서 어려움을 느낀 부분들을 다른 사람들과 공유하고 싶어 '조세영의 Kotlin World' 기술 블로그를 운영하며 400개 이상의 글을 발행했다.

블로그 운영 외에도 기술과 관련된 다양한 활동을 하고 있다. 코루틴 기술 문서를 번역해 웹에 배포하기도 했고, Compose Dynamic Theme이나 Filled Slider Compose 같은 오픈 소스 라이브러리를 만들어 배포해 Google Dev Library에 소개되기도 했다.

경력
현) 라인플러스 안드로이드 개발자
전) 하이퍼커넥트 안드로이드 개발자
전) 티맥스데이터 연구원
전) 인공위성연구소 대학원생 연구원

학력
KAIST 전기및전자공학부 석사
고려대학교 전기전자전파공학부 학사
고려대학교 보건정책관리학부 학사
인천외국어고등학교 졸업

개발자들은 프로그램을 만들며 비동기 프로그래밍이 필요한 수많은 상황과 맞닥뜨리게 된다. 그 과정에서 수많은 난관을 거쳐 각 상황에 맞는 솔루션을 직접 찾아가며 성장하고 비동기 프로그래밍에 익숙해진다. 성능 좋은 프로그램을 만드는 데는 비동기 프로그래밍이 필수적이므로 실력 있는 개발자가 되기 위해서는 비동기 프로그래밍에 대한 이해가 필요하다. 하지만 비동기 프로그래밍에 대한 학습 자료는 많지 않다. 또한 그 학습 자료들도 대부분 어느 정도 실력이 갖춰진 개발자를 대상으로 작성돼 있어 이제 막 개발을 시작한 개발자들은 이해하기 어렵다.

코틀린 코루틴 또한 예외가 아니다. 코루틴은 성능과 안정성, 가독성을 모두 갖춘 비동기 솔루션으로 향후 오랜 기간 동안 코틀린 비동기 프로그래밍의 표준이 될 것이 명백하다. 이에 따라 많은 개발자가 실무에서 코루틴을 사용하기 시작했지만, 여전히 학습 자료가 부족하고 특히 초보 개발자들은 이해하기 어려운 자료가 대부분이다.

필자는 그동안 개발자들이 코루틴에 쉽게 접근할 수 있도록 여러 가지 시도를 했다. 영어로 된 책과 강의, 공식 문서 등을 정리한 내용을 시리즈로 기술 블로그에 올리기도 했고, 코루틴 공식 기술 문서를 한국어로 번역해 웹에 배포하기도 했다. 시도들은 좋은 반응을 얻었지만 코루틴을 체계적으로 다루는 데는 한계가 있었다. 그러던 중 책을 통해 코루틴을 보다 체계적으로 전달할 수 있겠다는 생각에 집필을 시작했다.

이 책에서는 코루틴을 체계적으로 다룰 것이다. 기존의 멀티 스레드 프로그래밍은 어떤 특징을 가졌는지, 코루틴이 기존 멀티 스레드 프로그래밍의 한계를 어떻게 극복했는지, 코루틴의 구성 요소는 무엇이고 어떻게 사용하는지 등을 다룬다. 이 책을 통해 단순히 코루틴을 어떻게 사용하는지에 대한 지식을 넘어 코루틴이 무엇을 해결하고자 했는지 알 수 있다. 그리고 코틀린 언어만 알고 있다면 이 모든 내용을 이해할 수 있도록 구성했다. 이 책을 통해 많은 개발자들이 코루틴에 대해 깊이 이해할 수 있게 되길 바란다.

| 감사의 말 |

저는 에이콘출판사의 오랜 독자로 오현석 님께서 번역해 주신『Kotlin in Action』(에이콘, 2017)을 통해 코틀린을 처음 접했고, 코틀린에 빠져들었습니다. 기술적으로 성장하기 위해 에이콘출판사의 많은 양질의 책들에 도움을 받았고, 이 과정을 통해 얻은 기술적인 성장을 바탕으로 이 책을 저술할 수 있었습니다. 이런 기회를 주신 에이콘출판사와 임지원 편집자님께 감사드리며, 책을 꼼꼼히 편집해주신 편집 팀 분들께도 감사의 인사를 드립니다. 또한 흔쾌히 기술 리뷰를 해주시고 정성스러운 추천사를 써주신 오현석 님께 감사합니다.

개발자로 경력을 쌓으며 정말 소중한 인연을 많이 만났고, 이분들께서 책을 만드는데 도움을 주셨습니다. 제가 안드로이드 개발자로 커리어를 시작한 하이퍼커넥트에서 만난 이주영 님. 함께 개발하고 기술을 공유할 때 즐거웠고, 단순히 기술적인 성장뿐 아니라 팀워크를 어떻게 만들어 나가야 하는지 배울 수 있었습니다. 같은 회사에서 만난 강대규 님. 함께 개발하며 깊이 있게 기술을 파악하는 방법과 치열하게 개발하는 방법을 배울 수 있었습니다. 셋이 함께 개발했을 때 너무 즐거웠고, 두 분 모두 책의 기술 리뷰를 부탁드렸을 때 흔쾌히 수락해 주시고 꼼꼼히 리뷰해주셔서 책의 완성도를 높일 수 있었습니다. 감사합니다.

그리고 오랜 친구이자 개발자로 커리어를 시작할 때 동기로 만난 이지환 님께도 감사의 말씀을 드립니다. 개발자로 커리어를 시작하기 전 알고리듬 위주의 연구를 해와 컴퓨터 과학 분야의 지식이 부족했는데, 컴퓨터 과학 지식을 아낌없이 가르쳐 주셔서 개발자라는 직업에 흥미를 느꼈고 덕분에 여기까지 올 수 있었습니다. 이번 책도 읽어주시고 추천사를 써주셔서 감사합니다. 그 외에도 많은 시간을 써서 책을 꼼꼼히 읽어주시고 추천사를 써주신 정우진 님과 이대건 님께 감사의 인사를 드립니다.

마지막으로 사랑하는 가족들에게 감사의 인사를 드립니다. 책을 완성할 수 있었던 것은 사랑하는 아내 김한별의 도움이 컸습니다. 항상 저를 응원해 주고, 함께 하는 시간에 카페에 가서 저술할 시간을 확보해 준 아내에게는 항상 고마운 마음뿐입니다. 또한 항상 응원해 주시는 부모님께도 감사의 말씀을 드립니다.

조그마한 변화들이 모여 하나의 큰 결과를 만들어낸다고 합니다. 이 책 또한 마찬가지입니다. 많은 분들의 도움이 모여 이 책이 완성될 수 있었습니다. 모두 정말 감사합니다.

| 차례 |

내용

│ 들어가며 │

코틀린 코루틴^{Coroutine}은 코틀린을 위한 강력한 비동기 솔루션이다. 코틀린을 공식 언어로 채택한 안드로이드에서는 코루틴이 점유율을 빠르게 높여가고 있으며, 새로 시작하는 프로젝트들은 대부분 코루틴을 사용한다. 서버사이드에서 많이 사용되는 스프링 프레임워크^{Spring Framework}에서도 코틀린과 코루틴을 함께 사용하는 프로젝트가 늘어나고 있고, 코틀린을 기반으로 한 케이토르^{Ktor}와 같은 비동기 서버를 만드는 프레임워크은 코루틴의 사용이 필수이다.

그 이유는 코루틴의 성능, 안정성과 가독성에 있다. 기존의 멀티 스레드 프로그래밍 방식은 사용자가 스레드를 기반으로 작업을 수행하도록 했기 때문에 스레드 블로킹을 극복하기 어려웠다. 이런 환경에서 비동기성을 보장하기 위해서는 스레드의 세밀한 제어를 위해 많은 코드를 추가하거나 가독성을 해치는 콜백 같은 방식이 사용됐다. 하지만 코루틴은 경량 스레드라는 개념을 도입해 간단한 코드만으로도 스레드 블로킹을 방지할 수 있게 했다. 또한 구조화된 동시성 원칙을 적용해 비동기 작업을 구조화해서 코루틴이 동작하는 범위를 한정해 관리할 수 있도록 함으로써 안정성을 높였다. 여기에 코틀린의 특징인 간결함과 가독성이 더해져 강력한 비동기 솔루션이 탄생했다. 코루틴은 코틀린 비동기 프로그래밍에 대한 게임 체인저로 비동기 프로그래밍의 새로운 장을 열었다.

이 책은 코틀린 코루틴을 기초부터 심화까지 체계적으로 다루고 있다. 주요 개념들은 초보 개발자들도 이해할 수 있도록 기본적인 것부터 설명했다. 핵심적인 부분은 깊게, 핵심적이지 않은 부분은 간단하게 설명하는 방식으로 강약을 조절해 독자가 핵심적인 부분에 집중할 수 있도록 하고 있다. 또한 각 장은 이전 장에서 배운 개념을 기반으로 새로운 지식을 쌓아 올리는 방식으로 구성해 지식을 체계적으로 쌓을 수 있도록 했다.

이 책의 특징 중 한 가지는 비동기 프로그래밍에 대한 시각화이다. 사람들이 비동기 프로그래밍을 공부할 때 가장 어려움을 겪는 부분은 작성한 코드가 어떻게 동작할지 머릿속으로 그려지지 않는다는 점이다. 이 책에서는 비동기 프로그래밍의 동작 방식에 대한 다양한 시각적 자료를 제공해 비동기 프로그래밍이 어떻게 동작하는지 단번에 이해할 수 있도록 했다. 이 책을 읽고 나면 코루틴을 자유자재로 다룰 수 있게 될 것이다.

책에서 다루는 내용

- 코루틴을 사용해 비동기 프로그래밍을 하는 방법에 초점을 두며, 코루틴의 동작 방식을 이해하고 적절한 시점에 코루틴 라이브러리의 구성 요소를 사용할 수 있도록 한다. 이를 통해 코루틴으로 멀티 스레드 환경에서 동시성 문제에 대응하고 병렬 처리와 비동기 처리를 보다 효율적으로 수행할 수 있다.

- 코루틴의 구조화된 동시성을 체계적으로 다뤄 코루틴을 더욱 안전하게 사용할 수 있도록 한다.

- 코루틴 테스트 라이브러리에 대한 내용을 다룬다. 누구나 테스트를 이해할 수 있도록 테스트의 기초부터 코루틴 테스트 라이브러리를 심층적으로 사용하는 방법까지 다룰 것이다.

책에서 다루지 않는 내용

코루틴 리액티브 프로그래밍과 관련된 Channel과 Flow는 다루지 않는다. 이에 대해서는 별도의 책에서 다룰 예정이다.

이 책의 구성

1장에서는 JVM^{Java Virtual Machine}의 프로세스, 스레드에 대해 다룬다. 기존 멀티 스레드 프로그래밍이 어떤 방식으로 변화했고, 코루틴이 기존 멀티 스레드 프로그래밍의 한계를 어떻게 극복했는지 알아본다.

2장에서는 인텔리제이 아이디어를 사용해 코루틴 개발 환경을 설정하는 방법에 대해 다룬다. 개발 환경을 설정한 후에는 첫 코루틴을 실행해 보고, 어떤 스레드에서 코루틴이 실행 중인지 확인하는 방법에 대해서도 알아본다.

3장에서는 CoroutineDispatcher에 대해 다룬다. 제한된 디스패처를 만드는 방법과 제한된 디스패처를 사용해 코루틴을 실행시키는 방법을 설명한다. 코루틴 라이브러리는 사용자의 편의를 위해 미리 정의된 CoroutineDispatcher를 제공하므로 미리 정의된 CoroutineDispatcher에는 어떤 종류가 있고 언제 사용해야 하는지 살펴본다.

4장에서는 코루틴 빌더 함수인 launch와 launch 호출 시 반환되는 Job 객체를 다룬다. 코루틴은 일시 중단이 가능하므로 작업 간의 순차 처리가 매우 중요하다. Job 객체의 join 함수를 사용해 코루틴 간의 순차 처리 방법과 Job 객체를 통해 코루틴의 상태를 조작하고 상태 값을 확인하는 방법에 대해 알아본다.

5장에서는 async 코루틴 빌더에 대해 설명한다. async와 await를 사용해 코루틴으로부터 반환값을 받는 방법에 대해 알아보고, 코루틴을 실행 중인 스레드의 변경을 위해 withContext를 사용하는 방법에 대해서도 살펴본다.

6장에서는 CoroutineContext에 대해 알아본다. Job, CoroutineDispatcher, CoroutineName이 CoroutineContext의 구성 요소라는 것을 이해하고, CoroutineContext의 구성 요소를 결합하거나 분리하는 방법을 살펴본다.

7장에서는 코루틴을 안전하게 사용하게 위해 구조화된 동시성이 어떻게 사용되는지 부모 코루틴과 자식 코루틴의 관계를 중심으로 알아본다. 이후에는 구조화에 중요한 역할을 하는 CoroutineScope를 알아보고, 구조화의 중심에 Job이 있다는 것을 살펴본다.

8장에서는 예외 처리에 대해 다룬다. 코루틴에서 예외가 발생했을 때 어떻게 전파되는지 알아보고 예외 전파가 구조화된 동시성으로 인해 일어난다는 것을 확인한다. 그리고 supervisorScope나 SupervisorJob을 사용해 예외가 전파될 수 있는 범위를 제한하는 방법에 대해 다룬다. 추가로 try catch문 또는 Coroutine

ExceptionHandler를 사용해 전파된 예외를 처리하는 방법에 대해서도 설명한다.

9장에서는 일시 중단 함수에 대해 다룬다. 일시 중단 함수가 재사용이 가능한 코드 블록임을 이해하고, 일시 중단 함수를 사용할 때 주의할 점에 대해 알아본다. 이후에 는 일시 중단 함수를 호출할 수 있는 지점에 대해 알아보고, 일시 중단 함수 내부에 서 구조화를 깨지 않는 CoroutineScope를 생성해 새로운 자식 코루틴을 실행하는 방법에 대해서도 살펴본다.

10장에서는 앞서 다룬 내용을 바탕으로 코루틴에 대한 이해를 더욱 깊게 만드는 주 제들을 다룬다. 서브루틴과 코루틴의 차이를 알아보고, 코루틴이 협력적으로 동작하 는 데 스레드를 양보하는 것이 왜 중요하고 코루틴이 일시 중단 후 재개될 때 어떤 일이 일어나는지 살펴본다.

11장에서는 코루틴의 심화 주제들을 알아본다. 멀티 스레드 환경에서 공유 상태를 사용하는 복수의 코루틴이 있을 때의 데이터 동기화 문제, CoroutineStart 옵션을 통해 코루틴의 실행 방법을 바꾸는 방법, 무제한 디스패처가 동작하는 방식, 코루틴 의 일시 중단과 재개가 일어나는 원리에 대해 설명한다.

12장에서는 코루틴 단위 테스트에 대해 다룬다. 코루틴 테스트 라이브러리를 사용 하는 방법과 코루틴 단위 테스트를 어떻게 진행하면 좋을지에 대해 알아본다.

용어의 표기

- 코틀린은 언어 수준에서 코루틴을 지원하지만 저수준 API만을 제공해 고수준 API를 제공하는 별도의 라이브러리를 추가하지 않으면 기능을 제대로 활용하 기 어렵다. 따라서 이 책에서는 코틀린을 만든 젯브레인스^{JetBrains}에서 개발한 코루틴 라이브러리(kotlinx.coroutines)를 활용해 코루틴을 다루며, 이를 '코루 틴 라이브러리'라고 지칭할 것이다. 코루틴 라이브러리에는 개발 실무에서 사 용하는 launch나 async, await 같은 고수준 API들이 포함돼 있다.

- 클래스, 인터페이스, 함수, 프로퍼티는 한국어로 표기하지 않고 영문 그대로 표 기한다. 예를 들어 CoroutineContext, CoroutineDispatcher, Coroutine

Name, Job, Deferred, launch, async 등은 영문 그대로 사용할 것이다.

코드 실행 환경

- 코틀린은 다양한 실행 환경에서 실행될 수 있지만 코틀린이 주로 사용되는 안드로이드와 스프링 프레임워크은 모두 JVM상에서 동작한다. 따라서 이 책에서는 코틀린 코드가 멀티 코어 환경의 JVM상에서 실행되는 경우를 다룬다.

- 멀티 스레드 프로그래밍과 비동기 프로그래밍을 이해하기 위해서는 단일 프로세스로 충분하므로 멀티 프로세스 프로그램에 대해서는 다루지 않는다. 따라서 책의 내용은 코틀린 코드가 JVM상의 단일 프로세스에서 실행되는 경우로 한정한다.

참고용 링크

이 책과 관련된 자료는 다음 링크(https://coroutine.info/book)에서 확인할 수 있다.

소스 코드

이 책의 코드는 깃허브(https://github.com/seyoungcho2/coroutinesbook)에서 제공한다. 에이콘출판사의 도서정보 페이지(http://www.acornpub.co.kr/book/kotlin-coroutines)에서도 동일한 예제 코드를 다운로드할 수 있다.

문의

이 책의 정오표는 에이콘출판사의 도서정보 페이지(http://www.acornpub.co.kr/book/kotlin-coroutines)에서 확인할 수 있다. 기술적인 내용에 관한 의견이나 문의는 에이콘출판사 편집 팀(editor@acornpub.co.kr)이나 지은이의 이메일로 연락 주길 바란다.

Chapter 1

스레드 기반 작업의
한계와 코루틴의 등장

1장에서 다루는 내용

- JVM 프로세스와 스레드에 대한 이해
- 단일 스레드를 사용하는 것의 한계와 멀티 스레드 프로그래밍
- 기존 멀티 스레드 프로그래밍의 한계와 코루틴이 이를 극복한 방법

1장에서는 멀티 스레드 프로그래밍이 어떻게 변화했고, 코루틴이 기존 멀티 스레드 프로그래밍의 한계를 어떻게 극복했는지 알아본다. 멀티 스레드 프로그래밍의 변천사를 이해하기 위해서는 JVM^{Java Virtual Machine, 자바 가상 머신}의 프로세스와 스레드에 대한 이해가 선행돼야 한다. 코틀린 코드를 실행했을 때 JVM에서 어떻게 프로세스가 생성되고 종료되는지부터 알아보자.

1.1. JVM 프로세스와 스레드

일반적으로 코틀린 애플리케이션의 실행 진입점은 main 함수를 통해 만들어진다. 애플리케이션이 실행되면 JVM은 프로세스를 시작하고 메인 스레드를 생성하며

main 함수 내부의 코드들을 수행한다. 이후 main 함수 내부의 코드가 모두 실행되면 애플리케이션은 종료된다.

예를 들어 "Hello World"를 출력하고 종료되는 애플리케이션은 다음과 같이 작성할 수 있다.

```
코드 위치: src/main/chapter1/code1/Code1-1.kt
fun main() {
  println("Hello World!")
}
/*
// 결과:
Hello World! // 메인 스레드가 println("Hello World!") 실행

Process finished with exit code 0 // 프로세스가 정상적으로 종료
*/
```

이 코드에서는 main 함수에서 "Hello World!"를 출력하면 더 이상 실행할 코드가 없어 프로세스가 종료된다. 따라서 코드를 실행해 보면 메인 스레드에 의해 "Hello World!"가 출력된 후 정상 종료(exit code 0)됐다는 로그가 출력되는 것을 볼 수 있다.

이처럼 메인 스레드는 일반적으로 프로세스의 시작과 끝을 함께하는 매우 중요한 역할을 한다. 만약 예외로 인해 메인 스레드가 강제로 종료되면 프로세스도 강제 종료된다. 다음과 같이 "메인 스레드 시작"을 출력한 후 예외를 발생시키고 "메인 스레드 종료"를 출력하는 코드를 살펴보자.

```
코드 위치: src/main/chapter1/code2/Code1-2.kt
fun main() {
  println("메인 스레드 시작")
  throw Exception("Dummy Exception")
  println("메인 스레드 종료")
}
/*
// 결과:
메인 스레드 시작
Exception in thread "main" java.lang.Exception: Dummy Exception
  at chapter1.code2.Code1_2Kt.main(Code1-2.kt:5)
```

```
    at chapter1.code2.Code1_2Kt.main(Code1-2.kt)

 Process finished with exit code 1 // 프로세스가 비정상적으로 종료
 */
```

코드를 실행해 보면 "메인 스레드 시작"은 출력되지만 메인 스레드에서 예외가 발생해 프로세스가 강제 종료돼 "메인 스레드 종료"는 출력되지 않는다. 따라서 프로세스가 비정상 종료(exit code 1)됐다는 로그가 출력된다. 이렇듯 JVM의 프로세스는 기본적으로 메인 스레드를 단일 스레드로 해서 실행되며 메인 스레드가 종료되면 종료되는 특징을 가진다.

> 메인 스레드가 항상 프로세스의 끝을 함께하는 것은 아니다. JVM의 프로세스는 사용자 스레드가 모두 종료될 때 프로세스가 종료되며, 메인 스레드는 사용자 스레드 중 하나이다. 만약 멀티 스레드 환경에서 사용자 스레드가 여러 개라면 메인 스레드에서 예외가 발생해 전파되더라도 프로세스는 강제 종료되지 않는다. 이에 대해서는 "1.3.1. 추가 자료. 사용자 스레드와 데몬 스레드"에서 자세히 다룬다.

1.2. 단일 스레드의 한계와 멀티 스레드 프로그래밍

스레드 하나만 사용해 실행되는 애플리케이션은 단일 스레드 애플리케이션Single-Thread Application이라고 한다. 앞서 다룬 것과 같이 main 함수를 통해 애플리케이션을 실행하면 애플리케이션은 메인 스레드를 단일 스레드로 사용해 실행된다. 하지만 단일 스레드에서 실행되는 애플리케이션에는 치명적인 문제가 있다. 이에 대해 자세히 알아보자.

1.2.1. 단일 스레드 애플리케이션의 한계

스레드는 하나의 작업을 수행할 때 다른 작업을 동시에 수행하지 못한다. 메인 스레드 또한 예외가 아니어서 메인 스레드에서 실행하는 작업이 오래 걸리면 해당 작업이 처리되는 동안 다른 작업을 수행하지 못한다. 이처럼 메인 스레드 하나만 사용하는 애플리케이션은 하나의 작업이 오래 걸리면 다른 작업을 전혀 할 수 없게 되는데

이에 따라 응답성에 문제가 생길 수 있다.

예를 들어 안드로이드 휴대폰에서 동작하는 애플리케이션을 메인 스레드만 사용해 만들었다고 해보자. 안드로이드 애플리케이션은 기본적으로 그림 1-1과 같이 메인 스레드에서 UI를 그리는 작업과 사용자가 화면을 누르는 이벤트를 전달받아 처리하는 작업을 반복적으로 수행한다.

그림 1-1 안드로이드의 메인 스레드에서 실행되는 기본 작업

만약 그림 1-2와 같이 메인 스레드가 네트워크 요청을 하고 응답을 대기하거나 복잡한 연산 작업을 수행하는 등 오래 걸리는 작업을 하고 있다면 그동안 안드로이드 애플리케이션은 UI를 그리는 작업을 멈추고 사용자 입력 또한 제대로 전달받지 못하게 된다. 이는 안드로이드 휴대폰이 멈추거나 버벅이는 주요 이유가 된다.

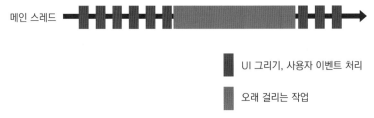

그림 1-2 안드로이드의 메인 스레드가 오래 걸리는 작업을 하고 있을 때 생기는 문제

서버사이드 작업에서도 마찬가지다. 클라이언트로부터 오래 걸리는 작업 요청이 들어왔을 때 단일 스레드만 사용해 처리한다면 요청을 처리하는 속도가 늦어져 응답 속도가 늦어진다. 예를 들어 클라이언트에게 요청이 들어왔고 해당 요청을 처리하기 위해 데이터베이스 3개(DB1, DB2, DB3)를 조회해 결과를 병합해야 하는 상황을 가정해 보자.

만약 이런 작업을 단일 스레드만 사용해 처리해야 한다면 그림 1-3과 같이 DB 조회를 순차적으로 처리해야 하므로 처리 속도와 응답 속도가 늦어진다.

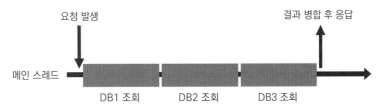

그림 1-3 단일 스레드만 사용하는 서버에 오래 걸리는 요청이 들어올 경우

즉, 단일 스레드만 사용해 작업하면 해야 할 작업이 다른 작업에 의해 방해받거나 작업 속도가 느려질 수 있다.

1.2.2. 멀티 스레드 프로그래밍을 통한 단일 스레드의 한계 극복

단일 스레드 사용 시의 문제는 멀티 스레드 프로그래밍으로 해결할 수 있다. 멀티 스레드 프로그래밍이란 스레드를 여러 개 사용해 작업을 처리하는 프로그래밍 기법으로 프로세스는 멀티 스레드 프로그래밍을 통해 여러 개의 스레드로 작업을 실행한다. 각각의 스레드가 한 번에 하나의 작업을 처리할 수 있으므로 여러 작업을 동시에 처리하는 것이 가능해진다. 앞서 살펴본 안드로이드와 서버사이드 작업 시 단일 스레드를 사용했을 때 생긴 문제를 멀티 스레드 프로그래밍을 사용해 어떻게 해결할 수 있는지 살펴보자.

안드로이드에서는 오래 걸리는 작업을 멀티 스레드 프로그래밍을 통해 메인 스레드 대신 별도 스레드가 처리할 수 있도록 만들어 이 문제를 해결한다. 그림 1-4와 같이 메인 스레드에 오래 걸리는 작업이 요청됐을 때 오래 걸리는 작업을 백그라운드 스레드에서 처리하도록 만들면 메인 스레드는 오래 걸리는 작업을 하지 않아도 되기 때문에 UI가 멈추거나 사용자 입력을 받지 못하는 현상을 방지할 수 있다.

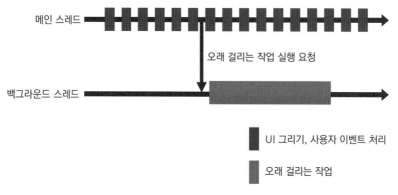

그림 1-4 안드로이드 멀티 스레드 프로그래밍

서버사이드에서도 마찬가지다. 오래 걸리는 작업이 요청됐을 때 작업을 스레드 간에 독립적인 작은 작업으로 나눈 후 각 작업이 서로 다른 스레드에서 실행되도록 만들면 응답 속도를 높일 수 있다. 데이터베이스 3개를 조회해 결과를 병합한 후 반환해야 하는 요청을 멀티 스레드를 사용해 어떻게 빠르게 실행할 수 있는지 살펴보자.

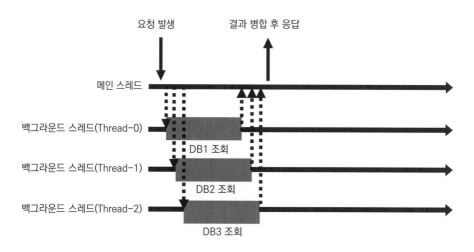

그림 1-5 오래 걸리는 작업을 멀티 스레드를 사용해 처리

멀티 스레드를 사용하면 그림 1-5와 같이 독립적으로 분할된 작업(DB1 조회, DB2 조회, DB3 조회)을 서로 다른 스레드로 할당해 처리할 수 있다. 이런 방식으로 여러 스레드가 동시에 작업을 처리하면 단일 스레드만 사용하는 것에 비해 처리 속도가 빨

라지는데 이를 병렬 처리^{Parallel Processing}라고 한다.

> 모든 작업을 작은 단위로 나눠서 병렬로 실행할 수 있는 것은 아니다. 작은 작업 간에 독립성이 있을 때만 병렬로 실행할 수 있다. 만약 큰 작업을 작은 작업으로 분할했을 때 작은 작업 간에 의존성이 있다면 작은 작업은 순차적으로 실행돼야 한다. 예를 들어 DB2를 조회하는 작업 수행을 위해 DB1을 조회한 결과가 필요하다면 DB1을 조회하는 작업과 DB2를 조회하는 작업은 순차적으로 실행돼야 한다.

지금까지 멀티 스레드 프로그래밍이 왜 필요한지에 대해 알아봤다. 지금부터는 코루틴이 등장하기 이전의 멀티 스레드 프로그래밍에 대해 알아보자.

1.3. 스레드, 스레드풀을 사용한 멀티 스레드 프로그래밍

멀티 스레드 프로그래밍은 계속해서 변화해 왔다. 그 이유는 이전 방식들의 한계를 극복하기 위함이다. 코루틴 또한 기존의 멀티 스레드 프로그래밍 문제를 해결한 토대 위에서 만들어졌기 때문에 멀티 스레드 프로그래밍의 변화 과정을 이해하는 것은 중요하다.

여기서는 코루틴이 등장하기 이전에 만들어진 스레드와 스레드풀을 활용한 멀티 스레드 프로그래밍 방식에 대해 알아볼 것이다. 다만, 이 책은 코루틴을 다루는 책이므로 이 책 내용의 이해를 위해 필요한 정도만 다루려고 한다.

이제 스레드를 직접 다루는 가장 간단한 방법인 Thread 클래스를 활용하는 방법에서부터 시작해 보자.

1.3.1. Thread 클래스를 사용하는 방법과 한계

1.3.1.1. Thread 클래스를 사용해 스레드 다루기

오래 걸리는 작업이 별도 스레드에서 실행되도록 Thread 클래스를 상속하는 클래스를 만들 것이다. 다음과 같이 새로운 스레드에서 2초 정도의 시간이 걸리는 작업을 실행하는 ExampleThread를 만들 수 있다.

```kotlin
class ExampleThread : Thread() {
  override fun run() {
    println("[${Thread.currentThread().name}] 새로운 스레드 시작")
    Thread.sleep(2000L) // 2초 동안 대기
    println("[${Thread.currentThread().name}] 새로운 스레드 종료")
  }
}
```

Thread 클래스의 run 함수를 재정의^{override}하면 새로운 스레드에서 실행할 코드를 작성할 수 있다. 이 코드에서는 현재 실행 중인 스레드의 출력을 위해 Thread 클래스의 정적 함수인 Thread.currentThread()를 사용한다. 해당 함수는 함수를 호출한 Thread 객체를 반환하며, Thread 객체에는 스레드의 이름을 저장하는 문자열 ^{String} 타입의 name 프로퍼티가 있어 Thread.currentThread().name은 현재 스레드명을 나타내는 문자열이 된다. 따라서 ExampleThread는 작업 시작 시 "[실행 중 스레드명] 새로운 스레드 시작"을 출력하고 2초간 대기 후 "[실행 중 스레드명] 새로운 스레드 종료"를 출력한다.

이제 main 함수에서 앞서 만든 ExampleThread 클래스를 인스턴스화해 실행해 보자. 다음 코드에서는 시작과 함께 "[현재 스레드명] 메인 스레드 시작"을 출력하고 ExampleThread를 실행한 후 1초간 대기 후 "[현재 스레드명] 메인 스레드 종료"를 출력한다. ExampleThread는 시작과 함께 "[현재 스레드명] 새로운 스레드 시작"을 출력하고 2초간 대기 후 "[현재 스레드명] 새로운 스레드 종료"를 출력한다.

```kotlin
fun main() {
  println("[${Thread.currentThread().name}] 메인 스레드 시작")
  ExampleThread().start()
  Thread.sleep(1000L) // 1초 동안 대기
  println("[${Thread.currentThread().name}] 메인 스레드 종료")
}
/*
// 결과:
[main] 메인 스레드 시작
[Thread-0] 새로운 스레드 시작
```

```
[main] 메인 스레드 종료
[Thread-0] 새로운 스레드 종료

Process finished with exit code 0
*/
```

코드의 실행 결과를 보면 메인 스레드에서 출력한 로그와 새로운 스레드에서 출력한 로그가 섞여 있는 것을 확인할 수 있다. 결과가 이렇게 나온 이유를 그림 1-6으로 알아보자.

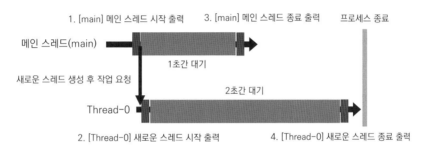

그림 1-6 Thread 클래스를 사용한 멀티 스레드 프로그래밍

메인 스레드는 main이라는 이름을 가진다. main 함수는 메인 스레드에서 시작하므로 처음 시작 스레드는 main으로 표기된다. 따라서 println("[${Thread.currentThread().name}] 메인 스레드 시작")에 의해 "[main] 메인 스레드 시작"이 출력된다. 이후 ExampleThread().start()에 의해 Thread-0라고 불리는 새로운 스레드가 생성되고 ExampleThread 객체의 run 함수를 실행하도록 요청받는다. 스레드는 각각 하나의 작업을 진행할 수 있으므로 메인 스레드의 작업과 Thread-0 스레드가 요청받은 작업은 동시에 실행된다.

따라서 메인 스레드가 1초간 대기 후 "[main] 메인 스레드 종료"를 출력하는 작업과 Thread-0 스레드가 "[Thread-0] 새로운 스레드 시작"을 출력한 후 2초간 대기 후 "[Thread-0] 새로운 스레드 종료"를 출력하는 작업은 동시에 실행된다.

따라서 시간 순서대로 다음과 같이 출력된다.

1. "[main] 메인 스레드 시작"이 출력된다.

2. 새로운 스레드가 생성되고 "[Thread-0] 새로운 스레드 시작"이 출력된다.

3. 1초 뒤 "[main] 메인 스레드 종료"가 출력된다.

4. 다시 1초 뒤 "[Thread-0] 새로운 스레드 종료"가 출력된다(출력까지 총 2초 정도 소요됨).

이를 통해 시간이 오래 걸리는 작업을 새로운 스레드에서 실행하면 작업이 병렬로 실행되는 것을 확인할 수 있다.

추가 자료. 사용자 스레드와 데몬 스레드

"1.1. JVM 프로세스와 스레드"에서 JVM 프로세스는 일반적으로 메인 스레드의 작업이 종료되면 종료된다고 했다. 하지만 "1.3.1.1. Thread 클래스를 사용해 스레드 다루기"에서 살펴본 코드에서는 메인 스레드가 종료될 때 프로세스가 종료되지 않고 새로운 스레드의 작업이 종료될 때 프로세스가 종료된다. 그 이유는 바로 메인 스레드와 ExampleThread 객체를 실행하면서 만들어진 스레드 모두 사용자 스레드이기 때문이다.

JVM은 스레드를 사용자 스레드와 데몬 스레드로 구분한다. 사용자 스레드는 우선도가 높은 스레드이고, 데몬 스레드는 우선도가 낮은 스레드이다. JVM 프로세스가 종료되는 시점은 우선도가 높은 사용자 스레드가 모두 종료될 때이다.

단일 스레드만 사용해 코드를 실행했을 때는 메인 스레드만 사용자 스레드이기 때문에 메인 스레드가 종료될 때 프로세스가 종료됐다. 하지만 멀티 스레드를 사용하는 프로세스에서는 스레드 중 사용자 스레드가 모두 종료되는 시점에 프로세스가 종료된다. Thread 클래스를 상속한 클래스를 사용해 스레드를 생성하면 기본적으로 사용자 스레드로 생성된다. 따라서 앞서 다룬 코드에서 ExampleThread 객체를 사용해 새로운 스레드를 생성했을 때 사용자 스레드가 생성돼 이 스레드가 실행 완료될 때까지 프로세스가 종료되지 않았던 것이다. 만약 생성되는 스레드를 데몬 스레드로 바꾸고 싶다면 다음과 같이 isDaemon = true 속성을 적용해야 한다.

```
ExampleThread().apply{
    isDaemon = true
}.start()
```

앞서 다룬 코드에서 ExampleThread 객체가 생성하는 스레드가 데몬 스레드가 되도록 다음과 같이 코드를 바꿔보자.

```kotlin
코드 위치: src/main/chapter1/code4/Code1-4.kt
fun main() {
  println("[${Thread.currentThread().name}] 메인 스레드 시작")
  ExampleThread().apply {
    isDaemon = true
  }.start()
  Thread.sleep(1000L) // 1초 동안 대기
  println("[${Thread.currentThread().name}] 메인 스레드 종료")
}
/*
// 결과:
[main] 메인 스레드 시작
[Thread-0] 새로운 스레드 시작
[main] 메인 스레드 종료

Process finished with exit code 0 // 프로세스 정상 종료
*/
```

이 코드는 그림 1-7과 같이 동작해 메인 스레드가 종료될 때 프로세스가 종료되는 것을 볼 수 있다. 사용자 스레드인 메인 스레드가 종료될 때 프로세스가 종료돼 새로운 스레드(Thread-0)는 실행 중에 강제 종료된다. 데몬 스레드는 중요한 스레드가 아니기 때문에 강제 종료되더라도 프로세스가 정상 종료된다.

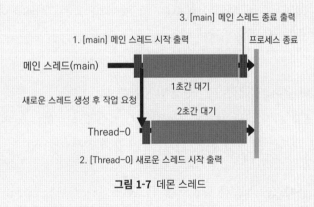

그림 1-7 데몬 스레드

thread 함수 사용해 새로운 스레드에서 코드 실행하기

코틀린은 새로운 스레드에서 실행할 코드를 쉽게 작성할 수 있도록 thread 함수를 제공한다. thread 함수의
람다식에 새로운 스레드에서 실행할 코드를 작성하면 새로운 스레드에서 코드가 실행된다.

```kotlin
코드 위치: src/main/chapter1/code5/Code1-5.kt
fun main() {
  println("[${Thread.currentThread().name}] 메인 스레드 시작")
  thread(isDaemon = false) {
    println("[${Thread.currentThread().name}] 새로운 스레드 시작")
    Thread.sleep(2000L) // 2초 동안 대기
    println("[${Thread.currentThread().name}] 새로운 스레드 종료")
  }
  Thread.sleep(1000L) // 1초 동안 대기
  println("[${Thread.currentThread().name}] 메인 스레드 종료")
}
/*
// 결과:
[main] 메인 스레드 시작
[Thread-0] 새로운 스레드 시작
[main] 메인 스레드 종료
[Thread-0] 새로운 스레드 종료

Process finished with exit code 0
*/
```

thread 함수를 사용하면 새로운 스레드에서 실행돼야 하는 작업이 있을 때마다 Thread 클래스를 상속받아
새로운 클래스를 만들 필요가 없다.

1.3.1.2. Thread 클래스를 직접 다루는 방법의 한계

Thread 클래스를 직접 다뤄 새로운 스레드에서 작업을 실행하는 것은 얼핏 보기에
간편해 보인다. 하지만 이 방법에는 다음과 같이 문제가 두 가지 있다.

1. Thread 클래스를 상속한 클래스를 인스턴스화해 실행할 때마다 매번 새로운
   스레드가 생성된다. 스레드는 생성 비용이 비싸기 때문에 매번 새로운 스레드
   를 생성하는 것은 성능적으로 좋지 않다.

2. 스레드 생성과 관리에 대한 책임이 개발자에게 있다. 따라서 프로그램의 복잡성이 증가하며, 실수로 인해 오류나 메모리 누수^{Memory Leak}를 발생시킬 가능성이 증가한다.

이런 문제를 해결하려면 한 번 생성한 스레드를 간편하게 재사용할 수 있어야 하고, 스레드의 관리를 미리 구축한 시스템에서 책임질 수 있도록 해야 한다. 이런 역할을 위해 Executor 프레임워크이 만들어졌다.

1.3.2. Executor 프레임워크을 통해 스레드풀 사용하기

Executor 프레임워크은 개발자가 스레드를 직접 관리하는 문제를 해결하고 생성된 스레드의 재사용성을 높이려고 등장했다. Executor 프레임워크은 스레드를 생성하고 관리하는 데 스레드풀^{Thread Pool}이란 개념을 사용한다. 스레드풀은 스레드와 풀의 합성어인데 풀은 직역하면 모음 또는 집합이라는 의미를 가진다. 즉, 스레드풀은 스레드의 집합이며, 여기에 스레드풀을 관리하고 사용자로부터 요청받은 작업을 각 스레드에 할당하는 시스템을 더한 것이 바로 Executor 프레임워크이다.

Executor 프레임워크은 작업 처리를 위해 스레드풀을 미리 생성해 놓고 작업을 요청받으면 쉬고 있는 스레드에 작업을 분배한다. 이때 각 스레드가 작업을 끝내더라도 스레드를 종료하지 않고 다음 작업이 들어오면 재사용한다.

이를 통해 스레드풀에 속한 스레드의 생성과 관리 및 작업 분배에 대한 책임을 Executor 프레임워크이 담당하므로 개발자는 더 이상 스레드를 직접 다루거나 관리하지 않아도 된다. 개발자가 해야 할 일은 스레드풀에 속한 스레드의 개수를 설정하고, 해당 스레드풀을 관리하는 서비스에 작업을 제출하는 것 뿐이다.

1.3.2.1. Executor 프레임워크 사용해 보기

Executor 프레임워크에서 사용자가 사용할 수 있는 함수는 크게 두 가지이다. 하나는 스레드풀을 생성하고 생성된 스레드풀을 관리하는 객체를 반환받는 함수이고, 다른 하나는 스레드풀을 관리하는 객체에 작업을 제출하는 함수이다.

먼저 스레드풀을 생성하고 관리하는 객체를 반환받아 보자. 여기서는 다음과 같이
Executors 클래스에서 제공하는 newFixedThreadPool 함수를 사용해 2개의 스
레드를 가진 스레드풀을 생성하고, 해당 스레드풀을 관리하는 ExecutorService 객
체를 반환받도록 한다.

```kotlin
val executorService: ExecutorService = Executors.newFixedThreadPool(2)
```

ExecutorService 객체가 생성되면 사용자는 ExecutorService 객체에서 제공하
는 submit 함수를 통해 스레드풀에 작업을 제출할 수 있다. 다음 코드를 통해 앞서
만든 ExecutorService 객체에 작업을 제출해 보자.

코드 위치: src/main/chapter1/code6/Code1-6.kt
```kotlin
fun main() {
  val startTime = System.currentTimeMillis()
  // ExecutorService 생성
  val executorService: ExecutorService = Executors.newFixedThreadPool(2)

  // 작업1 제출
  executorService.submit {
    println("[${Thread.currentThread().name}][${getElapsedTime(startTime)}]
작업1 시작")
    Thread.sleep(1000L) // 1초간 대기
    println("[${Thread.currentThread().name}][${getElapsedTime(startTime)}]
작업1 완료")
  }
  // 작업2 제출
  executorService.submit {
    println("[${Thread.currentThread().name}][${getElapsedTime(startTime)}]
작업2 시작")
```

```
      Thread.sleep(1000L) // 1초간 대기
      println("[${Thread.currentThread().name}][${getElapsedTime(startTime)}]
  작업2 완료")
    }

  executorService.shutdown()
}

fun getElapsedTime(startTime: Long): String =
"지난 시간: ${System.currentTimeMillis() - startTime}ms"

/*
// 결과: 서로 다른 스레드에서 실행되기 때문에 출력 순서, 사용 스레드는 다를 수 있다.
[pool-1-thread-1][지난 시간: 4ms]작업1 시작
[pool-1-thread-2][지난 시간: 4ms]작업2 시작
[pool-1-thread-1][지난 시간: 1009ms]작업1 완료
[pool-1-thread-2][지난 시간: 1009ms]작업2 완료
*/
```

이 코드에서는 ExecutorService에 submit 함수를 통해 작업1과 작업2를 제출한다. 각 작업은 시작 시와 종료 전에 실행 중인 스레드의 이름을 출력하고, getElapsedTime 함수를 호출해 지난 시간도 출력한다. ExecutorService에 제출된 작업이 모두 끝난 뒤에는 ExecutorService가 종료될 수 있도록 마지막에 shutdown 함수도 호출한다.

코드의 실행 결과를 보면 작업1과 작업2는 각각 서로 다른 스레드인 pool-1-thread-1과 pool-1-thread-2에서 수행됐고, 각 작업이 끝난 시간이 1초(1009ms) 정도인 것을 통해 작업1과 작업2가 병렬로 실행됐음을 확인할 수 있다.

이번에는 앞의 코드에 작업3을 더해 실행해 보자.

코드 위치: **src/main/chapter1/code7/Code1-7.kt**
```
fun main() {
  val startTime = System.currentTimeMillis()
  val executorService: ExecutorService = Executors.newFixedThreadPool(2)
  // 작업1 제출
  executorService.submit {
```

```
    println("[${Thread.currentThread().name}][${getElapsedTime(startTime)}]
작업1 시작")
    Thread.sleep(1000L)
    println("[${Thread.currentThread().name}][${getElapsedTime(startTime)}]
작업1 완료")
  }
  // 작업2 제출
  executorService.submit {
    println("[${Thread.currentThread().name}][${getElapsedTime(startTime)}]
작업2 시작")
    Thread.sleep(1000L)
    println("[${Thread.currentThread().name}][${getElapsedTime(startTime)}]
작업2 완료")
  }
  // 작업3 제출
  executorService.submit {
    println("[${Thread.currentThread().name}][${getElapsedTime(startTime)}]
작업3 시작")
    Thread.sleep(1000L)
    println("[${Thread.currentThread().name}][${getElapsedTime(startTime)}]
작업3 완료")
  }

  executorService.shutdown()
}
/*
// 결과: 서로 다른 스레드에서 실행되기 때문에 출력 순서, 사용 스레드는 다를 수 있다.
[pool-1-thread-1][지난 시간: 4ms] 작업1 시작
[pool-1-thread-2][지난 시간: 4ms] 작업2 시작
[pool-1-thread-1][지난 시간: 1009ms] 작업1 완료
[pool-1-thread-2][지난 시간: 1011ms] 작업2 완료
[pool-1-thread-1][지난 시간: 1012ms] 작업3 시작
[pool-1-thread-1][지난 시간: 2016ms] 작업3 완료
*/
```

작업3이 추가로 실행되면 작업1과 작업2는 동시에 실행되지만 작업3은 작업1
이 완료된 후에 실행되는 것을 볼 수 있다. 이렇게 동작하는 이유는 작업3이 실
행 요청됐을 때 스레드풀에 있는 2개의 스레드가 이미 작업1과 작업2를 처리하느
라 바쁘기 때문이다. 이제 ExecutorService가 왜 이렇게 동작하는지 Executor
Service의 내부 구조에 대한 시각 자료와 함께 살펴보자.

1.3.2.2. ExecutorService 내부 구조와 동작

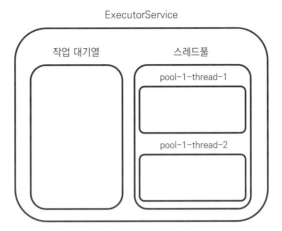

그림 1-8 ExecutorService의 내부 구조

그림 1-8과 같이 ExecutorService 객체는 크게 두 부분으로 나뉜다. 하나는 할당받은 작업을 적재하는 작업 대기열^{BlockingQueue}이고, 다른 하나는 작업을 수행하는 스레드의 집합인 스레드풀이다. ExecutorService 객체는 사용자로부터 요청받은 작업을 작업 대기열에 적재한 후 쉬고 있는 스레드에 작업을 할당한다.

ExecutorService 객체에 작업1이 제출되면 작업1은 그림 1-9와 같이 작업 대기열에 들어가는데 작업 대기열에 들어간 작업1은 스레드로 할당되길 기다린다.

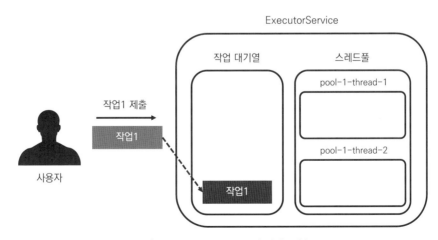

그림 1-9 ExecutorService에 작업1 제출

작업 대기열에 들어간 작업1은 스레드풀에 쉬고 있는 스레드가 있으면 그 스레드로 할당된다. 현재는 ExecutorService의 스레드풀에 속한 2개의 스레드가 모두 쉬고 있으므로 그림 1-10과 같이 이 중 하나인 pool-1-thread-1 스레드로 할당된다.

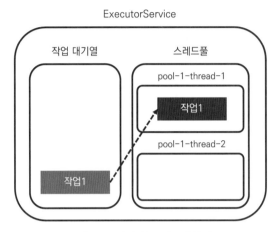

그림 1-10 작업1을 스레드에 할당

이어서 작업2가 들어오면 같은 과정을 거쳐 그림 1-11과 같이 쉬고 있는 pool-1-thread-2 스레드로 할당된다.

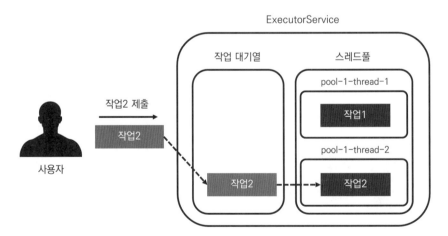

그림 1-11 ExecutorService에 작업2 제출

이제 그림 1-12와 같이 모든 스레드에서 작업이 실행 중이게 된다.

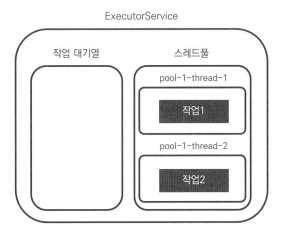

그림 1-12 모든 스레드에서 작업이 실행 중인 상황

이렇게 모든 스레드에서 작업이 실행 중인데 사용자가 작업3을 추가로 요청하면 ExecutorService는 그림 1-13과 같이 작업을 작업 대기열에 적재한다.

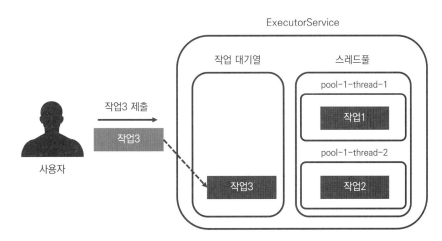

그림 1-13 ExecutorService에 작업3 제출

하지만 작업3을 실행할 수 있는 스레드가 없기 때문에 작업3은 스레드에 할당되지 못하고 계속 작업 대기열에 머문다. 작업3이 스레드에 할당되는 시점은 스레드풀의

스레드 중 하나가 작업을 완료했을 때이다. 그림 1-14와 같이 시간이 지나 작업1이
실행 완료된 상황을 생각해 보자.

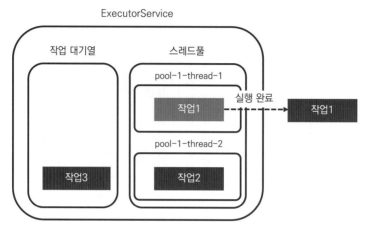

그림 1-14 작업1 실행 완료

이제 ExecutorService 객체는 작업 대기열에 적재된 작업3을 쉬고 있는 pool-1-
thread-1 스레드에 분배할 수 있다. 따라서 그림 1-15와 같이 작업3을 pool-1-
thread-1 스레드에 할당해 실행한다.

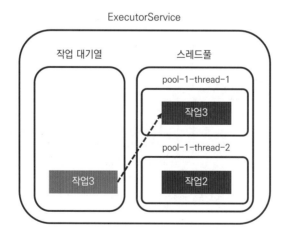

그림 1-15 작업3을 스레드에 할당

이 때문에 앞서 살펴본 코드의 결과에서 작업3이 작업1이 완료된 후에야 자유로워 진 pool-1-thread-1 스레드에서 실행될 수 있었던 것이다.

```
[pool-1-thread-1][지난 시간: 4ms] 작업1 시작
[pool-1-thread-2][지난 시간: 4ms] 작업2 시작
[pool-1-thread-1][지난 시간: 1009ms] 작업1 완료
[pool-1-thread-2][지난 시간: 1011ms] 작업2 완료
[pool-1-thread-1][지난 시간: 1012ms] 작업3 시작
[pool-1-thread-1][지난 시간: 2016ms] 작업3 완료
```

여기서 중요한 점은 개발자가 ExecutorService 객체 내부의 동작을 전혀 신경 쓰 지 않아도 된다는 것이다. 개발자는 스레드풀을 구성할 스레드의 개수를 지정하고 ExecutorService 객체에 작업을 제출하기만 하면 된다. 작업 대기열에 작업을 적 재하고 스레드로 분배하는 일은 ExecutorService 객체가 한다.

1.3.2.3. Executor 프레임워의 의의와 한계

Executor 프레임워은 개발자가 더 이상 스레드를 직접 관리하지 않고 스레드의 재 사용을 편하게 할 수 있도록 만들었다는 점에서 혁신적이다. 하지만 Executor 프레 임워 또한 여전히 여러 가지 문제가 존재하는데 그중 대표적인 문제가 바로 스레드 블로킹이다.

스레드 블로킹^{Thread Blocking}은 스레드가 아무것도 하지 못하고 사용될 수 없는 상태에 있는 것을 뜻한다. 이를 스레드의 사용을 막는다(Block)고 해서 스레드 블로킹이라 고 한다. 스레드는 비싼 자원이기 때문에 사용될 수 없는 상태에 놓이는 것이 반복되 면 애플리케이션의 성능이 떨어지게 된다. 스레드 블로킹을 발생시키는 원인은 다양 하다. 여러 스레드가 동기화^{synchronized} 블록에 동시에 접근하는 경우 하나의 스레드 만 동기화 블록에 접근이 허용되기 때문에 발생할 수 있고, 뮤텍스^{Mutex}나 세마포어 ^{Semaphore}로 인해 공유되는 자원에 접근할 수 있는 스레드가 제한되는 경우에도 발생 할 수 있다.

Executor 프레임워을 사용할 때도 스레드 블로킹이 종종 발생한다. 예를 들어 ExecutorService 객체에 제출한 작업에서 결과를 전달받을 때는 언젠가 올지 모

르는 값을 기다리는 데 Future 객체를 사용해야 한다. Future 객체는 미래에 언제 올지 모르는 값을 기다리는 함수인 get 함수를 갖고 있고, get 함수를 호출하면 get 함수를 호출한 스레드가 결괏값이 반환될 때까지 블로킹된다. 다음 코드를 통해 Future의 get 함수가 스레드를 어떻게 블로킹하는지 살펴보자.

```
코드 위치: src/main/chapter1/code8/Code1-8.kt
fun main() {
  val executorService: ExecutorService = Executors.newFixedThreadPool(2)
  val future: Future<String> = executorService.submit<String> {
    Thread.sleep(2000)
    return@submit "작업 1완료"
  }

  val result = future.get() // 메인 스레드가 블로킹 됨
  println(result)
  executorService.shutdown()
}
```

이 코드에서는 ExecutorService 객체를 생성한 후 문자열을 반환받는 작업을 제출한다. 이 작업을 제출했을 때의 반환 타입은 Future⟨String⟩인데 앞서 설명했듯이 Future 객체는 미래에 값이 반환되는 것을 기다리기 위한 객체이다. Future 객체의 get 함수를 호출하면 get 함수를 호출한 스레드는 Future 객체가 결괏값을 반환할 때까지 스레드 블로킹하며 결과를 기다린다.

앞의 코드에서는 메인 스레드가 future.get()을 호출하고 있으므로 그림 1-16과 같이 ExecutorService에 제출한 작업의 결과가 반환될 때까지 메인 스레드가 블로킹된다.

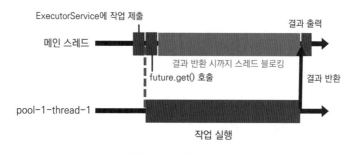

그림 1-16 스레드 블로킹

여기서는 2초만 블로킹하지만 실제 애플리케이션에서는 이보다 더 오랜 시간 동안 스레드가 블로킹될 수 있으며, 이는 성능상으로 심각한 문제를 초래한다.

스레드 블로킹은 스레드를 사용하는 어디서든 발생할 수 있다. 스레드 블로킹을 일으키는 가장 대표적이고 간단한 함수는 바로 Thread.sleep이다. Thread.sleep은 일정 시간 대기해야 할 때 사용하는 매우 유용한 함수이다. 하지만 Thread.sleep은 스레드가 대기하도록 명령받은 시간 동안 해당 스레드를 블로킹시킨다. 다음 코드를 살펴보자.

```kotlin
코드 위치: src/main/chapter1/code9/Code1-9.kt
fun main() {
  val startTime = System.currentTimeMillis()

  println("[${getElapsedTime(startTime)}] 메인 스레드 시작")
  Thread.sleep(1000L) // 1초 동안 스레드 대기(스레드 블로킹)
  println("[${getElapsedTime(startTime)}] 스레드 블로킹이 끝나고 실행되는 작업")
}
/*
// 결과:
[지난 시간: 8ms] 메인 스레드 시작
[지난 시간: 1024ms] 스레드 블로킹이 끝나고 실행되는 작업
*/
```

이 코드처럼 작업 시작 전 1초간 대기해야 할 때 Thread.sleep(1000L)을 사용하는데 이때 메인 스레드는 1초간 블로킹돼 사용하지 못한다. 이 때문에 실제로 메인 스레드가 사용되고 있지 않음에도 해당 스레드에서 다른 작업이 진행되지 못해 1초 정도가 지난 후에야 "스레드 블로킹이 끝나고 실행되는 작업"이 출력된다.

1.3.3. 이후의 멀티 스레드 프로그래밍과 한계

Executor 프레임워이 등장한 이후에도 기존의 문제를 보완하기 위한 다양한 방법이 만들어졌다. Java1.8에서는 기존 Future 객체의 단점을 보완해 스레드 블로킹을 줄이고 작업을 체이닝하는 기능을 제공하는 CompletableFuture 객체가 나오기도 했고, 리액티브 프로그래밍 패러다임을 지원하는 RxJava가 등장해 결괏값을 데이터 스트림으로 처리함으로써 스레드 블로킹을 방지하고 작업이 실행되는 스레드풀을 손쉽게 전환할 수 있도록 만들기도 했다.

이외에도 매우 다양한 멀티 스레드 프로그래밍 방법들이 등장했지만 이들에 대해 자세히 알 필요는 없다. 이 책의 주제인 코루틴과 관련해 알아야 할 점은 이들은 모두 중요하고 근본적인 한 가지 문제점을 갖고 있다는 것이다. 이 문제점이 무엇인지 살펴보자.

1.4. 기존 멀티 스레드 프로그래밍의 한계와 코루틴

1.4.1. 기존 멀티 스레드 프로그래밍의 한계

앞서 살펴봤듯이 코루틴이 등장하기 이전의 멀티 스레드 프로그래밍은 계속해서 단점을 보완하며 발전해 왔다. 하지만 기존의 멀티 스레드 프로그래밍은 스레드 기반으로 작업한다는 한계를 갖고 있다. 앞서 단일 스레드 프로그래밍의 한계 극복을 위해 멀티 스레드를 사용한다고 했는데 멀티 스레드 프로그래밍의 한계가 스레드 기반의 작업이라는 데 있다고 하니 의아할 것이다. 이제부터 멀티 스레드 프로그래밍에서 스레드 기반으로 작업할 때 생기는 문제에 대해 알아보자.

스레드는 생성 비용과 작업을 전환하는 비용이 비싸다. 만약 스레드가 아무 작업을 하지 못하고 기다려야 한다면 컴퓨터의 자원이 낭비된다. 실제 애플리케이션에서 이런 일들은 빈번히 일어난다. 그림 1-17을 살펴보자.

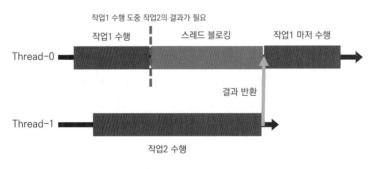

그림 1-17 스레드 블로킹

그림 1-17은 Thread-0 스레드가 작업1 수행 중에 작업을 마저 수행하려면

52

Thread-1 스레드에서 실행되는 작업2의 결과물이 필요한 상황을 가정한 것이다. 이런 상황은 실제 애플리케이션에서 꽤 자주 일어나는데 네트워크 요청을 한 후 응답을 기다려야 하거나 복잡한 연산을 다른 스레드로 넘긴 후 결괏값을 반환받기까지 대기해야 할 때 발생한다.

이 상황에서 Thread-0 스레드는 Thread-1 스레드의 작업이 완료될 때까지 아무 것도 하지 못하고 대기한다. Thread-1의 작업2가 짧은 시간에 끝나면 다행이지만 만약 오래 걸리게 된다면 그 시간만큼 Thread-0 스레드는 사용할 수 없게 된다. 이렇게 하나의 스레드가 다른 스레드에서 수행하는 작업이 완료될 때까지 사용할 수 없게 되는 것을 스레드 블로킹이라고 하는데 스레드 블로킹은 스레드라는 비싼 자원을 사용할 수 없게 만든다는 점에서 성능에 매우 치명적인 영향을 준다.

스레드 블로킹은 스레드 기반 작업을 하는 멀티 스레드 프로그래밍에서 피할 수 없는 문제이다. 간단한 작업에서는 콜백을 사용하거나 체이닝 함수를 사용하는 등의 방법을 통해 스레드 블로킹을 피할 수 있지만 작업이 많아지고 작업 간의 종속성이 복잡해질수록 스레드 블로킹을 피하기가 어렵고 만들어진 스레드가 성능을 제대로 발휘하지 못하는 경우가 자주 발생한다. 실제로 애플리케이션은 작업 간의 종속성이 매우 복잡하고 네트워크 작업을 수없이 수행하므로 스레드 블로킹이 발생하는 것은 어쩌면 필연적이다.

체이닝 함수는 한 함수의 결과를 바로 다른 함수로 연결해 호출하는 데 사용된다. 즉, 함수가 실행 완료됐을 때 실행할 콜백을 등록하는 것이다. 대표적인 체이닝 함수는 Future의 스레드 블로킹 극복을 위해 만들어진 CompletableFuture에서 살펴볼 수 있다. 다음 코드를 통해 체이닝 함수가 어떻게 스레드 블로킹을 방지하는지 살펴보자.

```kotlin
코드 위치: src/main/chapter1/code10/Code1-10.kt
fun main() {
  val startTime = System.currentTimeMillis()
  val executor = Executors.newFixedThreadPool(2)

  // CompletableFuture 생성 및 비동기 작업 실행
  val completableFuture = CompletableFuture.supplyAsync({
    Thread.sleep(1000L) // 1초간 대기
```

```
      return@supplyAsync "결과" // 결과 반환
  }, executor)

  // 비동기 작업 완료 후 결과 처리를 위한 체이닝 함수 등록
  completableFuture.thenAccept { result ->
    println("[${getElapsedTime(startTime)}] $result 처리") // 결과 처리 출력
  }

  // 비동기 작업 실행 도중 다른 작업 실행
  println("[${getElapsedTime(startTime)}] 다른 작업 실행")

  executor.shutdown()
}
/*
// 결과:
[지난 시간: 11ms] 다른 작업 실행
[지난 시간: 1008ms] 결과 처리
*/
```

CompletableFuture 객체를 반환받기 위해서는 작업을 제출할 때 ExecutorService 객체의 submit 함수 대신 CompletableFuture.supplyAsync 함수를 사용해야 한다. supplyAsync 함수의 첫 번째 매개변수에는 실행할 코드가 람다식으로 전달되고, 두 번째 매개변수에는 해당 작업이 실행될 ExecutorService 객체가 지정된다. 그러면 CompletableFuture 객체가 반환되는데 이 CompletableFuture 객체에 결과가 반환됐을 때 실행할 콜백을 thenAccept 함수를 통해 등록할 수 있다. 이 코드에서는 CompletableFuture 로부터 결과가 반환됐을 때 결과가 처리된 시간과 함께 "결과 처리" 문자를 출력하도록 thenAccept 함수를 사용한다.

Future 객체의 get 함수는 스레드를 블로킹하고 결과를 기다리지만 CompletableFuture 객체의 thenAccept 함수는 스레드를 블로킹하지 않고 CompletableFuture 객체에 콜백을 등록한다. 따라서 메인 스레드는 블로킹되지 않아 다른 작업을 실행할 수 있게 된다.

실제로 코드의 실행 결과에서 볼 수 있듯이 메인 스레드에서 thenAccept 함수를 호출했음에도 ExecutorService 객체가 작업을 처리하는 동안 "[지난 시간: 11ms] 다른 작업 실행"을 출력한 것을 볼 수 있다.

1.4.2. 코루틴은 스레드 블로킹 문제를 어떻게 극복하는가?

코루틴은 작업 단위 코루틴을 통해 스레드 블로킹 문제를 해결한다. 작업 단위 코루틴은 스레드에서 작업 실행 도중 일시 중단할 수 있는 작업 단위이다. 코루틴은 작업

이 일시 중단되면 더 이상 스레드 사용이 필요하지 않으므로 스레드의 사용 권한을 양보하며, 양보된 스레드는 다른 작업을 실행하는 데 사용할 수 있다. 일시 중단된 코루틴은 재개 시점에 다시 스레드에 할당돼 실행된다.

코루틴이 경량 스레드라고 불리는 이유가 여기에 있다. 프로그래머가 코루틴을 만들어 코루틴 스케줄러에 넘기면 코루틴 스케줄러는 자신이 사용할 수 있는 스레드나 스레드풀에 해당 코루틴을 분배해 작업을 수행한다. 코루틴이 스레드를 사용하던 중에 필요가 없어지면 해당 스레드를 다른 코루틴이 쓸 수 있게 양보할 수 있어서 스레드 블로킹이 일어나지 않게 된다. 이는 마치 스레드에 코루틴을 뗐다 붙였다 할 수 있는 것과 같다.

코루틴의 동작 방식은 매우 추상적이라서 글만으로는 이해하기 어렵다. 이제 앞서 살펴본 그림 1-17의 문제 상황에 약간의 요구 사항을 추가한 후 코루틴을 작업 단위로 사용해 해결하면서 코루틴이 무엇인지, 코루틴이 왜 경량 스레드라고 불리는지 알아보자.

그림 1-17에서는 작업1이 작업2의 결과가 필요해 중간에 스레드 블로킹이 일어나는 상황에 대해서만 가정했다. 여기에 그림 1-18과 같이 작업1과 작업2에 독립적인 작업3이 Thread-0 스레드에서 추가로 수행되는 상황을 가정해 보자.

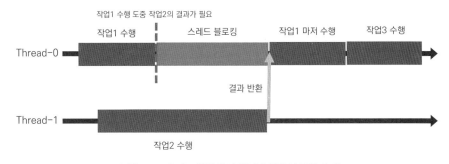

그림 1-18 스레드 블로킹이 일어날 경우의 작업 순서

기존의 멀티 스레드 프로그래밍을 통해 Thread-0 스레드에서 작업3을 수행하기 위해서는 그림 1-18과 같이 작업1의 작업이 끝난 후 수행해야 한다. 작업1이 종료

될 때까지 Thread-0 스레드는 작업1이 점유하고 있기 때문이다.

이런 문제 상황은 코루틴을 사용하면 간단히 해결된다. 그림 1-18의 문제 상황을 코루틴을 사용해 어떻게 해결할 수 있는지 살펴보자. 코루틴 사용을 위해 작업1, 작업2, 작업3의 이름을 코루틴1, 코루틴2, 코루틴3으로 바꾼다. 또한 코루틴 스케줄러가 사용할 수 있는 스레드는 Thread-0, Thread-1의 2개라고 가정한다.

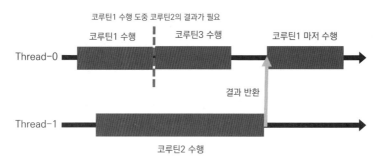

그림 1-19 코루틴 사용해 스레드 블로킹 방지하기

코루틴은 자신이 스레드를 사용하지 않을 때 스레드 사용 권한을 반납한다. 스레드 사용 권한을 반납하면 해당 스레드에서는 다른 코루틴이 실행될 수 있다. 예를 들어 그림 1-19와 같이 코루틴1 실행 도중 코루틴2의 결과가 필요해졌다면 코루틴1은 코루틴2로부터 결과가 반환될 때까지 Thread-0 스레드의 사용 권한을 반납하고 일시 중단한다. 그러면 Thread-0 스레드가 다시 사용이 가능해져 코루틴3이 Thread-0 스레드에서 실행될 수 있다. 이후 코루틴2의 실행이 완료됐을 때 Thread-0 스레드는 코루틴3을 이미 완료해 쉬고 있고 Thread-1 스레드도 코루틴2 작업이 완료돼 사용이 가능하므로 Thread-0 스레드 또는 Thread-1 스레드가 코루틴1을 할당받아 남은 작업을 하게 된다. 코루틴은 이런 방식으로 스레드를 효율적으로 사용한다.

정리하면 코루틴은 작업 단위로서의 코루틴이 스레드를 사용하지 않을 때 스레드 사용 권한을 양보하는 방식으로 스레드 사용을 최적화하고 스레드가 블로킹되는 상황을 방지한다. 또한 코루틴은 스레드에 비해 생성과 전환 비용이 적게 들고 스레드에 자유롭게 폈다 붙였다 할 수 있어 작업을 생성하고 전환하는 데 필요한 리소스와 시간이 매우 줄어든다. 이것이 바로 코루틴이 경량 스레드라고 불리는 이유이다.

물론 경량 스레드로써 동작하는 것만이 코루틴의 유일한 장점은 아니다. 코루틴은 구조화된 동시성을 통해 비동기 작업을 안전하게 만들고, 예외 처리를 효과적으로 처리할 수 있도록 하며, 코루틴이 실행 중인 스레드를 손쉽게 전환할 수도 있도록 하는 등 기존의 멀티 스레드 프로그래밍에 비해 많은 장점이 있다. 이에 대해서는 이후의 장들에서 점진적으로 다룬다.

코루틴이 어떤 역할을 하는지 알았으면 이제 코루틴을 직접 다뤄보도록 하자. 먼저 코루틴을 다루기 위한 개발 환경 설정부터 하도록 한다.

1.5. 요약

1. JVM상에서 실행되는 코틀린 애플리케이션은 실행 시 메인 스레드를 생성하고 메인 스레드를 사용해 코드를 실행한다.

2. 단일 스레드 애플리케이션은 한 번에 하나의 작업만 수행할 수 있으며, 복잡한 작업이나 네트워크 요청 등이 있으면 응답성이 떨어질 수 있다.

3. 멀티 스레드 프로그래밍을 사용하면 여러 작업을 동시에 실행할 수 있어서 단일 스레드 프로그래밍을 사용할 때의 문제를 해결할 수 있다.

4. 직접 Thread 클래스를 상속해 스레드를 생성하고 관리할 수 있으나 생성된 스레드의 재사용이 어려워 리소스의 낭비를 일으킨다.

5. Executor 프레임워크는 스레드풀을 사용해 스레드의 생성과 관리를 최적화하고 스레드 재사용을 용이하게 했다.

6. Executor 프레임워크를 비롯한 기존의 멀티 스레드 프로그래밍 방식들은 스레드 블로킹 문제를 근본적으로 해결하지 못한다.

7. 스레드 블로킹은 스레드가 작업을 기다리면서 리소스를 소비하지만 아무 일도 하지 않는 상태를 말한다.

8. 코루틴은 스레드 블로킹 문제 해결을 위해 등장했다. 코루틴은 필요할 때 스레드 사용 권한을 양보하고 일시 중단하며, 다른 작업이 스레드를 사용할 수 있게 한다.

9. 일시 중단 후 재개된 코루틴은 재개 시점에 사용할 수 있는 스레드에 할당돼 실행된다.

10. 코루틴은 스레드와 비교해 생성과 전환 비용이 적게 들고 스레드에 자유롭게 뗐다 붙였다 할 수 있어 경량 스레드라고 불린다.

11. 코루틴을 사용하면 스레드 블로킹 없이 비동기적으로 작업을 처리할 수 있으며, 이를 통해 애플리케이션의 응답성을 크게 향상시킬 수 있다.

Chapter 2

코루틴 개발 환경 설정

2장에서 다루는 내용

- 인텔리제이 아이디어 사용해 개발 환경 설정하기
- 첫 코루틴 실행해보기
- 코루틴 디버깅을 위해 JVM 옵션 설정하기
- CoroutineName 사용해 코루틴에 이름 설정하기

2장에서는 코루틴 개발 환경을 설정하는 방법에 대해 다룬다. 코틀린은 언어 수준에 서 코루틴을 지원하지만 저수준 API만을 제공하므로 실제 애플리케이션에 사용하 는 데는 한계가 있다. 따라서 코루틴을 사용하기 위해서는 젯브레인스에서 만든 코 루틴 라이브러리(kotlinx.coroutines)를 사용하는 것이 일반적인데 이 라이브러리에 서 async, await 같은 고수준 API를 제공한다. 그러므로 코루틴을 사용하기 위해서 는 프로젝트에 코루틴 라이브러리에 대한 의존성을 추가하는 것이 필요하다. 2장에 서는 IDE를 사용해 코틀린 프로젝트를 생성하고, 코루틴 라이브러리를 프로젝트에 추가하는 방법에 대해 다룬다.

IDE는 젯브레인스 사에서 개발한 인텔리제이 아이디어 커뮤니티 에디션^{IntelliJ IDEA}

Community Edition을 사용한다. 무료 버전인 커뮤니티 에디션과 유료 버전인 얼티밋 에디션 간에는 지원 기능에 차이가 있지만 이 책에서는 둘 중 어떤 버전을 사용하더라도 상관없다. 따라서 여기서는 무료 버전인 커뮤니티 에디션을 사용할 것이다. 이후 인텔리제이 아이디어라고 하면 인텔리제이 아이디어 커뮤니티 에디션을 뜻한다.

이제 본격적으로 개발 환경을 설정해 보도록 하자.

2.1. 인텔리제이 아이디어 설치 및 둘러보기

코틀린을 사용하는 개발자 중에는 인텔리제이 아이디어를 사용하는 개발자가 많기 때문에 이미 인텔리제이 아이디어가 설치돼 있을 수도 있다. 하지만 안드로이드 개발자는 일반적으로 안드로이드 스튜디오를 사용하고, 일부 개발자는 이클립스에서 코틀린을 사용하기도 한다. 따라서 여기서는 기존에 인텔리제이 아이디어를 사용하지 않던 개발자들을 위해 설치 방법에 대해 자세히 다룬다.

인텔리제이 아이디어는 코틀린 개발을 위한 매우 강력한 IDE로 간단한 코드를 실행해 볼 수 있는 환경에서부터 코루틴 디버깅을 위한 다양한 기능을 제공한다. 기존에 다른 IDE를 사용했더라도 이번 기회를 통해 인텔리제이 아이디어를 사용해 보자.

2.1.1. 인텔리제이 아이디어 설치하기

인텔리제이 아이디어를 설치하기 위해서는 젯브레인스 사에서 제공하는 링크를 이용해야 한다.

다운로드 링크: https://www.jetbrains.com/ko-kr/idea/download

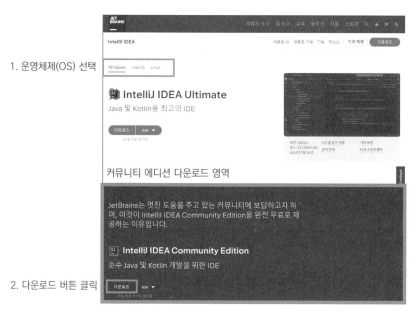

1. 운영체제(OS) 선택

2. 다운로드 버튼 클릭

그림 2-1 인텔리제이 아이디어 설치 페이지

링크에 접속해 그림 2-1과 같이 운영체제^{OS} 선택 버튼에서 자신의 운영체제를 선택하면 두 가지 다운로드 버튼이 나타난다. 하나는 인텔리제이 아이디어 얼티밋 에디션 다운로드 버튼이고, 다른 하나는 커뮤니티 에디션 다운로드 버튼이다. 커뮤니티 에디션을 설치하려면 하단의 커뮤니티 에디션 다운로드 영역의 다운로드 버튼을 클릭한다.

그러면 인텔리제이 아이디어 설치 파일의 다운로드가 시작된다. 다운로드 완료 후 파일을 열어보자.

파일을 열면 그림 2-2와 같이 인텔리제이 아이디어 설치 시작 화면이 나타난다. 다음^{Next} 버튼을 클릭하면 다음 단계로 넘어간다.

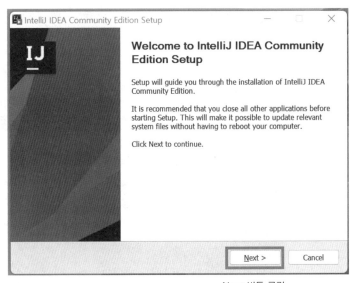

Next 버튼 클릭

그림 2-2 인텔리제이 아이디어 설치 시작 화면

그림 2-3과 같이 인텔리제이 아이디어를 설치할 위치를 선택하는 화면이 나타나면 기본값으로 설정된 설치 위치 폴더Destination Folder를 수정하지 말고 다음Next 버튼을 클릭한다.

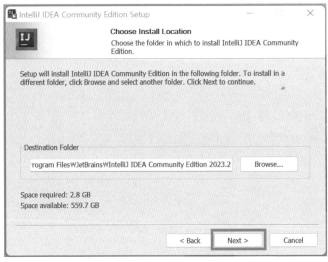

Next 버튼 클릭

그림 2-3 인텔리제이 아이디어 설치 위치 지정 화면

다음 단계에서는 그림 2-4와 같이 인텔리제이 아이디어 설치 옵션을 설정한다. 설치 과정을 따라하는 개발자인 경우에는 인텔리제이 아이디어가 주 IDE가 아닐 것이다. 따라서 기존의 개발 환경에 영향을 주지 않도록 어떤 옵션도 선택하지 말고 **다음**^{Next} 버튼을 클릭한다.

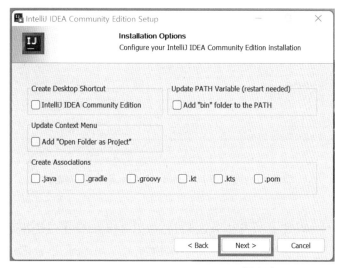

Next 버튼 클릭

그림 2-4 인텔리제이 아이디어 설치 옵션 지정 화면

이제 그림 2-5와 같이 시작 메뉴 폴더를 설정한다. 여기서도 별도 설정을 하지 말고 기본값인 JetBrains가 입력된 것을 유지한 채로 **설치**^{Install} 버튼을 클릭한다.

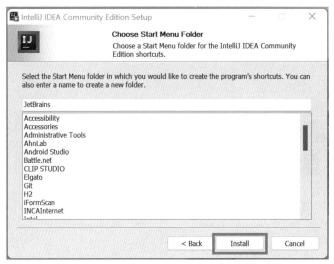

Install 버튼 클릭

그림 2-5 인텔리제이 아이디어 시작 메뉴 폴더 설정 화면

모든 설치가 마무리됐다. 마지막 화면에서는 그림 2-6과 같이 인텔리제이 아이디어 커뮤니티 에디션 실행^{Run IntelliJ IDEA Community Edition} 체크 박스에 체크한 후 종료^{Finish} 버튼을 클릭한다.

Finish 버튼 클릭

그림 2-6 인텔리제이 아이디어 설치 완료 화면

이제부터는 코틀린 프로젝트를 설정하는 과정을 알아보자.

2.2. 코틀린 프로젝트 생성하고 화면 구성 살펴보기

2.2.1. 프로젝트 생성하기

설치한 인텔리제이 아이디어를 실행하면 그림 2-7과 같은 창이 나타난다. 새로운 프로젝트를 만들기 위해 **새로운 프로젝트**^{New Project} 버튼을 클릭한다.

그림 2-7 인텔리제이 아이디어 시작 화면

그림 2-8과 같은 프로젝트 설정 화면에서 프로젝트 이름^{Name}은 coroutines, 프로젝트를 저장할 위치^{Location}는 원하는 위치, 언어^{Language}는 Kotlin, 빌드 시스템^{Build system}은 그레이들^{Gradle}, 그레이들 언어^{Gradle DSL}는 Kotlin으로 설정하고 샘플 코드 추가^{Add sample code} 체크 박스는 체크된 상태로 둔다.

여기서 DSL은 Domain Specific Language의 약자이다.

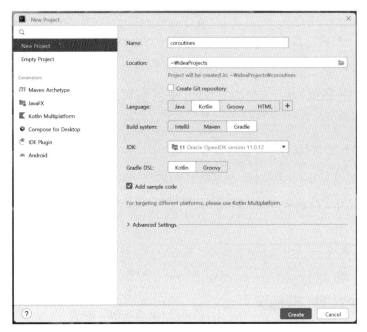

그림 2-8 프로젝트 설정 화면

중요한 부분은 JDK이다. 이번 프로젝트에서 사용될 JDK는 Jetbrains Runtime 17 버전이다. 만약 설치돼 있지 않다면 그림 2-9와 같이 JDK 선택 목록 중 **Add SDK →
Download JDK**를 클릭한다.

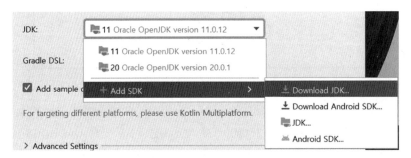

그림 2-9 JDK 설정 화면

그림 2-10과 같은 팝업 창이 나타나는데 버전^{Version}은 17, 벤더^{Vendor}는 JetBrains Runtime으로 설정한 후 오른쪽 하단의 **다운로드**^{Download} 버튼을 클릭하면 JDK가 설

치된다.

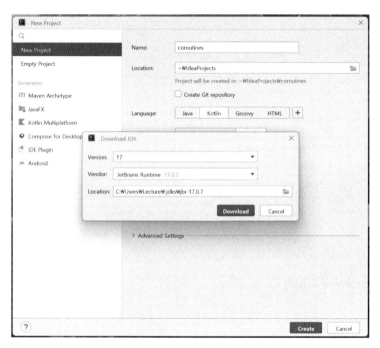

그림 2-10 JDK 추가 화면

벤더가 제공하는 JDK 버전은 수시로 변화하므로 만약 17 버전이 없다면 벤더만 JetBrains Runtime으로 선택하고 **다운로드**^{Download} 버튼을 클릭한다.

모든 설정이 마무리되면 그림 2-11과 같은 설정 완료 화면이 된다. 오른쪽 하단의 **생성**^{Create} 버튼을 클릭해 프로젝트를 생성하도록 하자.

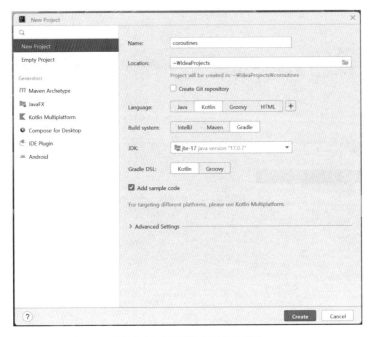

그림 2-11 프로젝트 설정 완료 화면

2.2.2. IDE 구성 살펴보기

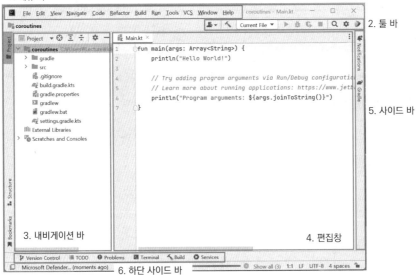

그림 2-12 프로젝트 생성 화면

프로젝트가 생성되면 그림 2-12와 같은 화면이 나타난다. 각 영역에 대한 간단한 설명은 다음과 같다.

1. **메뉴 바**: IDE를 설정하거나 IDE의 동작을 실행하는 메뉴들이 모여 있다.

2. **툴 바**: 프로젝트 빌드, 코드 실행, 코드 디버그 등을 위한 버튼들이 모여 있다.

3. **내비게이션 바**: 프로젝트의 파일 트리를 확인하고 파일을 탐색하기 위한 화면이다.

4. **편집창**: 코드를 편집할 수 있는 창이다.

5. **사이드 바**: 그레이들^{Gradle} 기능에 대한 간편한 접근을 지원해 주는 사이드 바이다.

6. **하단 사이드 바**: Git 확인, 터미널 사용, 빌드 확인, 로그 확인 등의 기능들을 지원하는 사이드 바이다.

이후 화면의 영역들은 이 명칭들로 지칭될 것이므로 잘 숙지하고 넘어가도록 한다.

2.3. 첫 코루틴 실행하기

2.3.1. 코루틴 라이브러리 추가하기

앞서 설명했듯이 코틀린은 언어 수준에서 코루틴을 지원하지만 다양한 기능을 사용하기 위해서는 젯브레인스 사에서 만든 코루틴 라이브러리인 kotlinx.coroutines에 대한 의존성을 추가해야 한다.

내비게이션 바에서 build.gradle.kts 파일을 찾아 열면 그림 2-13과 같은 화면을 볼 수 있다.

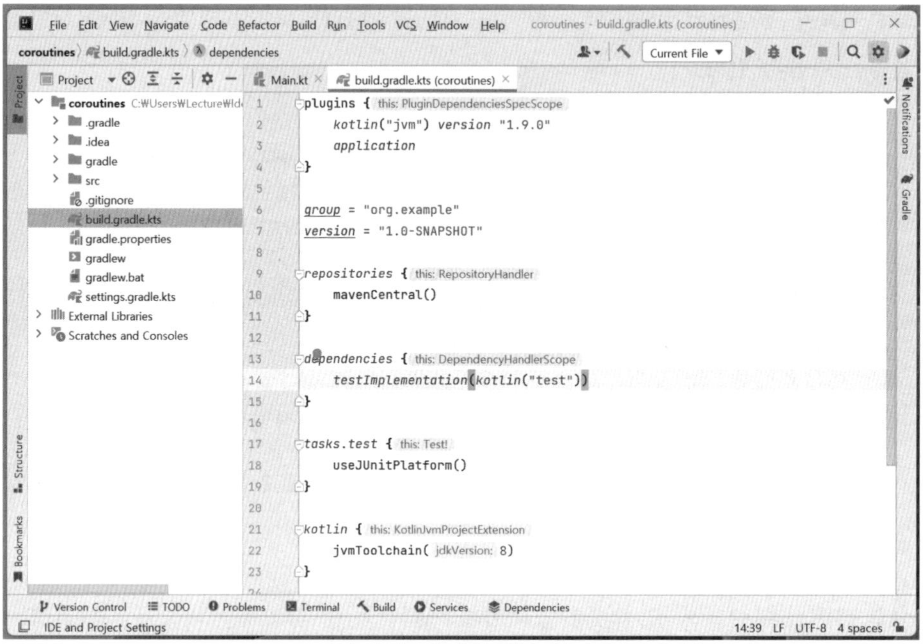

그림 2-13 build.gradle.kts 파일

buile.gradle.kts 파일의 dependencies 블록에 org.jetbrains.kotlinx:kotlinx-coroutines-core:1.7.2에 대한 의존성을 추가하고 jvmToolchain이 사용하는 jdkVersion을 17로 변경한다. 테스트 라이브러리에 대한 의존성은 제거한다.

```
dependencies {
    // 코루틴 라이브러리
    implementation("org.jetbrains.kotlinx:kotlinx-coroutines-core:1.7.2")
}

kotlin {
    jvmToolchain(17) // jvmToolchain의 jdkVersion 17로 변경
}
```

build.gradle.kts 파일은 최종적으로 그림 2-14와 같아야 한다. 코루틴 라이브러리가 추가되고, jvmToolchain의 jdkVersion이 17로 변경된 것을 볼 수 있다.

그림 2-14 코루틴 라이브러리 추가

그레이들 파일이 변경되면 그림 2-15와 같이 오른쪽 상단에 그레이들 변경 사항 로드
Load Gradle Changes 버튼이 나타나는데 이 버튼을 클릭하면 그레이들 동기화가 진행돼
코루틴 라이브러리가 설치된다.

그림 2-15 그레이들 변경 사항 로드 버튼

만약 그레이들 변경 사항 로드 버튼이 나타나지 않는다면 그림 2-16과 같이 오른쪽 사이드 바에 있는 그레이들^{Gradle} 버튼을 클릭해 그레이들 탭을 열고, 새로고침 모양 Reload All Gradle Projects의 버튼을 클릭하면 라이브러리가 설치된다.

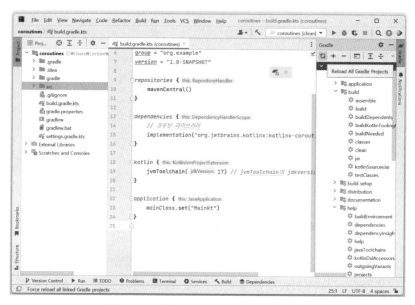

그림 2-16 그레이들 탭을 통해 라이브러리 가져오기

이제 코루틴 개발 환경 설정을 완료했으므로 이어서 첫 코루틴을 실행해 보자.

2.3.2. 첫 코루틴 실행하기

내비게이션 바에서 src/main/kotlin/Main.kt 파일을 찾아 그림 2-17과 같이 바꿔 보자. 이 코드는 runBlocking 함수를 사용해 코루틴을 실행하는 코드이다.

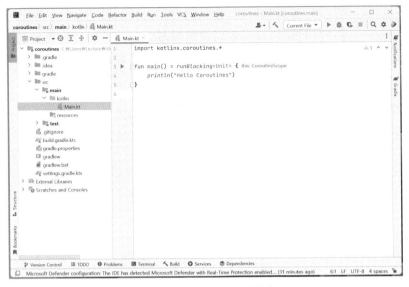

그림 2-17 첫 코루틴 작성하기

코드 위치: src/main/chapter2/code1/Code2-1.kt
```kotlin
import kotlinx.coroutines.*

fun main() = runBlocking<Unit> {
  println("Hello Coroutines")
}
```

코드의 동작 방식을 살펴보면 runBlocking 함수는 해당 함수를 호출한 스레드를 사용해 실행되는 코루틴을 만들어 낸다. main 함수를 통해 실행되는 프로세스는 기본적으로 메인 스레드상에서 실행되므로 runBlocking 함수는 메인 스레드를 점유하는 코루틴을 만든다. 이 코루틴은 runBlocking 함수의 인자로 들어온 람다식을 실행하며, 람다식 내부의 모든 코드가 실행 완료될 때까지 코루틴은 종료되지 않는다. 람다식의 범위는 그림 2-18과 같다.

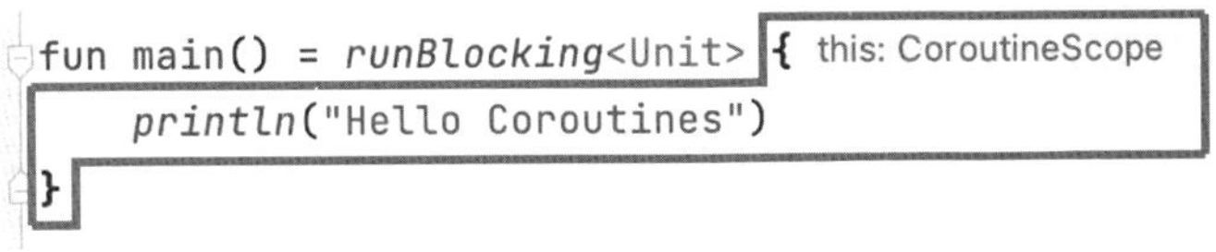

```kotlin
fun main() = runBlocking<Unit> { this: CoroutineScope
    println("Hello Coroutines")
}
```

그림 2-18 람다식의 범위

runBlocking 함수가 '차단하고 실행한다Run Blocking'는 의미의 이름이 붙은 이유는 runBlocking 함수는 runBlocking 함수로 생성된 코루틴이 실행 완료될 때까지 이 코루틴과 관련 없는 다른 작업이 스레드를 점유하지 못하게 막기Blocking 때문이다. 즉, 앞 코드의 runBlocking 함수는 코루틴이 람다식을 모두 실행할 때까지 호출부의 스레드인 메인 스레드를 점유하는 코루틴을 만들어 내며, 코루틴이 실행 완료돼야 코루틴의 메인 스레드의 점유가 종료되고 프로세스가 종료된다.

첫 코루틴을 완성했으면 그림 2-19와 같이 main 함수 왼쪽의 **재생 버튼(▶)**을 클릭한 후 **코드 실행**Run 'MainKt' 버튼을 클릭해 코드를 실행시킨다.

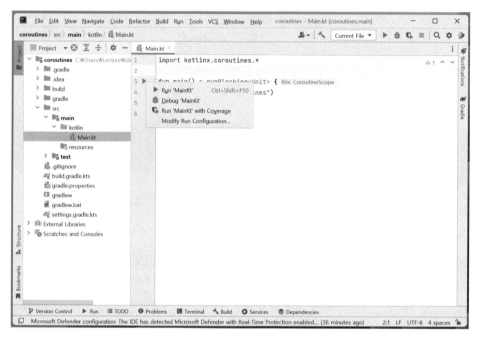

그림 2-19 코드 실행하기

코드의 실행 결과를 보면 그림 2-20과 같이 하단의 Run 탭에서 "Hello Coroutines" 가 출력된 것을 확인할 수 있다.

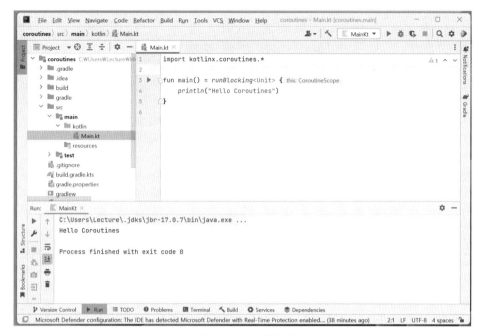

그림 2-20 코드 실행 결과

한 번 코드를 실행했으면 이후에는 그림 2-21과 같이 툴 바의 **코드 실행**^{Run 'MainKt'} 버튼을 클릭하거나 'Shift+F10'을 눌러서 코드를 간편하게 실행할 수 있다.

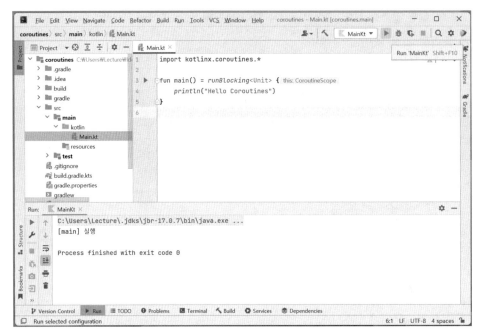

그림 2-21 툴 바의 Run 'MainKt' 버튼을 사용해 코드 실행

이렇게 첫 코루틴을 실행해 봤다. 이어서 코루틴의 디버깅을 위한 환경 설정 방법에 대해 알아보자.

2.4. 코루틴 디버깅 환경 설정하기

코루틴 비동기 프로그래밍의 핵심은 작업 단위인 코루틴이다. 코루틴은 일시 중단이 가능하지만 일시 중단 후 작업 재개 시 실행 스레드가 바뀔 수 있으므로 어떤 코루틴이 어떤 스레드에서 실행되고 있는지를 알아야 디버깅이 가능해진다.

여기서는 작업을 실행 중인 스레드와 코루틴을 함께 출력하기 위한 환경 설정 방법에 대해 알아볼 것이다.

2.4.1. 실행 중인 스레드 출력하기

Thread.currentThread().name은 일반적으로 현재 실행 중인 스레드를 출력하는 데 사용된다. 이를 코루틴 내에서 사용해 보도록 하자.

```
코드 위치: src/main/chapter2/code2/Code2-2.kt
fun main() = runBlocking<Unit> {
  println("[${Thread.currentThread().name}] 실행")
}
```

코드의 실행 결과를 보면 그림 2-22와 같이 로그에서 코드를 실행 중인 메인 스레드의 이름 main 말고는 다른 어떤 정보도 나오지 않는 것을 확인할 수 있다.

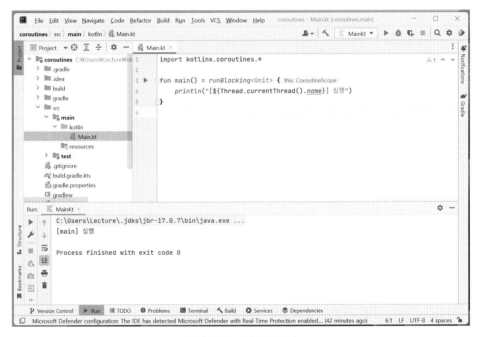

그림 2-22 실행 결과 화면

2.4.2. 실행 중인 코루틴 이름 출력하기

스레드 출력부에 현재 실행 중인 코루틴의 이름을 더하기 위해서는 JVM의 VM options에 옵션을 추가하는 간단한 작업을 하면 된다. 다음 과정을 통해 VM options에 옵션을 추가해 보자.

1. 툴 바의 MainKt를 클릭한 후 Edit Configurations... 버튼을 클릭한다.

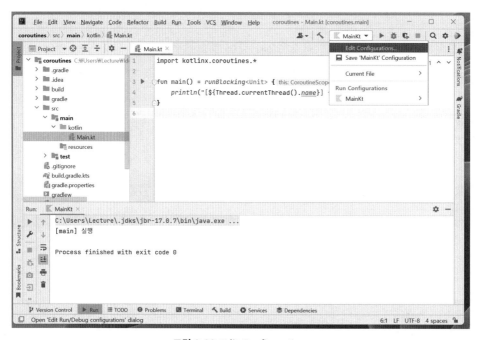

그림 2-23 Edit Configuration

2. Run/Debug Configurations 창이 열리면 VM options에 -Dkotlinx.coroutines. debug를 입력한 후 오른쪽 하단의 **OK** 버튼을 클릭한다. 이 옵션은 스레드 출력 시 코루틴 실행 정보를 추가하는 데 사용된다.

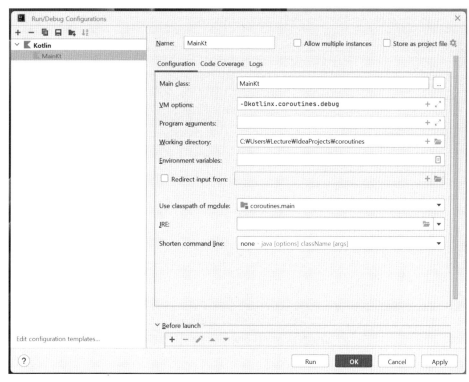

그림 2-24 VM 옵션 추가하기

VM 옵션(VM options)은 JVM에 옵션을 추가하는 데 사용된다.

3. 코드를 실행해 보면 그림 2-25와 같이 로그가 나오는 것을 볼 수 있다.

```
/*
// 실행 결과:
[main @coroutine#1] 실행
*/
```

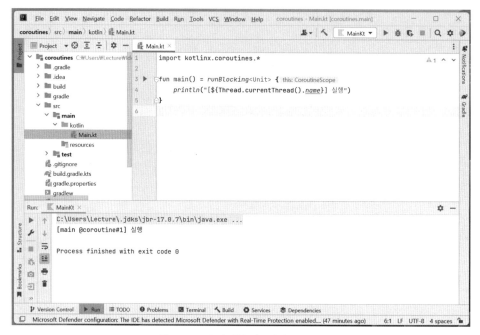

그림 2-25 코루틴 실행 정보가 추가된 화면

앞의 로그에서 main은 메인 스레드의 이름이고, 골뱅이(@) 뒤의 'coroutine'은 실행 중인 코루틴의 이름이며, #1,#2,#3는 코루틴 구분을 위해 코루틴 생성 때마다 자동으로 증가하는 숫자이다.

> runBlocking 함수가 호출되면 하나의 코루틴을 생성하며, 생성된 코루틴은 자동으로 이름과 숫자를 부여받는다. 앞 코드의 coroutine#1도 자동으로 부여된 coroutine이라는 이름과 #1이라는 숫자의 조합이다.

2.4.3. launch 사용해 코루틴 추가로 실행하기

runBlocking 함수의 람다식에서는 수신 객체인 CoroutineScope에 접근할 수 있으며, CoroutineScope 객체의 확장 함수로 정의된 launch 함수를 사용하면 코루틴을 추가로 생성할 수 있다. 다음과 같이 runBlocking 함수의 람다식 내부에서 launch를 호출해 보자.

runBlocking과 launch의 차이점은 이후에 추가로 설명할 것이다. 여기서는 launch를 사용해 추가적인 코루틴을 생성할 수 있다는 것만 알고 가자.

코드 위치: src/main/chapter2/code3/Code2-3.kt

```
fun main() = runBlocking<Unit> { // this: CoroutineScope
  println("[${Thread.currentThread().name}] 실행")
  launch {
    println("[${Thread.currentThread().name}] 실행")
  }
  launch {
    println("[${Thread.currentThread().name}] 실행")
  }
}
/*
// 실행 결과:
[main @coroutine#1] 실행
[main @coroutine#2] 실행
[main @coroutine#3] 실행
*/
```

이 코드는 총 3개의 코루틴을 생성한다. runBlocking 함수를 통해 하나의 코루틴이 생성되고, runBlocking 함수 내부에서 launch가 두 번 호출돼 각각 하나의 코루틴이 생성된다. 따라서 실행 결과에서 coroutine#1, coroutine#2, coroutine#3이 생성된 것을 볼 수 있다. 이처럼 launch를 사용하면 코루틴을 실행할 수 있다.

실행 결과에서 볼 수 있듯이 코루틴은 기본적으로 모두 coroutine이라는 이름을 갖고, # 뒤의 숫자만 1씩 증가하는 식으로 구분된다. 하지만 자동으로 증가하는 숫자만으로는 여전히 무엇이 어떤 코루틴인지 구분되지 않는다. 이 문제 해결을 위해 코루틴에서는 CoroutineName 객체를 사용해 사용자가 직접 이름을 부여할 수 있도록 하고 있다. 이제 CoroutineName 객체에 대해 알아보자.

2.4.4. CoroutineName 사용해 코루틴에 이름 추가하기

CoroutineName 객체는 코루틴의 이름을 구분하는 객체로, CoroutineName 객체 생성 함수에 코루틴에 설정될 이름을 인자로 넘김으로써 CoroutineName 객체를 만들 수 있다.

```
CoroutineName("Main") // Main을 이름으로 가진 CoroutineName 객체
CoroutineName("Coroutine1") // Coroutine1을 이름으로 가진 CoroutineName 객체
CoroutineName("Coroutine2") // Coroutine2를 이름으로 가진 CoroutineName 객체
```

이렇게 생성된 CoroutineName 객체를 코루틴을 생성하는 runBlocking이나 launch 같은 함수에 context 인자로 넘기면 해당 함수로 생성되는 코루틴이 CoroutineName 객체에 설정된 이름을 갖게 된다. 다음과 같이 runBlocking과 launch의 context 인자로 앞서 만든 CoroutineName 객체들을 넘겨보자.

코드 위치: src/main/chapter2/code4/Code2-4.kt
```kotlin
fun main() = runBlocking<Unit>(context = CoroutineName("Main")) {
  println("[${Thread.currentThread().name}] 실행")
  launch(context = CoroutineName("Coroutine1")) {
    println("[${Thread.currentThread().name}] 실행")
  }
  launch(context = CoroutineName("Coroutine2")) {
    println("[${Thread.currentThread().name}] 실행")
  }
}
```

이 코드의 실행 결과를 보면 그림 2-26과 같이 각 코루틴마다 고유한 이름을 갖는 것을 확인할 수 있다.

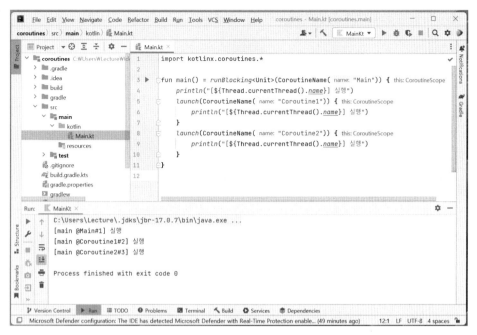

그림 2-26 CoroutineName 객체를 사용해 코루틴에 이름 부여하기

여기까지 코루틴을 실행하기 위한 환경을 설정하는 방법을 알아봤고, runBlocking 과 launch 함수를 사용해 코루틴을 실행해 봤으며, 실행 중인 코루틴의 이름을 출력하는 방법 그리고 이름을 설정하는 방법까지 알아봤다. 이제 본격적으로 코루틴을 다룰 준비가 마무리됐다.

3장부터는 코루틴의 주요 구성 요소들을 하나씩 살펴보며 사용법을 익혀보자.

2.5. 요약

1. 코틀린은 언어 레벨에서 코루틴을 지원하지만 저수준 API만을 지원한다.

2. 실제 개발에 필요한 고수준 API는 코루틴 라이브러리(kotlinx.coroutines)를 통해 제공받을 수 있다.

3. runBlocking 함수나 launch 함수를 사용해 코루틴을 실행할 수 있다.

4. 현재 실행 중인 스레드의 이름은 Thread.currentThread().name을 통해 출력할 수 있다.

5. JVM의 VM options에 -Dkotlinx.coroutines.debug를 추가하면 스레드의 이름을 출력할 때 코루틴의 이름을 추가로 출력할 수 있다.

6. CoroutineName 객체를 통해 코루틴의 이름을 지정할 수 있다.

Chapter 3

CoroutineDispatcher

3장에서 다루는 내용

- CoroutineDispatcher 객체의 역할
- 제한된 디스패처와 무제한 디스패처의 차이
- 제한된 디스패처 생성하기
- CoroutineDispatcher 사용해 코루틴 실행하기
- 코루틴 라이브러리에 미리 정의된 디스패처의 종류와 사용처

3.1. CoroutineDispatcher란 무엇인가?

CoroutineDispatcher 객체에 대해 알아보기 전에 디스패처[Dispatcher]가 무엇을 뜻하는지 알아보자. 디스패처는 dispatch와 -er의 합성어로 dispatch의 '보내다'라는 뜻에 -er이 붙어 '무언가를 보내는 주체'라는 뜻이다. 따라서 여기에 코루틴이 더해진 CoroutineDispatcher는 코루틴을 보내는 주체가 된다.

그렇다면 CoroutineDispatcher 객체는 코루틴을 어디로 보내는 것일까? 바로 스레드이다. 코루틴은 일시 중단이 가능한 '작업'이기 때문에 스레드가 있어야 실행될

수 있으며, CoroutineDispatcher는 코루틴을 스레드로 보내 실행시키는 역할을 한다. CoroutineDispatcher는 코루틴을 스레드로 보내는 데 사용할 수 있는 스레드나 스레드풀을 가지며, 코루틴을 실행 요청한 스레드에서 코루틴이 실행되도록 만들 수 있다.

CoroutineDispatcher 객체가 어떤 역할을 하는지 알았으면 간단한 예제를 통해 CoroutineDispatcher의 동작이 어떻게 이뤄지는지 살펴보도록 하자.

3.1.1. CoroutineDispatcher의 동작 살펴보기

코루틴을 실행시키는 데 2개의 스레드[Thread]로 구성된 스레드풀을 사용할 수 있는 CoroutineDispatcher 객체가 있고, 2개의 스레드 중 하나의 스레드에서 이미 Coroutine1 코루틴이 실행 중인 상황을 가정해 보자. 이를 시각화하면 그림 3-1과 같다.

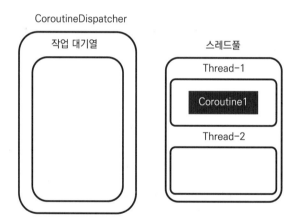

그림 3-1 CoroutineDispatcher 동작 살펴보기

CoroutineDispatcher 객체는 실행돼야 하는 작업을 저장하는 작업 대기열을 가지며, CoroutineDispatcher 객체가 사용할 수 있는 스레드풀에는 Thread-1, Thread-2라는 2개의 스레드가 포함된다.

CoroutineDispatcher의 내부 구조는 구현체에 따라 다를 수 있지만 여기서는 일반적인 Coroutine Dispatcher의 형태를 사용한다.

이런 CoroutineDispatcher 객체에 Coroutine2 코루틴의 실행이 요청되면 CoroutineDispatcher 객체는 실행 요청받은 코루틴을 그림 3-2와 같이 작업 대기열에 적재한다.

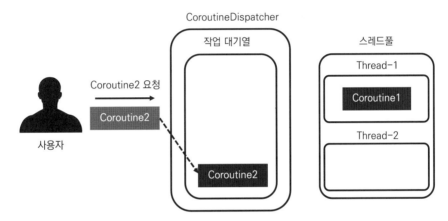

그림 3-2 실행 요청받은 코루틴을 적재하는 CoroutineDispatcher

그런 다음 CoroutineDispatcher 객체는 자신이 사용할 수 있는 스레드가 있는지 확인한다. 현재 Thread-2 스레드를 사용할 수 있으므로 CoroutineDispatcher 객체는 적재된 Coroutine2 코루틴을 그림 3-3과 같이 해당 스레드로 보내 실행시킨다.

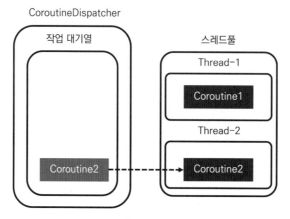

그림 3-3 스레드로 보내지는 코루틴

그렇다면 사용할 수 있는 스레드를 코루틴이 모두 점유하고 있는 상황에서 CoroutineDispatcher 객체는 어떻게 동작할까? 이의 확인을 위해 Coroutine Dispatcher 객체에 Coroutine3 코루틴이 추가로 실행 요청되는 상황을 가정해 보자. 새롭게 요청된 Coroutine3 코루틴은 그림 3-4와 같이 작업 대기열에 적재된다.

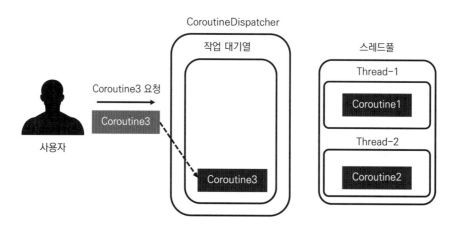

그림 3-4 추가로 요청된 Coroutine3 코루틴

하지만 현재 모든 스레드가 코루틴을 실행 중이어서 CoroutineDispatcher 객체는 사용할 수 있는 스레드가 없다. 따라서 Coroutine3 코루틴을 스레드에 보내지 못하고 계속해서 작업 대기열에서 대기하도록 둔다.

Coroutine3 코루틴이 스레드로 보내지는 시점은 스레드풀의 스레드 중 하나가 자유로워졌을 때이다. 그림 3-5와 같이 Thread-1 스레드에서 실행되던 Coroutine1 코루틴이 완료되고 Thread-1 스레드가 자유로워진 상황을 가정해 보자.

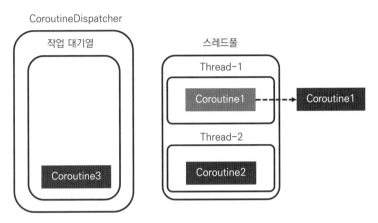

그림 3-5 실행 완료된 Coroutine1 코루틴

이제 CoroutineDispatcher 객체가 사용할 수 있는 스레드가 생겼으므로 그림 3-6과 같이 Coroutine3 코루틴이 쉬고 있는 Thread-1 스레드로 보내져 실행된다.

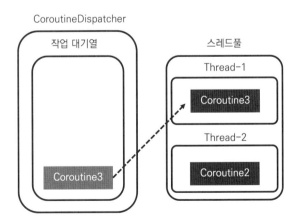

그림 3-6 쉬고 있는 스레드에 작업을 할당하는 CoroutineDispatcher

이처럼 CoroutineDispatcher 객체는 자신에게 실행 요청된 코루틴을 우선 작업 대기열에 적재한 후 사용할 수 있는 스레드가 생기면 스레드로 보내는 방식으로 동작한다.

3.1.2. CoroutineDispatcher의 역할

정리하면 CoroutineDispatcher는 코루틴의 실행을 관리하는 주체로 자신에게 실행 요청된 코루틴들을 작업 대기열에 적재하고, 자신이 사용할 수 있는 스레드가 새로운 작업을 실행할 수 있는 상태라면 스레드로 코루틴을 보내 실행될 수 있게 만드는 역할을 한다.

> CoroutineDispatcher 객체에 코루틴의 실행이 요청되면 일반적으로는 작업 대기열에 적재한 후에 스레드로 보낸다. 하지만 코루틴의 실행 옵션에 따라 작업 대기열에 적재되지 않고 즉시 실행될 수도 있고, 작업 대기열이 없는 CoroutineDispatcher 구현체도 있다. 이는 매우 예외적인 경우로 이에 관해서는 "11.2. CoroutineStart의 다양한 옵션들 살펴보기"와 "11.3. 무제한 디스패처"에서 별도로 다룬다.

3.2. 제한된 디스패처와 무제한 디스패처

CoroutineDispatcher에는 두 가지 종류가 있다. 하나는 제한된 디스패처^{Confined Dispatcher}이고, 다른 하나는 무제한 디스패처^{Unconfined Dispatcher}이다. 제한된 디스패처는 사용할 수 있는 스레드나 스레드풀이 제한된 디스패처이고, 무제한 디스패처는 사용할 수 있는 스레드나 스레드풀이 제한되지 않은 디스패처이다. 이 중 제한된 디스패처는 이미 앞에서 다뤘는데 동작 방식을 다시 한 번 살펴보자.

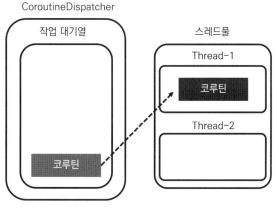

그림 3-7 제한된 디스패처

제한된 디스패처는 그림 3-7과 같이 사용할 수 있는 스레드가 제한된 디스패처이다. 일반적으로 CoroutineDispatcher 객체별로 어떤 작업을 처리할지 미리 역할을 부여하고 역할에 맞춰 실행을 요청하는 것이 효율적이기 때문에 앞으로 다룰 대부분의 CoroutineDispatcher 객체는 제한된 디스패처이다.

> 예를 들어 입출력(I/O) 작업을 실행할 때는 입출력 작업용 CoroutineDispatcher 객체에 실행을 요청해야 하며, CPU 연산 작업을 실행할 때는 CPU 연산 작업용 CoroutineDispatcher 객체에 실행을 요청해야 한다.

하지만 사용할 수 있는 스레드가 제한되지 않은 CoroutineDispatcher 객체도 존재한다. 이런 CoroutineDispatcher 객체를 무제한 디스패처라고 부른다. 실행할 수 있는 스레드가 제한되지 않았다고 해서 실행 요청된 코루틴이 아무 스레드에서나 실행되는 것은 아니다. 무제한 디스패처는 실행 요청된 코루틴이 이전 코드가 실행되던 스레드에서 계속해서 실행되도록 한다. 이 때문에 실행되는 스레드가 매번 달라질 수 있고, 특정 스레드로 제한돼 있지 않아 무제한 디스패처라는 이름을 갖게 됐다. 무제한 디스패처가 어떤 방식으로 동작하고, 어떤 경우에 사용돼야 하는지를 이해하는 데는 코루틴에 대한 깊은 지식이 필요하므로 '11.3. 무제한 디스패처'에서 별도로 다루고, 이 장에서는 제한된 디스패처만 다루도록 한다.

이제 제한된 디스패처의 생성 방법부터 확인해 보자.

3.3. 제한된 디스패처 생성하기

제한된 디스패처는 코루틴을 실행시킬 때 보낼 수 있는 스레드가 제한된 Coroutine Dispatcher 객체를 뜻한다. 코루틴 라이브러리는 사용자가 직접 제한된 디스패처를 만들 수 있도록 몇 가지 함수를 제공하는데 이들에 대해 알아보자.

3.3.1. 단일 스레드 디스패처 만들기

사용할 수 있는 스레드가 하나인 CoroutineDispatcher 객체는 단일 스레드 디스패처Single-Thread Dispatcher라고 부르는데, 다음과 같이 코루틴 라이브러리에서 제공하는 newSingleThreadContext 함수를 사용해 만들 수 있다. 이 함수는 문자열 타입의 name을 인자로 받으며, name은 디스패처에서 관리하는 스레드의 이름이 된다. 반환 타입은 CoroutineDispatcher이다.

```
코드 위치: src/main/chapter3/code1/Code3-1.kt
val dispatcher: CoroutineDispatcher = newSingleThreadContext(name =
"SingleThread")
```

newSingleThreadContext 함수를 통해 만들어진 CoroutineDispatcher 객체는 그림 3-8과 같은 구조이다.

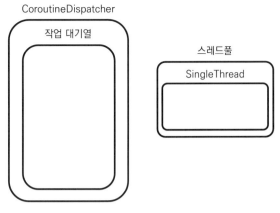

그림 3-8 단일 스레드 디스패처

이 CoroutineDispatcher 객체에는 작업을 적재하기 위한 작업 대기열이 있고, 스레드 하나로 구성된 스레드풀을 사용할 수 있다. 이 스레드의 이름은 name 인자로 넘긴 'SingleThread'가 된다.

3.3.2. 멀티 스레드 디스패처 만들기

2개 이상의 스레드를 사용할 수 있는 멀티 스레드 디스패처^{Multi-Thread Dispatcher}를 만들기 위해서는 다음과 같이 코루틴 라이브러리의 newFixedThreadPoolContext 함수를 사용하면 된다. 이 함수는 스레드의 개수(nThreads)와 스레드의 이름(name)을 매개변수로 받는다. 만들어지는 스레드들은 인자로 받은 name값 뒤에 '-1'부터 시작해 숫자가 하나씩 증가하는 형식으로 이름을 붙인다. 예를 들어 name 인자의 값을 MultiThread로 설정하고, nThreads 인자의 값을 2로 설정해 2개의 스레드를 만들면 각 스레드의 이름은 MultiThread-1, MultiThread-2가 된다.

코드 위치: src/main/chapter3/code2/Code3-2.kt
```kotlin
val multiThreadDispatcher: CoroutineDispatcher = newFixedThreadPoolContext(
  nThreads = 2,
  name = "MultiThread"
)
```

newFixedThreadPoolContext 함수를 통해 만들어진 CoroutineDispatcher 객체는 그림 3-9와 같은 구조이다.

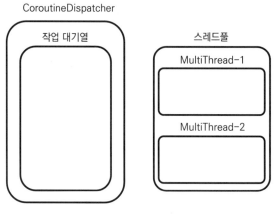

그림 3-9 멀티 스레드 디스패처

작업을 적재하기 위한 작업 대기열이 있고, 스레드풀에는 MultiThread-1, Multi Thread-2라는 이름을 가진 스레드 2개가 존재한다. newFixedThreadPool Context 함수로 만들어진 CoroutineDispatcher의 모습은 newSingleThread PoolContext 함수를 호출해 만들어진 CoroutineDispatcher와 매우 비슷하다. 그 이유는 newSingleThreadContext가 내부적으로 newFixedThread PoolContext를 사용하도록 구현돼 있기 때문이다. 다음은 코루틴 라이브러리의 newSingleThreadContext 함수 구현체이다.

```
public fun newSingleThreadContext(name: String):
CloseableCoroutineDispatcher =
  newFixedThreadPoolContext(1, name)
```

newSingleThreadContext는 newFixedThreadPoolContext에 스레드의 개수를 결정하는 nThreads 인자로 1을 넘겨 하나의 스레드만 갖게 된다. 즉, 두 함수는 같은 함수라고 봐도 무방하다. 이제 디스패처를 만들었으면 코루틴을 만들어 디스패처에 실행을 요청해 보자.

newFixedThreadPoolContext 함수가 구현된 방식

코루틴 라이브러리 1.7.2 버전을 기준으로 newFixedThreadPoolContext는 다음과 같이 구현돼 있다.

```
@DelicateCoroutinesApi
public actual fun newFixedThreadPoolContext(nThreads: Int, name:
String): ExecutorCoroutineDispatcher {
  require(nThreads >= 1) { "Expected at least one thread, but $nThreads
specified" }
  val threadNo = AtomicInteger()

// Executor 프레임웍 사용해 스레드풀 생성
  val executor = Executors.newScheduledThreadPool(nThreads) { runnable
->
// nThreads값이 1이면 name 스레드의 이름 설정
// nThreads값이 2 이상이면 name 뒤에 '-'과 숫자가 붙여져 이름 설정
    val t = Thread(runnable, if (nThreads == 1) name else name + "-" +
threadNo.incrementAndGet())
// 데몬 스레드로 생성
    t.isDaemon = true
    t
  }
  return executor.asCoroutineDispatcher()
}
```

newFixedThreadPoolContext 내부에서는 생성할 스레드(nThreads)가 한 개이면 name으로 전달된 값으로 스레드의 이름이 설정되고, 여러 개이면 name 뒤에 '–'과 1부터 시작하는 순번이 붙여져 스레드의 이름이 설정된다.

이 코드에서는 흥미로운 부분이 발견된다. 바로 newFixedThreadPoolContext 함수가 내부적으로는 ExecutorService를 생성하는 newScheduledThreadPool 함수를 통해 스레드풀을 생성한다는 점과 생성하는 스레드가 모두 데몬 스레드라는 점이다. 생성된 ExecutorService는 asCoroutineDispatcher 확장 함수를 사용해 CoroutineDispatcher로 변환돼 반환된다.

모든 CoroutineDispatcher 객체가 내부에서 ExecutorService 객체를 사용하는 것은 아니다. Coroutine Dispatcher는 추상 클래스이므로 구현 방식에 따라 달라지는데 다음과 같이 ExecutorService.asCoroutineDispatcher 확장 함수가 호출돼 반환되는 ExecutorCoroutineDispatcherImpl 객체가 내부적으로 ExecutorService 객체를 사용할 뿐이다.

```
public fun ExecutorService.asCoroutineDispatcher():
ExecutorCoroutineDispatcher =
    ExecutorCoroutineDispatcherImpl(this)
```

CoroutineDispatcher는 추상 클래스여서 다양하게 구현될 수 있으므로 내부 구현에 대해서는 깊게 알 필요는 없다. 추상화된 CoroutineDispatcher의 존재와 CoroutineDispatcher 객체가 코루틴을 스레드에 분배한다는 것 정도만 알면 된다.

3.4. CoroutineDispatcher 사용해 코루틴 실행하기

앞서 만든 CoroutineDispatcher 객체에 코루틴을 실행 요청하는 방법을 알아보자.

3.4.1. launch의 파라미터로 CoroutineDispatcher 사용하기

3.4.1.1. 단일 스레드 디스패처 사용해 코루틴 실행하기

앞서 만든 단일 스레드 디스패처를 사용해 코루틴을 실행해 보자. launch 함수를 호출해 만든 코루틴을 특정 CoroutineDispatcher 객체에 실행 요청하기 위해서는 launch 함수의 context 인자로 CoroutineDispatcher 객체를 넘기면 된다.

launch 함수의 인자로 CoroutineDispatcher를 넘긴 후 람다식에서 println ("[${Thread.currentThread().name}] 실행")을 실행해 어떤 스레드에서 코루틴이 실행되는지 출력해 보자.

```
코드 위치: src/main/chapter3/code3/Code3-3.kt
fun main() = runBlocking<Unit> {
  val dispatcher = newSingleThreadContext(name = "SingleThread")
  launch(context = dispatcher) {
    println("[${Thread.currentThread().name}] 실행")
  }
}
/*
// 결과:
[SingleThread @coroutine#2] 실행
*/
```

launch 함수의 첫 인자가 context이므로 context를 명시적으로 사용하지 않아도 된다. 즉, launch(context = dispatcher) 대신 launch(dispatcher)로 작성해도 괜찮다.

```kotlin
코드 위치: src/main/chapter3/code4/Code3-4.kt
fun main() = runBlocking<Unit> {
  val dispatcher = newSingleThreadContext(name = "SingleThread")
  launch(dispatcher) {
    println("[${Thread.currentThread().name}] 실행")
  }
}
```

새로운 스레드의 이름을 SingleThread로 설정했으므로 launch 함수를 통해 생성된 코루틴이 실행되는 스레드가 SingleThread로 나오는 것을 볼 수 있다.

이 코드는 다음 과정으로 실행된다. 먼저 그림 3-10과 같이 SingleThread를 사용할 수 있는 CoroutineDispatcher 객체가 생성되면 launch 함수를 통해 만들어진 coroutine#2 코루틴이 앞서 만든 CoroutineDispatcher 객체로 실행 요청된다.

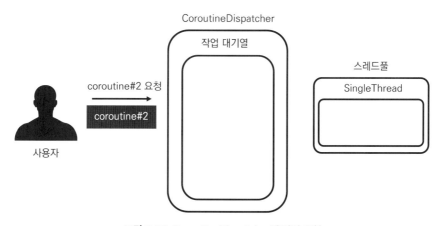

그림 3-10 CoroutineDispatcher에 작업 요청

그러면 그림 3-11과 같이 CoroutineDispatcher 객체는 먼저 작업 대기열에 coroutine#2 코루틴을 적재한 후 coroutine#2 코루틴을 SingleThread로 보내 실행시킨다. 실행된 coroutine#2는 "[SingleThread @coroutine#2] Coroutine

실행"을 출력한다.

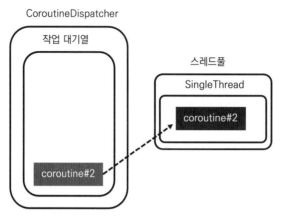

그림 3-11 코루틴을 스레드로 보내는 CoroutineDispatcher

3.4.1.2. 멀티 스레드 디스패처 사용해 코루틴 실행하기

이번에는 멀티 스레드 디스패처를 사용해 코루틴을 실행해 보자. 멀티 스레드 디스패처를 사용하는 방법은 단일 스레드 디스패처를 사용하는 방식과 동일하다. launch 함수의 context 자리에 앞서 만든 multiThreadDispatcher를 넘기면 된다. 다음 코드에서는 코루틴 2개가 multiThreadDispatcher로 실행 요청되며, 각 코루틴은 println("[${Thread.currentThread().name}] 실행")을 실행한 후 실행 완료된다.

```kotlin
코드 위치: src/main/chapter3/code5/Code3-5.kt
fun main() = runBlocking<Unit> {
  val multiThreadDispatcher = newFixedThreadPoolContext(
    nThreads = 2,
    name = "MultiThread"
  )
  launch(context = multiThreadDispatcher) {
    println("[${Thread.currentThread().name}] 실행")
  }
  launch(context = multiThreadDispatcher) {
    println("[${Thread.currentThread().name}] 실행")
  }
}
```

이 코드는 다음 과정으로 실행된다. 먼저 CoroutineDispatcher 객체가 생성되고, 해당 CoroutineDispatcher 객체에 launch 함수를 통해 만들어진 coroutine#2 코루틴이 실행 요청되면 CoroutineDispatcher 객체는 그림 3-12와 같이 작업 대기열에 coroutine#2 코루틴을 적재한 후 MultiThread-1에 할당해 실행한다.

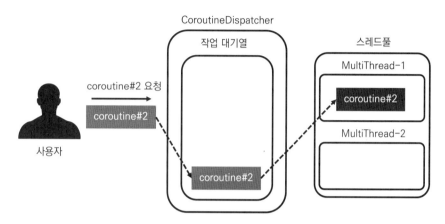

그림 3-12 멀티 스레드 디스패처를 사용해 코루틴 실행 1

그런 다음 coroutine#3가 실행 요청되면 CoroutineDispatcher 객체는 그림 3-13과 같이 작업 대기열에 coroutine#3를 적재한 후 쉬고 있는 스레드인 MultiThread-2에 할당해 실행한다.

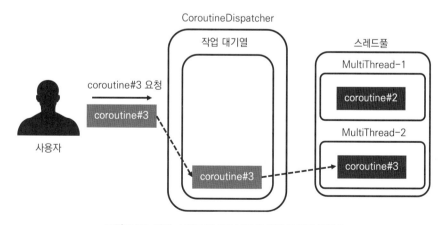

그림 3-13 멀티 스레드 디스패처를 사용해 코루틴 실행 2

따라서 코드의 실행 결과를 보면 다음과 같이 스레드가 2개 사용되고, 각 스레드의 이름이 MultiThread-1, MultiThread-2인 것을 확인할 수 있다.

```
/*
// 결과:
[MultiThread-1 @coroutine#2] 실행
[MultiThread-2 @coroutine#3] 실행
*/
```

실행 환경에 따라 각 코루틴이 다른 속도로 처리될 수 있기 때문에 사용되는 스레드가 다른 순서로 나오거나 일부 스레드만 사용될 수 있다. 만약 코드를 실행했는데 생성된 스레드 2개를 모두 확인하지 못했다면 여러 번 실행해 보자.

3.4.2. 부모 코루틴의 CoroutineDispatcher 사용해 자식 코루틴 실행하기

코루틴은 구조화를 제공해 코루틴 내부에서 새로운 코루틴을 실행할 수 있다. 이때 바깥쪽의 코루틴을 부모 코루틴^{Parent Coroutine}이라고 하고, 내부에서 생성되는 새로운 코루틴을 자식 코루틴^{Child Coroutine}이라고 한다.

구조화는 코루틴을 계층 관계로 만드는 것뿐만 아니라 부모 코루틴의 실행 환경을 자식 코루틴에 전달하는 데도 사용된다. 만약 자식 코루틴에 Coroutine Dispatcher 객체가 설정되지 않았으면 부모 코루틴의 CoroutineDispatcher 객체를 사용한다. 다음 코드를 통해 확인해 보자.

```kotlin
코드 위치: src/main/chapter3/code6/Code3-6.kt
fun main() = runBlocking<Unit> {
  val multiThreadDispatcher = newFixedThreadPoolContext(
    nThreads = 2,
    name = "MultiThread"
  )
  launch(multiThreadDispatcher) { // 부모 코루틴
    println("[${Thread.currentThread().name}] 부모 코루틴 실행")
    launch { // 자식 코루틴 실행
      println("[${Thread.currentThread().name}] 자식 코루틴 실행")
```

```
    }
    launch { // 자식 코루틴 실행
      println("[${Thread.currentThread().name}] 자식 코루틴 실행")
    }
  }
}
```

이 코드에서는 가장 상단의 launch 함수로 생성되는 코루틴이 부모 코루틴이 되는데 이 부모 코루틴은 전용 스레드가 2개인 multiThreadDispatcher를 사용한다. 이 부모 코루틴의 launch 함수 람다식 내부에서는 다시 2개의 launch 함수가 호출돼 2개의 코루틴을 추가로 생성하는데 이들이 바로 자식 코루틴이 된다. 이 자식 코루틴에는 별도 CoroutineDispatcher 객체가 설정돼 있지 않으므로 부모 코루틴에 설정된 CoroutineDispatcher 객체를 사용한다. 따라서 코드를 실행해 보면 다음과 같은 결과가 나온다.

```
/*
// 결과:
[MultiThread-1 @coroutine#2] 부모 코루틴 실행
[MultiThread-2 @coroutine#3] 자식 코루틴 실행
[MultiThread-1 @coroutine#4] 자식 코루틴 실행
*/
```

부모 코루틴과 자식 코루틴이 모두 같은 CoroutineDispatcher 객체를 사용하므로 MultiThread-1과 MultiThread-2를 공용으로 사용하는 것을 볼 수 있다.

> 코루틴이 어떤 스레드에서 실행되는지는 실행 시마다 달라질 수 있다.

이처럼 자식 코루틴들은 기본적으로 부모 코루틴의 CoroutineDispatcher 객체를 사용한다. 따라서 특정 CoroutineDispatcher에서 여러 작업을 실행해야 한다면 부모 코루틴에 CoroutineDispatcher를 설정하고, 그 아래에 자식 코루틴을 여러 개 생성하면 된다.

3.5. 미리 정의된 CoroutineDispatcher

앞서 다룬 newFixedThreadPoolContext 함수를 사용해 CoroutineDispatcher 객체를 생성하면 그림 3-14와 같은 경고가 출력된다.

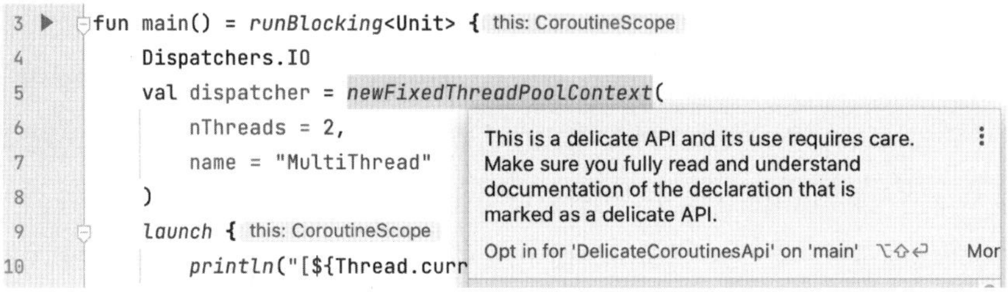

```
3  ▶  ⌐fun main() = runBlocking<Unit> { this: CoroutineScope
4         Dispatchers.IO
5         val dispatcher = newFixedThreadPoolContext(
6             nThreads = 2,
7             name = "MultiThread"
8         )
9     ⌐  launch { this: CoroutineScope
10           println("[${Thread.curr
```

> This is a delicate API and its use requires care.
> Make sure you fully read and understand
> documentation of the declaration that is
> marked as a delicate API.
> Opt in for 'DelicateCoroutinesApi' on 'main' ⌥⇧↵   Mor

그림 3-14 newFixedThreadPoolContext 사용 시 경고

This is a delicate API and its use requires care. Make sure you fully read and understand documentation of the declaration that is marked as a delicate API.

"이는 섬세하게 다뤄져야 하는 API이다. 섬세하게 다뤄져야 하는 API는 문서를 모두 읽고 제대로 이해하고 사용돼야 한다."

이런 경고를 하는 이유는 사용자가 newFixedThreadPoolContext 함수를 사용해 CoroutineDispatcher 객체를 만드는 것이 비효율적일 가능성이 높기 때문이다. newFixedThreadPoolContext 함수를 사용해 CoroutineDispatcher 객체를 만들게 되면 특정 CoroutineDispatcher 객체에서만 사용되는 스레드풀이 생성되며, 스레드풀에 속한 스레드의 수가 너무 적거나 많이 생성돼 비효율적으로 동작할 수 있다.

또한 여러 개발자가 함께 개발할 경우 특정 용도를 위해 만들어진 Coroutine Dispatcher 객체가 이미 메모리상에 있음에도 해당 객체의 존재를 몰라 다시 CoroutineDispatcher 객체를 만들어 리소스를 낭비하게 될 수도 있다. 스레드의 생성 비용이 비싸다는 것을 기억하자. 그리고 이는 앱을 무겁고 느리게 만들 수 있다.

코루틴 라이브러리는 개발자가 직접 CoroutineDispatcher 객체를 생성하는 문제

의 방지를 위해 미리 정의된 CoroutineDispatcher의 목록을 제공한다. 그 목록은 다음과 같다.

- **Dispatchers.IO**: 네트워크 요청이나 파일 입출력 등의 입출력(I/O) 작업을 위한 CoroutineDispatcher

- **Dispatchers.Default**: CPU를 많이 사용하는 연산 작업을 위한 Coroutine Dispatcher

- **Dispatchers.Main**: 메인 스레드를 사용하기 위한 CoroutineDispatcher

> Dispatchers.Unconfined는 제한된 디스패처가 아니기 때문에 별도의 장에서 다룬다.

코루틴 라이브러리에서 제공되는 CoroutineDispatcher 객체들은 멀티 스레드 프로그래밍이 필요한 일반적인 상황에 맞춰 만들어졌다. 따라서 사용자들은 매번 새로운 CoroutineDispatcher 객체를 만들 필요 없이 제공되는 Coroutine Dispatcher 객체를 사용해 코루틴을 실행하면 된다. 이 객체들을 자세히 살펴보자.

3.5.1. Dispatchers.IO

멀티 스레드 프로그래밍이 가장 많이 사용되는 작업은 입출력(I/O) 작업이다. 애플리케이션에서는 네트워크 통신을 위해 HTTP 요청을 하거나 DB 작업 같은 입출력 작업 여러 개를 동시에 수행하므로 이런 요청을 동시에 수행하기 위해서는 많은 스레드가 필요하다. 이를 위해 코루틴 라이브러리에서는 입출력 작업을 위해 미리 정의된 Dispatchers.IO를 제공한다.

Dispatchers.IO는 입출력 작업을 위해 사용되는 CoroutineDispatcher 객체이다. 코루틴 라이브러리 1.7.2 버전을 기준으로 Dispatchers.IO가 최대로 사용할 수 있는 스레드의 수는 JVM에서 사용이 가능한 프로세서의 수와 64 중 큰 값으로 설정돼 있다. 즉, Dispatchers.IO를 사용하면 여러 입출력 작업을 동시에 수행할 수 있다.

Dispatchers.IO는 싱글톤 인스턴스이므로 다음과 같이 launch 함수의 인자로 곧바로 넘겨 사용할 수 있다.

```
코드 위치: src/main/chapter3/code7/Code3-7.kt
fun main() = runBlocking<Unit> {
  launch(Dispatchers.IO) {
    println("[${Thread.currentThread().name}] 코루틴 실행")
  }
}
/*
// 결과:
[DefaultDispatcher-worker-1 @coroutine#2] 코루틴 실행
*/
```

이 코드를 실행해 보면 코루틴이 실행된 스레드의 이름이 DefaultDispatcher-worker-1인 것을 볼 수 있다. 이름 앞에 DefaultDispatcher-worker가 붙은 스레드는 코루틴 라이브러리에서 제공하는 공유 스레드풀에 속한 스레드로 Dispatchers.IO는 공유 스레드풀의 스레드를 사용할 수 있도록 구현됐기 때문에 DefaultDispatcher-worker-1 스레드에 코루틴이 할당돼 실행된다. 공유 스레드풀에 대해서는 "3.5.4. 공유 스레드풀을 사용하는 Dispatchers.IO와 Dispatchers.Default"에서 마저 다루도록 한다.

3.5.2. Dispatchers.Default

대용량 데이터를 처리해야 하는 작업처럼 CPU 연산이 필요한 작업이 있다. 이런 작업을 CPU 바운드 작업이라고 한다. Dispatchers.Default는 CPU 바운드 작업이 필요할 때 사용하는 CoroutineDispatcher이다.

Dispatchers.Default도 그 자체로 싱글톤 인스턴스이므로 다음과 같이 사용할 수 있다.

```
코드 위치: src/main/chapter3/code8/Code3-8.kt
fun main() = runBlocking<Unit> {
  launch(Dispatchers.Default){
    println("[${Thread.currentThread().name}] 코루틴 실행")
```

```
    }
}
/*
// 결과:
[DefaultDispatcher-worker-1 @coroutine#2] 코루틴 실행
*/
```

입출력 작업과 CPU 바운드 작업

입출력 작업과 CPU 바운드 작업의 중요한 차이는 작업이 실행됐을 때 스레드를 지속적으로 사용하는지의 여부이다. 일반적으로 입출력 작업은 작업(네트워크 요청, DB 조회 요청 등)을 실행한 후 결과를 반환받을 때까지 스레드를 사용하지 않는다. 반면에 CPU 바운드 작업은 작업을 하는 동안 스레드를 지속적으로 사용한다.

이 차이로 인해 입출력 작업과 CPU 바운드 작업이 스레드 기반 작업을 사용해 실행됐을 때와 코루틴을 사용해 실행됐을 때 효율성에 차이가 생긴다. 입출력 작업을 코루틴을 사용해 실행하면 입출력 작업 실행 후 스레드가 대기하는 동안 해당 스레드에서 다른 입출력 작업을 동시에 실행할 수 있어서 효율적이다. 반면에 CPU 바운드 작업은 코루틴을 사용해 실행하더라도 스레드가 지속적으로 사용되기 때문에 스레드 기반 작업을 사용해 실행됐을 때와 처리 속도에 큰 차이가 없다. 이를 정리하면 표 3-1과 같다.

	입출력(I/O) 작업	CPU 바운드 작업
스레드 기반 작업 사용 시	느림	비슷
코루틴 사용 시	빠름	

표 3-1 입출력 작업과 CPU 바운드 작업 비교

3.5.3. limitedParallelism 사용해 Dispatchers.Default 스레드 사용 제한하기

Dispatchers.Default를 사용해 무겁고 오래 걸리는 연산을 처리하면 특정 연산을 위해 Dispatchers.Default의 모든 스레드가 사용될 수 있다. 이 경우 해당 연산이 모든 스레드를 사용하는 동안 Dispatchers.Default를 사용하는 다른 연산이 실행되지 못한다. 이의 방지를 위해 코루틴 라이브러리는 Dispatchers.Default의 일부 스레드만 사용해 특정 연산을 실행할 수 있도록 하는 limitedParallelism 함수를 지원한다. 이 함수는 다음과 같이 사용할 수 있다.

```
코드 위치: src/main/chapter3/code9/Code3-9.kt
fun main() = runBlocking<Unit> {
  launch(Dispatchers.Default.limitedParallelism(2)){
    repeat(10) {
      launch {
        println("[${Thread.currentThread().name}] 코루틴 실행")
      }
    }
  }
}
/*
// 결과:
[DefaultDispatcher-worker-2 @coroutine#3] 코루틴 실행
[DefaultDispatcher-worker-1 @coroutine#4] 코루틴 실행
[DefaultDispatcher-worker-2 @coroutine#5] 코루틴 실행
...
[DefaultDispatcher-worker-1 @coroutine#10] 코루틴 실행
[DefaultDispatcher-worker-2 @coroutine#11] 코루틴 실행
[DefaultDispatcher-worker-2 @coroutine#12] 코루틴 실행
*/
```

이 코드에서는 Dispatchers.Default.limitedParallelism(2)를 통해 Dispatchers.Default의 여러 스레드 중 2개의 스레드만 사용해 10개의 코루틴을 실행시킨다. 따라서 결과에서 코루틴을 실행하는 데 사용된 스레드를 보면 DefaultDispatcher-worker-1과 DefaultDispatcher-worker-2만 사용된 것을 볼 수 있다.

3.5.4. 공유 스레드풀을 사용하는 Dispatchers.IO와 Dispatchers.Default

Dispatchers.IO와 Dispatchers.Default에서 다룬 코드의 실행 결과를 살펴보면 두 결과 모두 코루틴을 실행시킨 스레드의 이름이 DefaultDispatcher-worker-1인 것을 볼 수 있다. 이는 Dispatchers.IO와 Dispatchers.Default가 같은 스레드풀을 사용한다는 것을 의미한다.

어떻게 이 둘이 같은 스레드풀을 사용할 수 있을까? 그것은 바로 Dispatchers.IO와 Dispatchers.Default가 코루틴 라이브러리의 공유 스레드풀을 사용하기 때문이다.

106

코루틴 라이브러리는 스레드의 생성과 관리를 효율적으로 할 수 있도록 애플리케이션 레벨의 공유 스레드풀을 제공한다. 이 공유 스레드풀에서는 스레드를 무제한으로 생성할 수 있으며, 코루틴 라이브러리는 공유 스레드풀에 스레드를 생성하고 사용할 수 있도록 하는 API를 제공한다. Dispatchers.IO와 Dispatchers.Default는 모두 이 API를 사용해 구현됐기 때문에 같은 스레드풀을 사용하는 것이다. 물론, 스레드풀 내에서 Dispatchers.IO와 Dispatchers.Default가 사용하는 스레드는 구분된다. 공유 스레드풀을 시각화하면 그림 3-15와 같다.

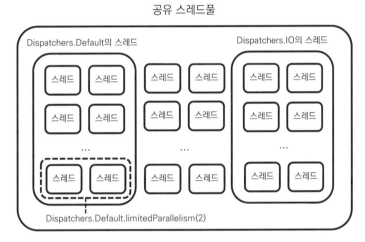

그림 3-15 공유 스레드풀

Dispatchers.IO와 Dispatchers.Default가 사용하는 스레드는 구분되며, Dispatchers.Default.limitedParallelism(2)는 Dispatchers.Default의 여러 스레드 중 2개의 스레드만 사용하는 것을 볼 수 있다.

newFixedThreadPoolContext 함수로 만들어지는 디스패처가 자신만 사용할 수 있는 전용 스레드풀을 생성하는 것과 다르게 Dispatchers.IO와 Dispatchers.Default는 공유 스레드풀의 스레드를 사용한다는 것을 확실히 짚고 넘어가자.

추가 자료. Dispatchers.IO의 limitedParallelism

앞서 Dispatchers.Default에 대해 limitedParallelism 함수를 사용하면 Dispatchers.Default 가 사용할 수 있는 스레드 중 일부만을 사용하도록 할 수 있는 것을 보았다. 하지만, Dispatchers.IO의 limitedParallelism은 조금 다르다. Dispatchers.IO의 limitedParallelism 함수는 공유 스레드 풀의 스레드로 구성된 새로운 스레드 풀을 만들어내며, 만들어낼 수 있는 스레드에 제한이 있는 Dispatchers.IO나 Dispatchers.Default와 달리 스레드의 수를 제한 없이 만들어낼 수 있다. 다음 코드를 보자.

```kotlin
코드 위치: src/main/chapter3/code10/Code3-10.kt
fun main() = runBlocking<Unit> {
  launch(Dispatchers.IO.limitedParallelism(100)) {
    repeat(200) {
      launch {
        Thread.sleep(1000L)
        println("[${Thread.currentThread().name}] 코루틴 실행")
      }
    }
  }
}
```

이 코드에서는 Dispatchers.IO.limitedParallelism(100)을 통해 공유 스레드풀 상에서 100개의 스레드로 구성된 스레드 풀을 만들어낸다. 따라서 이 코드를 실행 시켜 보면, 공유 스레드 풀에서 사용하는 스레드의 개수가 100개 정도 되는 것을 볼 수 있다. 다음은 앞의 코드를 실행한 결과이다.

```
/*
// 결과: 사용된 스레드의 순서는 매번 다르게 나온다.
[DefaultDispatcher-worker-60] 코루틴 실행
[DefaultDispatcher-worker-74] 코루틴 실행
[DefaultDispatcher-worker-68] 코루틴 실행
...
[DefaultDispatcher-worker-85] 코루틴 실행
[DefaultDispatcher-worker-49] 코루틴 실행
[DefaultDispatcher-worker-98] 코루틴 실행
*/
```

실행된 결과를 보면 생성된 스레드의 수를 뜻하는 DefaultDispatcher-worker 뒤의 숫자가 100에 가깝게 나오는 것을 볼 수 있다.

이렇듯, Dispatchers.IO의 limitedParallelism 함수는 공유 스레드 풀 상에서 Dispatchers.IO나 Dispatchers.Default와 관계 없는 스레드로 구성된 스레드풀을 만들어내며, 이를 그림으로 표현하면 그림 3-16 와 같다.

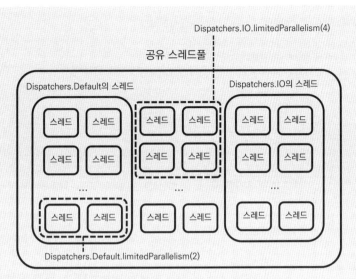

그림 3-16 Dispatchers.IO의 limitedParallelism

그렇다면, Dispatchers.IO의 limitedParallelism을 사용해야 될 때는 언제일까? 바로 특정한 작업이 다른 작업에 영향을 받지 않아야 해, 별도 스레드 풀에서 실행되는 것이 필요할 때 사용돼야 한다. 다만, 이 함수는 공유 스레드 풀에서 새로운 스레드를 만들어내고, 새로운 스레드를 만들어내는 것은 비싼 작업이므로 남용하지 말도록 하자.

3.5.5. Dispatchers.Main

Dispatchers.Main은 코루틴 라이브러리만 추가하면 사용할 수 있도록 설계된 Dispatchers.IO나 Dispatchers.Default와 다르게 일반적으로 UI가 있는 애플리케이션에서 메인 스레드의 사용을 위해 사용되는 특별한 CoroutineDispatcher 객체이다. 즉, 코루틴 라이브러리에 대한 의존성만 추가하며 Dispatchers.Main을 사용할 수 없고 별도 라이브러리(kotlinx-coroutines-android 등)를 추가해야 이 객체를 사용할 수 있다.

따라서 우리가 만든 코틀린 애플리케이션에서 Dispatchers.Main은 참조는 가능하지만 사용하면 오류가 난다. 다음 코드를 실행해 확인해 보자.

```
코드 위치: src/main/chapter3/code11/Code3-11.kt
fun main() = runBlocking<Unit> {
  launch(Dispatchers.Main){
    println("[${Thread.currentThread().name}] Coroutine 실행")
  }
}
/*
// 결과:
Exception in thread "main" java.lang.IllegalStateException: Module with the
Main dispatcher is missing. Add dependency providing the Main dispatcher,
e.g. 'kotlinx-coroutines-android' and ensure it has the same version as
'kotlinx-coroutines-core'
  at kotlinx.coroutines.internal.MainDispatchersKt.throwMissingMainDispatch
erException(MainDispatchers.kt:81)
...
*/
```

Dispatchers.Main에 접근하면 IllegalStateException과 함께 메인 디스패처를 제공하는 모듈이 없다는 오류가 발생하는 것을 볼 수 있다. 이 오류는 Dispatchers.Main의 구현체를 제공하는 라이브러리가 없어 생기는 오류로 메인 디스패처를 사용하려면 앞서 설명했듯이 이에 대한 의존성을 제공하는 별도의 라이브러리를 추가해야 한다.

지금까지 디스패처에 대한 기본적인 내용을 배웠다. 4장부터는 코루틴 빌더 함수를 사용해 코루틴을 생성하고 제어하는 방법에 대해 다룬다.

3.6. 요약

1. CoroutineDispatcher 객체는 코루틴을 스레드로 보내 실행하는 객체이다. 코루틴을 작업 대기열에 적재한 후 사용이 가능한 스레드로 보내 실행한다.

2. 제한된 디스패처는 코루틴을 실행하는 데 사용할 수 있는 스레드가 특정 스레드 또는 스레드풀로 제한되지만 무제한 디스패처는 코루틴을 실행하는 데 사용할 수 있는 스레드가 제한되지 않는다.

3. newSingleThreadContext 및 newFixedThreadPoolContext 함수를 사용해 제한된 디스패처 객체를 생성할 수 있다.

4. launch 함수를 사용해 코루틴을 실행할 때 context 인자로 Coroutine Dispatcher 객체를 넘기면 해당 CoroutineDispatcher 객체를 사용해 코루틴이 실행된다.

5. 자식 코루틴은 기본적으로 부모 코루틴의 CoroutineDispatcher 객체를 상속받아 사용한다.

6. 코루틴 라이브러리는 미리 정의된 CoroutineDispatcher 객체인 Dispatchers. IO, Dispatchers.Default, Dispatchers.Main을 제공한다.

7. Dispatchers.IO는 입출력 작업을 위한 CoroutineDispatcher 객체로 네트워크 요청이나 파일 I/O 등에 사용된다.

8. Dispatchers.Default는 CPU 바운드 작업을 위한 CoroutineDispatcher 객체로 대용량 데이터 처리 등을 하는 데 사용된다.

9. limitedParallelism 함수를 사용해 특정 연산을 위해 사용되는 Dispatchers. Default의 스레드 수를 제한할 수 있다.

10. Dispatchers.IO와 Dispatchers.Default는 코루틴 라이브러리에서 제공하는 공유 스레드풀을 사용한다.

11. Dispatchers.Main은 메인 스레드에서 실행돼야 하는 작업에 사용되는 CoroutineDispatcher 객체로 Dispatchers.Main을 사용하기 위해서는 별도의 라이브러리를 추가해야 한다.

12. Dispatchers.Main은 일반적으로 UI가 있는 애플리케이션에서 UI를 업데이트하는 데 사용된다.

Chapter 4

코루틴 빌더와 Job

우리는 앞서 코루틴을 생성하는 두 가지 함수인 runBlocking과 launch를 다뤘다. 이들은 코루틴을 생성하는 데 사용하는 함수라고 해서 코루틴 빌더 함수라고 불리는 데 코루틴 빌더 함수가 호출되면 새로운 코루틴이 생성된다.

모든 코루틴 빌더 함수는 코루틴을 만들고 코루틴을 추상화한 Job 객체를 생성한다. launch 함수 또한 코루틴 빌더이므로 다음과 같이 launch 함수를 호출하면 코루틴 이 만들어지고, Job 객체가 생성돼 반환된다. 반환된 Job 객체는 코루틴의 상태를 추적하고 제어하는 데 사용된다.

```
코드 위치: src/main/chapter4/code1/Code4-1.kt
fun main() = runBlocking<Unit> {
  val job: Job = launch(Dispatchers.IO) { // Job 객체 반환
    println("[${Thread.currentThread().name}] 실행")
  }
}
```

코루틴은 일시 중단할 수 있는 작업으로 실행 도중 일시 중단된 후 나중에 이어서 실행될 수 있다. 코루틴을 추상화한 Job 객체는 이에 대응해 코루틴을 제어할 수 있는

함수와 코루틴의 상태를 나타내는 상태 값들을 외부에 노출한다. 4장에서는 Job 객체를 사용해 코루틴 간 순차 처리를 하는 방법과 코루틴의 상태를 확인하고 조작하는 방법에 대해 알아볼 것이다.

4장에서 다루는 내용

- join, joinAll 함수를 사용한 코루틴 간 순차 처리
- CoroutineStart.LAZY를 사용한 코루틴 지연 시작
- 코루틴 실행 취소하기
- 코루틴의 상태

4.1. join을 사용한 코루틴 순차 처리

코루틴 간에는 순차 처리가 필요한 경우가 종종 발생한다. 예를 들어 데이터베이스 작업을 순차적으로 처리해야 하는 상황이나 캐싱된 토큰 값이 업데이트된 이후에 네트워크 요청을 해야 하는 상황에서는 각 작업을 하는 코루틴이 순차 처리돼야 한다.

Job 객체는 순차 처리가 필요한 상황을 위해 join 함수를 제공해 먼저 처리돼야 하는 코루틴의 실행이 완료될 때까지 호출부의 코루틴을 일시 중단하도록 만들 수 있다. 순차 처리가 안 될 경우에 어떤 문제가 발생하며, join 함수를 사용해 어떻게 순차 처리를 할 수 있는지 살펴보자.

4.1.1. 순차 처리가 안 될 경우의 문제

네트워크 요청 시 인증 토큰이 필요한 상황에 대해 가정해 보자. 이런 경우 인증 토큰이 업데이트가 된 이후 네트워크 요청이 실행돼야 요청이 정상적으로 처리될 수 있다. 만약 인증 토큰 업데이트 이전에 네트워크 요청이 실행된다면 문제가 생길 것이다.

먼저 토큰 업데이트 작업과 네트워크 요청 작업 간에 순차 처리가 되지 않은 코드를 다음과 같이 만들어 보자.

```
코드 위치: src/main/chapter4/code2/Code4-2.kt
fun main() = runBlocking<Unit> {
  val updateTokenJob = launch(Dispatchers.IO) {
    println("[${Thread.currentThread().name}] 토큰 업데이트 시작")
    delay(100L) // 토큰 업데이트 지연 시간
    println("[${Thread.currentThread().name}] 토큰 업데이트 완료")
  }
  val networkCallJob = launch(Dispatchers.IO) {
    println("[${Thread.currentThread().name}] 네트워크 요청")
  }
}
/*
// 결과:
[DefaultDispatcher-worker-1 @coroutine#2] 토큰 업데이트 시작
[DefaultDispatcher-worker-3 @coroutine#3] 네트워크 요청
[DefaultDispatcher-worker-1 @coroutine#2] 토큰 업데이트 완료
*/
```

updateTokenJob은 인증 토큰을 업데이트시키기 위한 코루틴으로 update
TokenJob 내부에 delay(100L)을 사용해 100밀리초의 지연 시간을 둔 이유는
서버에 토큰을 요청하고 응답을 받는 데 시간이 걸리기 때문이다. 따라서 update
TokenJob이 실행되면 "토큰 업데이트 시작"을 출력하고 100밀리초 정도가 지난
후에는 "토큰 업데이트 완료"가 출력된다. networkCallJob은 네트워크 요청을 위
한 코루틴으로 별도 지연 시간 없이 요청을 보낸다.

delay 함수는 Thread.sleep 함수와 비슷하게 작업의 실행을 일정 시간 동안 지연시키는 역할을 한다.
Thread.sleep 함수를 통해 지연을 실행하면 해당 함수가 실행되는 동안 스레드가 블로킹돼 사용할 수 없
는 상태가 되지만, delay 함수를 통해 지연을 실행하면 해당 함수가 실행되는 동안 스레드는 다른 코루틴이
사용할 수 있다.
이에 관한 자세한 내용은 "10.2.1. delay 일시 중단 함수를 통해 알아보는 스레드 양보"에서 다룬다.

이 코드를 실행해 보면 토큰 업데이트 시작 이후 토큰 업데이트가 끝나기 전에 네트
워크 요청을 하는 것을 볼 수 있다. 작업이 이런 순서로 진행된 이유를 그림 4-1을
통해 살펴보자.

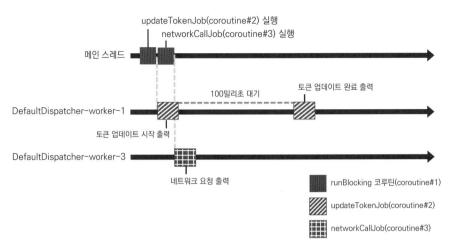

그림 4-1 순차 처리 안 된 코루틴

runBlocking 코루틴은 메인 스레드에서 실행되는 코루틴으로 runBlocking 코루틴에서 launch 함수를 호출해 updateTokenJob(coroutine#2)를 생성하고 Dispatchers.IO에 해당 코루틴을 실행 요청한다. 그러면 Dispatchers. IO는 DefaultDispatcher-worker-1 스레드에 해당 코루틴을 할당해 실행시킨다. 이어서 runBlocking 코루틴은 launch 함수를 한 번 더 호출해 networkCallJob(coroutine#3)를 생성하고 Dispatchers.IO에 실행을 요청한다. 그러면 Dispatchers.IO는 이미 updateTokenJob(coroutine#2)가 점유하고 있는 DefaultDispatcher-worker-1 스레드 대신 DefaultDispatcher-worker-3 스레드에 networkCallJob(coroutine#3)를 보내 실행시킨다.

즉, 이 코드에서는 인증 토큰 업데이트 작업과 네트워크 요청 작업이 병렬로 동시에 실행된다. 네트워크 요청은 인증 토큰 업데이트가 완료된 후에 실행돼야 하므로 만약 이 코드가 실제 코드였다면 심각한 오류가 발생했을 것이다. 이 문제를 해결하기 위해서는 updateTokenJob이 모두 완료된 이후에 networkCallJob이 실행돼야한다. Job 객체는 이런 문제 해결을 위해 순차 처리할 수 있는 join 함수를 제공한다.

4.1.2. join 함수 사용해 순차 처리하기

Job 객체의 join 함수를 사용하면 코루틴 간에 순차 처리가 가능하다. join 함수를 사용하는 방법은 간단하다. 만약 JobA 코루틴이 완료된 후에 JobB 코루틴이 실행 돼야 한다면 JobB 코루틴이 실행되기 전에 JobA 코루틴에 join 함수를 호출하면 된다.

앞의 코드에서는 updateTokenJob이 networkCallJob 실행 전에 완료돼야 하므로 networkCallJob 실행 전에 updateTokenJob.join()을 호출해 순차 처리를 할 수 있다. 다음은 이 둘 간에 순차 처리가 적용된 코드이다.

```kotlin
코드 위치: src/main/chapter4/code3/Code4-3.kt
fun main() = runBlocking<Unit> {
  val updateTokenJob = launch(Dispatchers.IO) {
    println("[${Thread.currentThread().name}] 토큰 업데이트 시작")
    delay(100L)
    println("[${Thread.currentThread().name}] 토큰 업데이트 완료")
  }
  updateTokenJob.join() // updateTokenJob이 완료될 때까지 runBlocking 코루틴 일시
중단
  val networkCallJob = launch(Dispatchers.IO) {
    println("[${Thread.currentThread().name}] 네트워크 요청")
  }
}
/*
// 결과:
[DefaultDispatcher-worker-1 @coroutine#2] 토큰 업데이트 시작
[DefaultDispatcher-worker-1 @coroutine#2] 토큰 업데이트 완료
[DefaultDispatcher-worker-1 @coroutine#3] 네트워크 요청
*/
```

Job 객체의 join 함수를 호출하면 join의 대상이 된 코루틴의 작업이 완료될 때까지 join을 호출한 코루틴이 일시 중단된다. 즉, 이 코드에서처럼 run Blocking 코루틴이 updateTokenJob.join()을 호출하면 runBlocking 코루틴은 updateTokenJob 코루틴이 완료될 때까지 일시 중단된다. 이후 update TokenJob 내부의 코드가 모두 실행되면 runBlocking 코루틴이 재개돼 network CallJob을 실행한다. 따라서 결과에서 인증 토큰 업데이트 완료 후 네트워크 요청이

되는 것을 볼 수 있다.

이 작업이 실행된 과정을 그림 4-2를 통해 시각적으로 살펴보자.

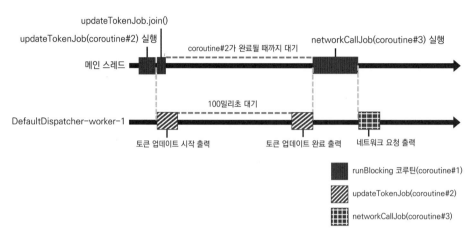

그림 4-2 순차 처리된 코루틴

runBlocking 코루틴이 launch 함수를 호출해 updateTokenJob(coroutine#2)를 생성하고 Dispatchers.IO에 실행 요청하면 Dispatchers.IO는 DefaultDispatcher-worker-1 스레드에 updateTokenJob(coroutine#2)를 보내 실행한다. 이어서 runBlocking 코루틴이 updateTokenJob.join()을 호출하면 runBlocking 코루틴은 updateTokenJob(coroutine#2)의 실행이 완료될 때까지 일시 중단된다. 이후 updateTokenJob(coroutine#2)가 실행 완료되면 runBlocking 코루틴은 재개된다. 재개된 runBlocking 코루틴은 launch 함수를 호출해 networkCallJob(coroutine#3)를 생성해 Dispatchers.IO에 실행 요청하며, Dispatchers.IO는 networkCallJob(coroutine#3)를 쉬고 있는 DefaultDispatcher-worker-1에 할당해 실행시킨다.

이런 방식으로 코루틴 간의 순차 처리에 join 함수를 사용할 수 있다. 여기서 중요한 점은 join 함수를 호출한 코루틴은 join의 대상이 된 코루틴이 완료될 때까지 일시 중단된다는 것이다. 이 때문에 join 함수는 일시 중단이 가능한 지점(코루틴 등)에서만 호출될 수 있다.

join 함수는 join을 호출한 코루틴만 일시 중단한다.

join 함수는 join 함수를 호출한 코루틴을 제외하고 이미 실행 중인 다른 코루틴을 일시 중단하지 않는다. 앞서 다룬 코드에서 updateTokenJob.join()이 호출되기 전에 independentJob 코루틴이 추가로 실행되는 코드를 살펴보자.

```kotlin
코드 위치: src/main/chapter4/code4/Code4-4.kt
fun main() = runBlocking<Unit> {
  val updateTokenJob = launch(Dispatchers.IO) {
    println("[${Thread.currentThread().name}] 토큰 업데이트 시작")
    delay(100L)
    println("[${Thread.currentThread().name}] 토큰이 업데이트 됐습니다")
  }
  val independentJob = launch(Dispatchers.IO) {
    println("[${Thread.currentThread().name}] 독립적인 작업 실행")
  }
  updateTokenJob.join()
  val networkCallJob = launch(Dispatchers.IO) {
    println("[${Thread.currentThread().name}] 네트워크 요청")
  }
}
/*
// 결과:
[DefaultDispatcher-worker-1 @coroutine#2] 토큰 업데이트 시작
[DefaultDispatcher-worker-3 @coroutine#3] 독립적인 작업 실행
[DefaultDispatcher-worker-1 @coroutine#2] 토큰이 업데이트 됐습니다
[DefaultDispatcher-worker-1 @coroutine#4] 네트워크 요청
*/
```

independentJob은 실행 즉시 "독립적인 작업 실행"을 출력하는 코루틴이다. 코드의 실행 결과를 보면 independentJob은 updateTokenJob.join()이 호출되더라도 updateTokenJob이 끝날 때까지 기다리지 않고 실행되는 것을 확인할 수 있다. 이렇게 동작하는 이유를 그림 4-3을 통해 살펴보자.

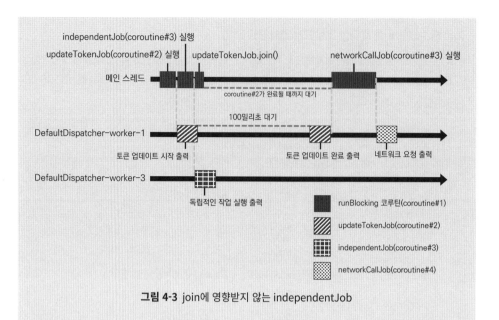

그림 4-3 join에 영향받지 않는 independentJob

runBlocking 코루틴은 updateTokenJob.join()을 호출하기 전에 이미 launch 함수를 호출해 independentJob(coroutine#3)를 실행한다. 또한 join 함수를 호출한 코루틴은 runBlocking 코루틴이고 join의 대상이 된 코루틴은 updateTokenJob(coroutine#2)이므로 runBlocking 코루틴만 updateTokenJob(coroutine#2)가 완료될 때까지 일시 중단된다. 즉, 다른 스레드에서 이미 실행이 시작된 independentJob(coroutine#3)는 일시 중단에 영향을 받지 않는다. 이 때문에 "토큰 업데이트 완료" 출력 전에 "독립적인 작업 실행"이 출력된다.

4.2. joinAll을 사용한 코루틴 순차 처리

실제 개발 시에는 서로 독립적인 여러 코루틴을 병렬로 실행한 후 실행한 요청들이 모두 끝날 때까지 기다렸다가 다음 작업을 진행하는 것이 효율적이다. 예를 들어 SNS 앱의 이미지 업로드 기능을 개발한다고 해보자. 이 경우 사용자가 복수의 이미지를 선택했다면, 이미지를 모두 변환한 후 업로드 작업을 진행하도록 만들어야 한다. 이때 이미지의 개수가 세 개라고 하면, 코루틴을 하나만 만들어 한 번에 이미지를 하나씩 변환하기보다 코루틴을 세 개 만들어 각 이미지 변환 작업을 병렬로 실행한 후 결과를 취합해 업로드 작업을 실행하는 것이 효율적이다.

이런 작업을 위해 코루틴 라이브러리는 복수의 코루틴의 실행이 모두 끝날 때까지 호출부의 코루틴을 일시 중단시키는 joinAll 함수를 제공한다.

4.2.1. joinAll 함수

joinAll 함수의 내부 동작은 간단하다. 다음과 같이 가변 인자로 Job 타입의 객체를 받은 후 각 Job 객체에 대해 모두 join 함수를 호출한다.

```
public suspend fun joinAll(vararg jobs: Job): Unit = jobs.forEach {
  it.join()
}
```

이를 통해 joinAll의 대상이 된 코루틴들의 실행이 모두 끝날 때까지 호출부의 코루틴을 일시 중단한다.

4.2.2. joinAll 함수 사용해 보기

joinAll 함수 사용을 위해 이미지 2개를 변환한 후 변환된 이미지를 서버에 올려야 하는 상황을 가정해 보자. 이미지를 변환하는 코루틴들은 다음과 같이 convertImageJob1과 convertImageJob2로 만든다.

```
val convertImageJob1: Job = launch(Dispatchers.Default) {
  Thread.sleep(1000L) // 이미지 변환 작업 실행 시간
  println("[${Thread.currentThread().name}] 이미지1 변환 완료")
}
val convertImageJob2: Job = launch(Dispatchers.Default) {
  Thread.sleep(1000L) // 이미지 변환 작업 실행 시간
  println("[${Thread.currentThread().name}] 이미지2 변환 완료")
}
```

convertImageJob1은 이미지1을 1초 동안 변환시킨 후 "이미지1 변환 완료"를 출력하는 코루틴이고, convertImageJob2는 이미지2를 1초 동안 변환 시킨 후 "이미지2 변환 완료"를 출력하는 코루틴이다. 이미지를 변환하는 작업은 CPU 바운

드 작업이므로 각 코루틴을 Dispatchers.Default에 실행 요청하며, 내부에서는 Thread.sleep 함수를 사용해 작업이 진행되는 동안 스레드를 블로킹하게 만든다.

이미지를 서버에 올리는 코루틴은 uploadImageJob으로 만든다. uploadImage Job은 단순히 "이미지1, 2 업로드"를 출력하는 코루틴이다.

```kotlin
val uploadImageJob: Job = launch(Dispatchers.IO) {
  println("[${Thread.currentThread().name}] 이미지1,2 업로드")
}
```

이들을 사용해 이미지 변환 후 변환된 이미지를 서버에 올리는 코드를 joinAll 함수를 사용해 만들어 보자. 코드는 다음과 같다.

```kotlin
코드 위치: src/main/chapter4/code5/Code4-5.kt
fun main() = runBlocking<Unit> {
  val convertImageJob1: Job = launch(Dispatchers.Default) {
    Thread.sleep(1000L) // 이미지 변환 작업 실행 시간
    println("[${Thread.currentThread().name}] 이미지1 변환 완료")
  }
  val convertImageJob2: Job = launch(Dispatchers.Default) {
    Thread.sleep(1000L) // 이미지 변환 작업 실행 시간
    println("[${Thread.currentThread().name}] 이미지2 변환 완료")
  }

  joinAll(convertImageJob1, convertImageJob2) // 이미지1과 이미지2가 변환될 때까지
대기

  val uploadImageJob: Job = launch(Dispatchers.IO) {
    println("[${Thread.currentThread().name}] 이미지1,2 업로드")
  }
}
```

서버에 이미지를 올리기 전에 convertImageJob1과 convertImageJob2가 완료돼야 하므로 uploadImageJob을 실행하기 전에 joinAll(convertImageJob1, convertImageJob2)를 호출해 이미지 변환 작업이 완료될 때까지 호출부의 runBlocking 코루틴을 일시 중단되도록 만든다. 그러면 이미지가 모두 변환되고 나서 이미지를 업로드하는 코루틴인 uploadImageJob이 호출될 것이다. 따라서 코

드를 실행해 보면 다음과 같은 결과가 나오는 것을 확인할 수 있다.

```
/*
// 결과:
[DefaultDispatcher-worker-1 @coroutine#2] 이미지1 변환 완료
[DefaultDispatcher-worker-2 @coroutine#3] 이미지2 변환 완료
[DefaultDispatcher-worker-1 @coroutine#4] 이미지1,2 업로드
*/
```

이런 결과가 나오는 이유를 그림 4-4를 통해 살펴보자.

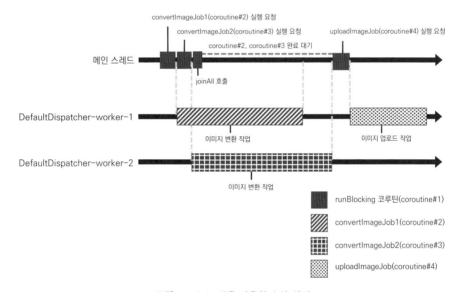

그림 4-4 joinAll을 사용한 순차 처리

runBlocking 코루틴은 메인 스레드를 사용하며, 여기서 실행된 convert
ImageJob1(coroutine#2)와 convertImageJob2(coroutine#3)는
Dispatchers.Default에 의해 공유 스레드풀의 스레드인 DefaultDispatcher-
worker-1과 DefaultDispatcher-worker-2에 각각 할당돼 처리된다. 이어서
runBlocking 코루틴에서 joinAll(convertImageJob1, convertImageJob2)
가 호출되면 convertImageJob1과 convertImageJob2가 완료될 때
까지 runBlocking 코루틴은 일시 중단된다. 이후 convertImageJob1

과 convertImageJob2가 모두 완료되면 runBlocking 코루틴이 재개돼 uploadImageJob을 실행 요청한다.

이렇게 joinAll 함수를 사용해 복수의 코루틴에 대한 순차 처리를 할 수 있다.

지금까지 join과 joinAll 함수를 사용해 코루틴을 순차 처리하는 방법에 대해 알아 봤다. 이제 코루틴을 생성한 후 원하는 시점에 실행할 수 있도록 만드는 방법을 알아 보자.

4.3. CoroutineStart.LAZY 사용해 코루틴 지연 시작하기

launch 함수를 사용해 코루틴을 생성하면 사용할 수 있는 스레드가 있는 경우 곧바 로 실행된다. 하지만 나중에 실행돼야 할 코루틴을 미리 생성해야 할 수 있다. 이런 경우를 위해 코루틴 라이브러리는 생성된 코루틴을 지연 시작^{Lazy Start}할 수 있는 기 능을 제공한다.

4.3.1. 지연 시작을 살펴보기 위한 준비

지연 시작 기능에 대해 살펴보기 위해서는 시간을 측정할 수 있는 도구가 필요하다. 이를 위해 시작 후 지난 시간을 계산하는 getElapsedTime 함수를 만들도록 하자. getElapsedTime 함수는 시작 시간^{startTime}을 인자로 받아 시작 시간으로부터 지난 시간을 밀리초 단위로 출력한다.

```
fun getElapsedTime(startTime: Long): String =
  "지난 시간: ${System.currentTimeMillis() - startTime}ms"
```

이 함수는 다음과 같이 사용할 수 있다.

```
코드 위치: src/main/chapter4/code6/Code4-6.kt
fun main() = runBlocking<Unit> {
    val startTime = System.currentTimeMillis()
    val immediateJob: Job = launch {
```

```
        println("[${getElapsedTime(startTime)}] 즉시 실행") // 지난 시간 측정
    }
}
/*
// 결과:
[지난 시간: 2ms] 즉시 실행
*/
```

runBlocking 코루틴의 시작 부분에 System.currentTimeMillis()를 사용해 블록이 시작되는 시간을 startTime을 통해 기록하며, 원하는 시점에 getElapsedTime 함수의 인자로 startTime을 넘김으로써 지난 시간을 측정할 수 있다. 이 코드에서는 launch 함수를 사용해 immediateJob 코루틴을 실행하며, 이 코루틴이 실행될 때 지난 시간을 출력한다.

launch 함수를 통해 생성된 immediateJob 코루틴은 곧바로 실행되기 때문에 코드를 실행해 보면 지난 시간이 수 밀리초 정도로 짧은 것을 볼 수 있다.

4.3.2. CoroutineStart.LAZY 사용해 코루틴 지연 시작하기

앞서 확인했듯이 launch 함수 호출 시 생성되는 코루틴은 코루틴을 실행시킬 스레드가 있다면 지연 없이 곧바로 실행된다. 하지만 종종 코루틴을 먼저 생성해 놓고 나중에 실행해야 하는 경우가 있을 수 있다. 이를 위해 코루틴 라이브러리는 코루틴에 대한 지연 시작 기능을 제공하는데 지연 시작이 적용된 코루틴은 생성 후 대기 상태에 놓이며, 실행을 요청하지 않으면 시작되지 않는다.

코루틴을 지연 시작하기 위해서는 launch 함수의 start 인자로 CoroutineStart.LAZY를 넘겨 코루틴에 지연 시작 옵션을 적용해야 한다. 이 옵션이 적용돼 생성된 코루틴은 지연 코루틴^{Lazy Coroutine}으로 생성되며, 별도 실행 요청이 있을 때까지 실행되지 않는다. 다음과 같이 launch 함수의 start 인자로 CoroutineStart.LAZY를 넘겨 지연 코루틴인 lazyJob을 만들어 보자.

코드 위치: src/main/chapter4/code7/Code4-7.kt
```
fun main() = runBlocking<Unit> {
  val startTime = System.currentTimeMillis()
```

```
    val lazyJob: Job = launch(start = CoroutineStart.LAZY) {
      println("[${getElapsedTime(startTime)}] 지연 실행")
    }
  }
```

이 코드를 실행해 보면 아무 로그도 나오지 않는다. 그 이유는 지연 코루틴인 lazyJob이 만들어지지만 지연 코루틴은 명시적으로 실행을 요청하지 않으면 실행되지 않기 때문이다.

지연 코루틴을 실행하기 위해서는 Job 객체의 start 함수를 명시적으로 호출해야 한다. 지연 코루틴이 어떻게 동작하는지 확인을 위해 다음과 같이 지연 코루틴이 생성되고 나서 1초간 기다린 후 lazyJob.start()를 호출해 보자.

```
코드 위치: src/main/chapter4/code8/Code4-8.kt
fun main() = runBlocking<Unit> {
  val startTime = System.currentTimeMillis()
  val lazyJob: Job = launch(start = CoroutineStart.LAZY) {
    println("[${Thread.currentThread().name}][${getElapsedTime(startTime)}]
지연 실행")
  }
  delay(1000L) // 1초간 대기
  lazyJob.start() // 코루틴 실행
}
/*
// 결과:
[main @coroutine#2][지난 시간: 1014ms] 지연 실행
*/
```

이 코드에서는 lazyJob 코루틴이 만들어진 후 delay(1000L)을 통해 1초간 대기 후 lazyJob.start()가 호출돼 지연 코루틴이 실행된다. 코드의 실행 결과를 보면 lazyJob 코루틴은 곧바로 실행되지 않고 1초 정도 대기 후 실행된 것을 확인할 수 있다. 이처럼 지연 코루틴은 생성 후 자동으로 실행되지 않으며, 직접 실행을 요청해야 한다.

지금까지 CoroutineStart.LAZY 옵션을 사용해 코루틴을 지연 시작하는 방법에 대해 살펴봤다. 이제 코루틴을 취소하는 방법에 대해 다뤄보자.

4.4. 코루틴 취소하기

코루틴 실행 도중 코루틴을 실행할 필요가 없어지면 즉시 취소해야 한다. 코루틴이 실행될 필요가 없어졌음에도 취소하지 않고 계속해서 실행되도록 두면 코루틴은 계속해서 스레드를 사용하며 이는 애플리케이션의 성능 저하로 이어진다.

예를 들어 사용자가 시간이 오래 걸리는 파일 변환 작업을 요청해 코루틴이 실행된 후 사용자에 의해 작업이 취소된 상황에 대해 생각해 보자. 만약 작업이 취소됐음에도 파일을 변환하는 코루틴이 계속해서 실행된다면 실행할 필요가 없음에도 코루틴에 의해 스레드가 계속해서 사용된다.

또 다른 예시로 사용자가 특정 페이지를 켜서 해당 페이지의 데이터를 로드하기 위한 코루틴이 실행됐는데 이후 해당 페이지가 닫힌 경우가 있다. 페이지가 닫혔는데도 코루틴이 데이터 로딩 작업을 계속한다면 이 또한 의미 없는 작업에 스레드를 계속해서 사용하는 것이다.

이 두 상황 모두 한정적인 리소스를 의미 없는 작업에 사용하는 것이어서 애플리케이션의 성능을 떨어뜨린다. 이런 문제 해결을 위해 Job 객체는 코루틴을 취소할 수 있는 cancel 함수를 제공한다. 지금부터 cancel 함수에 대해 알아보자.

4.4.1. cancel 사용해 Job 취소하기

Job 객체를 사용해 코루틴을 취소하는 방법에 대해 알아보기 위해 우선 오래 실행되는 longJob 코루틴을 만들어 보자.

```kotlin
코드 위치: src/main/chapter4/code9/Code4-9.kt
fun main() = runBlocking<Unit> {
  val startTime = System.currentTimeMillis()
  val longJob: Job = launch(Dispatchers.Default) {
    repeat(10) { repeatTime ->
      delay(1000L) // 1000밀리초 대기
      println("[${getElapsedTime(startTime)}] 반복횟수 ${repeatTime}")
    }
  }
}
```

```
/*
// 결과:
[지난 시간: 1015ms] 반복횟수 0
[지난 시간: 2022ms] 반복횟수 1
[지난 시간: 3028ms] 반복횟수 2
...
[지난 시간: 8050ms] 반복횟수 7
[지난 시간: 9057ms] 반복횟수 8
[지난 시간: 10062ms] 반복횟수 9
*/
```

longJob 코루틴은 1000밀리초간 대기 후 반복횟수^{repeatTime}를 출력하는 것을 10번 반복하는 코루틴이다. repeatTime은 0부터 시작해 반복할 때마다 1씩 증가한다. 따라서 결과를 보면 반복횟수가 0부터 시작해 9까지 출력되며, 각 출력 때마다 걸리는 시간은 1000밀리초 정도이고 모든 작업이 끝나는 시간은 10000밀리초(10초) 정도임을 확인할 수 있다.

longJob 코루틴을 취소하기 위해서는 취소를 원하는 시점에 longJob.cancel()을 호출하면 된다. 이번에는 3500밀리초(3.5초) 후에 코루틴을 취소해 취소가 어떻게 동작하는지 알아보자.

코드 위치: src/main/chapter4/code10/Code4-10.kt
```kotlin
fun main() = runBlocking<Unit> {
  val startTime = System.currentTimeMillis()
  val longJob: Job = launch(Dispatchers.Default) {
    repeat(10) { repeatTime ->
      delay(1000L) // 1000밀리초 대기
      println("[${getElapsedTime(startTime)}] 반복횟수 ${repeatTime}")
    }
  }
  delay(3500L) // 3500밀리초(3.5초)간 대기
  longJob.cancel() // 코루틴 취소
}
/*
// 결과:
[지난 시간: 1016ms] 반복횟수 0
[지난 시간: 2021ms] 반복횟수 1
[지난 시간: 3027ms] 반복횟수 2
*/
```

코드의 실행 결과를 보면 네 번째 로그가 출력되기 전에 코루틴이 취소되기 때문에 3개의 로그만 출력되는 것을 확인할 수 있다.

4.4.2. cancelAndJoin을 사용한 순차 처리

cancel 함수를 호출한 이후에 곧바로 다른 작업을 실행하면 해당 작업은 코루틴이 취소되기 전에 실행될 수 있다. 예를 들어 longJob 코루틴이 취소된 후에 실행돼야 하는 함수인 executeAfterJobCancelled가 있다고 가정하고 다음과 같이 코드를 만들어 보자.

```
코드 위치: src/main/chapter4/code11/Code4-11.kt
fun main() = runBlocking<Unit> {
    val longJob: Job = launch(Dispatchers.Default) {
        // 작업 실행
    }
    longJob.cancel() // longJob 취소 요청
    executeAfterJobCancelled() // 코루틴 취소 후 실행돼야 하는 동작
}
```

이 코드는 잘 동작할 것처럼 보이지만 순차성 관점에서 중요한 문제점을 가진다. Job 객체에 cancel을 호출하면 코루틴은 즉시 취소되는 것이 아니라 Job 객체 내부의 취소 확인용 플래그를 '취소 요청됨'으로 변경함으로써 코루틴이 취소돼야 한다는 것만 알린다. 이후 미래의 어느 시점에 코루틴의 취소가 요청됐는지 체크하고 취소된다. 즉, cancel 함수를 사용하면, cancel의 대상이 된 Job 객체는 곧바로 취소되는 것이 아니라 미래의 어느 시점에 취소된다. 이런 문제 때문에 이처럼 코드를 작성하면 longJob 코루틴이 취소된 이후에 executeAfterJobCancelled 함수가 실행되는 것을 보장할 수 없다.

그렇다면, longJob 코루틴이 취소된 이후에 executeAfterJobCancelled 함수가 실행되도록 하려면 어떻게 해야 할까? 취소에 대한 순차성 보장을 위해 Job 객체는 cancelAndJoin 함수를 제공한다. 앞서 Job 객체의 join 함수를 사용하면 코루틴을 순차 처리할 수 있었던 것처럼 cancelAndJoin 함수를 사용하면 취소에 대한 순차 처리가 가능해진다. cancelAndJoin 함수를 호출하면 cancelAndJoin의 대상이 된

코루틴의 취소가 완료될 때까지 호출부의 코루틴(여기서는 runBlocking 코루틴)이 일시 중단된다. 따라서 longJob 코루틴이 취소된 이후에 executeAfterJobCancelled 함수가 실행되는 것을 보장하기 위해서는 다음과 같이 cancelAndJoin을 사용하면 된다.

```
코드 위치: src/main/chapter4/code12/Code4-12.kt
fun main() = runBlocking<Unit> {
    val longJob: Job = launch(Dispatchers.Default) {
        // 작업 실행
    }
    longJob.cancelAndJoin() // longJob이 취소될 때까지 runBlocking 코루틴 일시 중단
    executeAfterJobCancelled()
}
```

그러면 longJob 코루틴이 취소 완료될 때까지 runBlocking 코루틴이 일시 중단되기 때문에 longJob 코루틴이 취소 완료된 후에 executeAfterJobCancelled이 실행되는 것을 보장할 수 있다.

4.5. 코루틴의 취소 확인

앞서 설명했듯이 cancel 함수나 cancelAndJoin 함수를 사용했다고 해서 코루틴이 즉시 취소되는 것은 아니다. 이들은 Job 객체 내부에 있는 취소 확인용 플래그를 바꾸기만 하며, 코루틴이 이 플래그를 확인하는 시점에 비로소 취소된다. 만약 코루틴이 취소를 확인할 수 있는 시점이 없다면 취소는 일어나지 않는다.

그렇다면 코루틴이 취소를 확인하는 시점은 언제일까? 코루틴이 취소를 확인하는 시점은 일반적으로 일시 중단 지점이나 코루틴이 실행을 대기하는 시점이며, 이 시점들이 없다면 코루틴은 취소되지 않는다. 어떤 경우에 코루틴이 취소되지 않는지 다음 코드를 통해 확인해 보자.

```
코드 위치: src/main/chapter4/code13/Code4-13.kt
fun main() = runBlocking<Unit> {
```

```
  val whileJob: Job = launch(Dispatchers.Default) {
    while(true) {
      println("작업 중")
    }
  }
  delay(100L) // 100밀리초 대기
  whileJob.cancel() // 코루틴 취소
}
```

이 코드는 Dispatchers.Default 디스패처에 whileJob 코루틴 실행을 요청하며, 코루틴 내부에서 while문을 사용해 "작업 중"을 계속해서 출력한다. 코루틴을 실행한 이후에는 100밀리초간 대기 후 whileJob 코루틴에 취소를 요청한다.

이 코드는 whileJob 코루틴이 100밀리초 후 취소될 것 같지만 실행해 보면 프로세스가 종료되지 않고 "작업 중"이 무제한 출력되는 것을 확인할 수 있다.

```
/*
// 결과:
...
작업 중
작업 중
작업 중
...
*/
```

whileJob 코루틴이 취소되지 않는 이유는 코루틴 블록 내부에 코루틴의 취소를 확인할 수 있는 시점이 없기 때문이다. 앞서 설명했듯이 코루틴은 일반적으로 실행 대기 시점이나 일시 중단 지점에 취소를 확인한 후 취소되는데 whileJob 코루틴은 while문에서 코드가 반복해 실행되고 있어 while문을 벗어날 수 없다. while문 내부에도 일시 중단 지점이 없기 때문에 일시 중단이 일어날 수 없다. 즉, whileJob 코루틴은 코루틴의 취소를 확인할 수 있는 시점이 없기 때문에 취소가 요청됐음에도 계속해서 실행된다.

이 코드가 취소되도록 만드는 데는 세 가지 방법이 있다.

1. delay를 사용한 취소 확인

2. yield를 사용한 취소 확인

3. CoroutineScope.isActive를 사용한 취소 확인

이들을 사용하면 취소 확인 시점을 만들어 취소 요청 시 취소되도록 만들 수 있다. 각각에 대해 알아보자.

4.5.1. delay를 사용한 취소 확인

먼저 delay 함수를 사용하는 방법부터 살펴보자. delay 함수는 일시 중단 함수 (suspend fun)로 선언돼 특정 시간만큼 호출부의 코루틴을 일시 중단하게 만든다. 코루틴은 일시 중단되는 시점에 코루틴의 취소를 확인하기 때문에 다음과 같이 작업 중간에 delay(1L)을 주게 되면 while문이 반복될 때마다 1밀리초만큼 일시 중단 후 취소를 확인할 수 있다.

```kotlin
코드 위치: src/main/chapter4/code14/Code4-14.kt
fun main() = runBlocking<Unit> {
  val whileJob: Job = launch(Dispatchers.Default) {
    while(true) {
      println("작업 중")
      delay(1L)
    }
  }
  delay(100L)
  whileJob.cancel()
}
/*
// 결과:
...
작업 중
작업 중
작업 중

Process finished with exit code 0
*/
```

따라서 이 코드의 실행 결과를 보면 100밀리초 정도 후에 프로세스가 종료되는 것을 확인할 수 있다.

하지만 이 방법은 while문이 반복될 때마다 작업을 강제로 1밀리초 동안 일시 중단시킨다는 점에서 효율적이지 않다. 실제 프로그램에서 이와 같이 코드를 작성하면 불필요하게 작업을 지연시켜 성능 저하가 일어날 것이다.

4.5.2. yield를 사용한 취소 확인

yield는 직역하면 '양보'라는 뜻으로 yield 함수가 호출되면 코루틴은 자신이 사용하던 스레드를 양보한다. 스레드 사용을 양보한다는 것은 스레드 사용을 중단한다는 뜻이므로 yield를 호출한 코루틴이 일시 중단되며 이 시점에 취소됐는지 체크가 일어난다. 이전 코드의 delay(1L)을 yield()로 바꿔보자.

```
코드 위치: src/main/chapter4/code15/Code4-15.kt
fun main() = runBlocking<Unit> {
  val whileJob: Job = launch(Dispatchers.Default) {
    while(true) {
      println("작업 중")
      yield()
    }
  }
  delay(100L)
  whileJob.cancel()
}
/*
// 결과:
...
작업 중
작업 중
작업 중

Process finished with exit code 0
*/
```

그러면 "작업 중"이 출력될 때마다 yield로 인해 일시 중단이 일어난다. 이 코드에서 Dispatchers.Default를 사용하는 코루틴은 whileJob밖에 없으므로 whileJob 코루틴은 yield를 호출하면 일시 중단 후 곧바로 재개되지만 잠깐 일시 중단된 시점에 취소 체크가 일어난다. 따라서 100밀리초 정도 후에 코루틴이 정상적으로 취소되는 것을 확인할 수 있다.

하지만 yield를 사용하는 방법 또한 while문을 한 번 돌 때마다 스레드 사용이 양보되면서 일시 중단되는 문제가 있다. 코루틴이 아무리 경량 스레드라고 하더라도 매번 일시 중단되는 것은 작업을 비효율적으로 만든다.

4.5.3. CoroutineScope.isActive를 사용한 취소 확인

CoroutineScope는 코루틴이 활성화됐는지 확인할 수 있는 Boolean 타입의 프로퍼티인 isActive를 제공한다. 코루틴에 취소가 요청되면 isActive 프로퍼티의 값은 false로 바뀌며, while문의 인자로 this.isActive를 넘김으로써 코루틴이 취소 요청되면, while 문이 취소되도록 만들 수 있다.

```kotlin
코드 위치: src/main/chapter4/code16/Code4-16.kt
fun main() = runBlocking<Unit> {
  val whileJob: Job = launch(Dispatchers.Default) {
    while(this.isActive) {
      println("작업 중")
    }
  }
  delay(100L)
  whileJob.cancel()
}
/*
// 결과:
...
작업 중
작업 중
작업 중

Process finished with exit code 0
*/
```

이 방법을 사용하면 코루틴이 잠시 멈추지도 않고 스레드 사용을 양보하지도 않으면서 계속해서 작업을 할 수 있어서 효율적이다. 코드를 실행해 보면 코루틴이 정상적으로 취소되는 것을 확인할 수 있다.

즉, 만약 코루틴 내부의 작업이 일시 중단 지점 없이 계속된다면 명시적으로 코루틴
이 취소됐는지 확인하는 코드를 넣어줌으로써 코드를 취소할 수 있도록 만들어야 한
다. 그렇지 않으면 코루틴 취소가 동작하지 않음을 명심하자.

4.6. 코루틴의 상태와 Job의 상태 변수

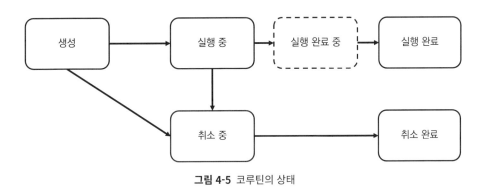

그림 4-5 코루틴의 상태

코루틴은 그림 4-5와 같이 6가지 상태, 즉 '생성', '실행 중', '실행 완료 중', '실행
완료', '취소 중', '취소 완료'를 가질 수 있다. 이 중 '실행 완료 중'은 7장에서 구조
화된 동시성을 다룰 때 별도로 다루므로 여기서는 그림 4-6과 같이 '생성', '실행
중', '실행 완료', '취소 중', '취소 완료' 상태만 다루도록 한다. 코루틴이 어떤 경우에
각 상태로 전이되는지 살펴보자.

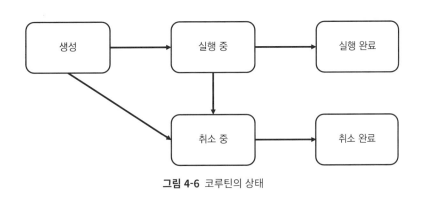

그림 4-6 코루틴의 상태

- 생성^{New}: 코루틴 빌더를 통해 코루틴을 생성하면 코루틴은 기본적으로 생성 상태에 놓이며, 자동으로 실행 중 상태로 넘어간다. 만약 생성 상태의 코루틴이 실행 중 상태로 자동으로 변경되지 않도록 만들고 싶다면 코루틴 빌더의 start 인자로 CoroutineStart.Lazy를 넘겨 지연 코루틴을 만들면 된다.

- 실행 중^{Active}: 지연 코루틴이 아닌 코루틴을 만들면 자동으로 실행 중 상태로 바뀐다. 코루틴이 실제로 실행 중일 때뿐만 아니라 실행된 후에 일시 중단된 때도 실행 중 상태로 본다.

- 실행 완료^{Completed}: 코루틴의 모든 코드가 실행 완료된 경우 실행 완료 상태로 넘어간다.

- 취소 중^{Cancelling}: Job.cancel() 등을 통해 코루틴에 취소가 요청됐을 경우 취소 중 상태로 넘어가며, 이는 아직 취소된 상태가 아니어서 코루틴은 계속해서 실행된다.

- 취소 완료^{Cancelled}: 코루틴의 취소 확인 시점(일시 중단 등)에 취소가 확인된 경우 취소 완료 상태가 된다. 이 상태에서는 코루틴은 더 이상 실행되지 않는다.

코루틴은 이와 같은 상태들을 가질 수 있으며, Job 객체는 코루틴이 어떤 상태에 있는지 나타내는 상태 변수들을 외부로 공개한다. 다만, Job 객체는 코루틴을 추상화한 객체이므로 노출하는 상태 변수들은 코루틴의 상태를 간접적으로만 나타낸다. 여기서는 코루틴의 각 상태에서 Job이 노출하는 상태 변수들은 어떤 상태 값을 갖는지 알아보도록 한다.

Job 객체에서 외부로 공개하는 코루틴의 상태 변수는 isActive, isCancelled, isCompleted의 세 가지이며, 각 변수는 모두 불리언^{Boolean} 타입의 변수이다. 각 변수에 대한 간단한 설명은 다음과 같다.

- isActive: 코루틴이 활성화돼 있는지의 여부. 코루틴이 활성화돼 있으면 true를 반환하고, 활성화돼 있지 않으면 false를 반환한다. 활성화돼 있다는 것은 코루틴이 실행된 후 취소가 요청되거나 실행이 완료되지 않은 상태라는 의미이다. 따

라서 취소가 요청되거나 실행이 완료된 코루틴은 활성화되지 않은 것으로 본다.

- isCancelled: 코루틴이 취소 요청됐는지의 여부. 코루틴이 취소 요청되면 true를 반환하는데 요청되기만 하면 true가 반환되므로 isCancelled가 true이더라도 즉시 취소되는 것은 아니다.

- isCompleted: 코루틴 실행이 완료됐는지의 여부. 코루틴의 모든 코드가 실행완료되거나 취소 완료되면 true를 반환하며, 실행 중인 상태에서는 false를 반환한다.

Job 객체의 상태 변수들이 코루틴의 상태마다 어떻게 변화하는지 알아보자.

4.6.1. Job의 상태를 출력하는 함수 만들기

Job의 상태 확인을 위해 Job의 상태를 출력하는 printJobState 함수를 다음과 같이 만들어 보자. 이 함수는 4장 이후에도 계속해서 사용된다.

```
fun printJobState(job: Job) {
  println(
    "Job State\n" +
        "isActive >> ${job.isActive}\n" +
        "isCancelled >> ${job.isCancelled}\n" +
        "isCompleted >> ${job.isCompleted} "
  )
}
```

printJobState 함수는 Job 객체를 인자로 받아 해당 Job 객체의 상태 변수인 isActive, isCancelled, isCompleted의 값을 모두 출력한다. 이 함수를 실행해 보면 다음과 같은 결과가 나온다.

```
Job State
isActive >> [isActive 상태 값]
isCancelled >> [isCancelled 상태 값]
isCompleted >> [isCompleted 상태 값]
```

이제 각 코루틴 상태별로 Job 객체의 상태 변수가 어떤 값을 갖는지 살펴보자.

4.6.2. 생성 상태의 코루틴

먼저 생성 상태부터 알아보자. 생성 상태는 그림 4-7과 같이 코루틴이 생성만 되고 실행되지 않은 상태를 말한다.

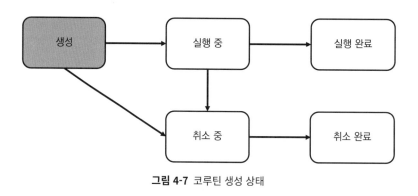

그림 4-7 코루틴 생성 상태

생성 상태의 코루틴을 생성하기 위해서는 코루틴 빌더의 start 인자로 Coroutine Start.Lazy를 넘겨 지연 시작이 적용된 코루틴을 생성해야 한다. 다음 코드에서는 launch 코루틴 빌더의 start 인자로 CoroutineStart.Lazy를 넘겨 생성 상태의 코루틴을 생성한 후 Job 객체 상태의 출력을 위해 printJobState 함수를 실행한다.

```
코드 위치: src/main/chapter4/code17/Code4-17.kt
fun main() = runBlocking<Unit> {
  val job: Job = launch(start = CoroutineStart.LAZY) { // 생성 상태의 Job 생성
    delay(1000L)
  }
  printJobState(job)
}
/*
// 결과:
Job State
isActive >> false
isCancelled >> false
isCompleted >> false
*/
```

138

코드의 실행 결과를 보면 코루틴이 생성된 후 실행되지 않았으므로 isActive는 false가 되고, 취소가 요청되지 않았으므로 isCancelled도 false가 되며, 코루틴이 실행 완료되지 않았으므로 isCompleted도 false가 되는 것을 확인할 수 있다.

4.6.3. 실행 중 상태의 코루틴

이번에는 그림 4-8과 같이 실행 중 상태의 코루틴에 대해 알아보자.

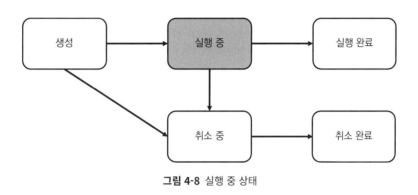

그림 4-8 실행 중 상태

코루틴 빌더로 코루틴을 생성하면 CoroutineDispatcher에 의해 스레드로 보내져 실행된다. 이때 코루틴이 실행되고 있는 상태를 '실행 중' 상태라고 부른다. 실행 중 상태의 코루틴을 생성한 후 Job 객체의 상태를 출력하는 코드를 만들어 보자.

```
코드 위치: src/main/chapter4/code18/Code4-18.kt
fun main() = runBlocking<Unit> {
  val job: Job = launch { // 실행 중 상태의 코루틴 생성
    delay(1000L)
  }
  printJobState(job) // 코루틴 상태 출력
}
/*
// 결과:
Job State
isActive >> true
isCancelled >> false
isCompleted >> false
*/
```

코드의 실행 결과를 보면 코루틴이 실행된 후 취소되거나 완료되지 않았으므로 isActive는 true가 되고, 코루틴에 취소가 요청되지 않았으므로 isCancelled는 false가 되며, 코루틴이 실행 완료되지 않았으므로 isCompleted도 false가 되는 것을 확인할 수 있다.

4.6.4. 실행 완료 상태의 코루틴

실행 중인 코루틴이 모두 정상적으로 실행돼 실행 완료되면 그림 4-9와 같이 실행 완료 상태로 변경된다.

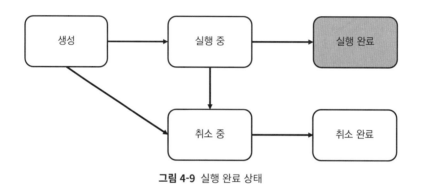

그림 4-9 실행 완료 상태

1초간 실행되는 코루틴을 생성하고 나서 2초간 대기 후 Job의 상태를 출력해 보자. 이 경우 2초가 지난 시점에는 이미 1초간 실행되는 코루틴이 실행 완료된 상태이기 때문에 실행 완료 상태의 코루틴의 상태를 출력할 수 있다.

```
코드 위치: src/main/chapter4/code19/Code4-19.kt
fun main() = runBlocking<Unit> {
  val job: Job = launch {
    delay(1000L) // 1초간 대기
  }
  delay(2000L) // 2초간 대기
  printJobState(job)
}
/*
// 결과:
Job State
```

```
isActive >> false
isCancelled >> false
isCompleted >> true
*/
```

코드의 실행 결과를 보면 코루틴이 실행 완료돼 활성화된 상태가 아니므로 isActive
는 false가 되고, 취소가 요청되지 않고 정상적으로 실행 완료됐으므로 isCancelled
도 false가 되며, 실행 완료를 나타내는 isCompleted는 true가 되는 것을 확인할
수 있다.

4.6.5. 취소 중인 코루틴

취소가 요청됐으나 취소되지 않은 상태인 '취소 중' 코루틴의 상태를 확인하기 위해
서는 그림 4-10과 같이 생성 상태의 코루틴이나 실행 중 상태의 코루틴에 취소를
요청해야 한다.

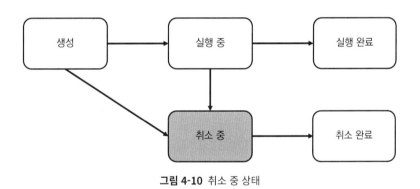

그림 4-10 취소 중 상태

하지만 단순히 취소 요청을 하면 코루틴은 곧바로 취소 중 상태에서 취소 완료 상
태로 변화하므로 취소 중인 코루틴의 상태를 확인하기 위해서는 "4.5. 코루틴의 취
소 확인"에서 배운 지식을 활용해야 한다. 취소를 확인할 수 있는 시점이 없는 코루
틴을 생성하고 취소를 요청하면 취소 중 상태의 코루틴을 확인할 수 있다. 취소 중인
코루틴의 상태 확인을 위해 다음과 같은 코드를 만들어 보자.

```kotlin
fun main() = runBlocking<Unit> {
  val whileJob: Job = launch(Dispatchers.Default) { // 취소를 확인할 수 있는 시점
이 없는 코루틴 생성
    while(true) {
      // 작업 실행
    }
  }
  whileJob.cancel() // 코루틴 취소 요청
  printJobState(whileJob) // 취소가 요청됐으나 취소가 되지 않은 코루틴의 상태 출력
}
/*
// 결과:
Job State
isActive >> false
isCancelled >> true
isCompleted >> false
*/
```

이 코드에서는 코루틴이 취소를 확인할 수 있는 시점이 없는 whileJob 코루틴을 생성하고 취소를 요청하고 있다. 따라서 whileJob 코루틴은 취소 요청을 받기만 하고 실제로 취소되지는 않으므로 계속해서 취소 중인 상태에 머문다. 이때 printJobState를 사용해 whileJob의 상태를 출력하면 취소 중 코루틴의 Job 객체의 상태를 출력할 수 있다.

코드의 실행 결과를 보면 취소 요청된 코루틴은 활성화돼 있지 않다고 보고 isActive는 false가 되고, 취소가 요청됐으므로 isCancelled는 true가 되며, 취소가 완료되지 않았으므로 isCompleted는 false가 되는 것을 확인할 수 있다.

여기서 중요한 점은 취소가 요청되면 실제로는 코드가 실행 중이더라도 코루틴이 활성화된 상태로 보지 않는다는 것이다. 이 때문에 isActive는 false가 된다. 앞서 "4.5.3. CoroutineScope.isActive를 사용한 취소 확인"에서는 취소가 요청됐을 때 isActive가 false가 되는 특성을 활용해 취소를 체크하기도 했다.

```kotlin
fun main() = runBlocking<Unit> {
```

```
val whileJob: Job = launch(Dispatchers.Default) { // this: CoroutineScope
  while(this.isActive) {
    println("작업 중")
  }
}
delay(100L)
whileJob.cancel()
}
/*
// 결과:
...
작업 중
작업 중
작업 중

Process finished with exit code 0
*/
```

이 코드에서 this는 CoroutineScope인데 CoroutineScope.isActive는 Job의 isActive와 같은 값을 가진다. 따라서 Job에 cancel 함수가 호출돼 취소 요청됐을 때 this.isActive가 false가 돼 while문을 벗어나 코루틴이 정상적으로 종료될 수 있게 된다.

4.6.6. 취소 완료된 코루틴

코루틴은 코루틴에 취소가 요청되고 취소 요청이 확인되는 시점(일시 중단 등)에 그림 4-11과 같이 취소가 완료된다.

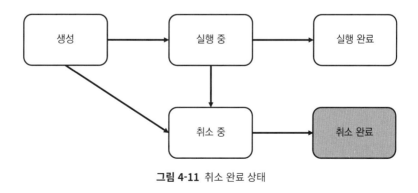

그림 4-11 취소 완료 상태

취소 완료된 코루틴의 상태 확인을 위해 다음과 같은 코드를 만들어 보자.

```
코드 위치: src/main/chapter4/code21/Code4-21.kt
fun main() = runBlocking<Unit> {
  val job: Job = launch {
    delay(5000L) // 5초간 대기
  }
  job.cancelAndJoin() // 코루틴 취소 요청 + 취소가 완료될 때까지 대기
  printJobState(job) // Job 상태 출력
}
/*
// 결과:
Job State
isActive >> false
isCancelled >> true
isCompleted >> true
*/
```

이 코드에서는 launch 함수를 통해 5초간 지속되는 코루틴을 생성한 후, 코루틴이 취소될 수 있도록 cancelAndJoin 함수를 호출한다. 이후 printJobState 함수를 사용해 Job객체의 상태를 출력한다. 따라서 코드를 실행해 보면 취소가 완료돼 코루틴이 활성화돼 있지 않으므로 isActive는 false가 되고, 취소 요청 후 취소가 완료됐으므로 isCancelled와 isCompleted는 true가 되는 것을 확인할 수 있다.

4.6.7. 상태 정리

코루틴의 상태를 정리하면 표 4-1과 같다. isActive는 코루틴이 실행 중 상태에서만 true가 되고, isCancelled는 코루틴에 취소가 요청돼 코루틴이 취소 중 상태이거나 취소 완료 상태에서만 true가 된다. isCompleted는 코루틴이 실행 완료 상태이거나 취소 완료 상태에서만 true가 된다.

코루틴 상태	isActive	isCancelled	isCompleted
생성(New)	false	false	false
실행 중(Active)	true	false	false
실행 완료(Completed)	false	false	true
취소 중(Cancelling)	false	true	false
취소 완료(Cancelled)	false	true	true

표 4-1 코루틴 상태별 Job 상태표

코루틴을 깊게 이해하기 위해서는 코루틴 내부에서 어떤 상태 전이가 일어나는지 제대로 아는 것이 중요하다. 따라서 코루틴의 내부 상태가 어떤지에 대해 계속해서 생각하는 습관을 들이도록 하자.

코루틴 라이브러리 1.7.2버전을 기준으로 Job 구현체들은 toString 함수를 오버라이드해 코루틴의 상태값이 toString 문자열에 포함되도록 만들어져 있다. 따라서 Job 객체를 println 함수를 사용해 출력하면, 코루틴의 상태값이 나오는 것을 볼 수 있다.

```
코드 위치: src/main/chapter4/code22/Code4-22.kt
fun main() = runBlocking<Unit> {
  val job: Job = launch {
    delay(5000L) // 5초간 대기
  }
  job.cancelAndJoin() // 코루틴 취소 요청 + 취소가 완료될 때까지 대기
  println(job) // Job 객체 출력
}
/*
// 결과:
StandaloneCoroutine{Cancelled}@27a5f880
*/
```

다만, 이 문자열은 디버깅용으로 만들어졌기 때문에, 로그를 출력하는 데만 사용하는 것이 좋다.

4.7. 요약

1. runBlocking 함수와 launch 함수는 코루틴을 만들기 위한 코루틴 빌더 함수이다.

2. launch 함수를 호출하면 Job 객체가 만들어져 반환되며, Job 객체는 코루틴의 상태를 추적하고 제어하는 데 사용된다.

3. Job 객체의 join 함수를 호출하면 함수를 호출한 코루틴이 Job 객체의 실행이 완료될 때까지 일시 중단된다.

4. joinAll 함수를 사용해 복수의 코루틴이 실행 완료될 때까지 대기할 수 있다.

5. Job 객체의 cancel 함수를 사용해 코루틴에 취소를 요청할 수 있다.

6. Job 객체의 cancel 함수가 호출되면 코루틴이 곧바로 취소되는 것이 아니라 코루틴의 취소 플래그의 상태가 바뀌고, 취소가 확인될 때 비로소 취소된다.

7. 코루틴에 취소를 요청한 후 취소가 완료될 때까지 대기하고 나서 다음 코드를 실행하고 싶다면 cancel 대신 cancelAndJoin 함수를 사용하면 된다.

8. cancel 함수를 호출하더라도 코루틴이 취소를 확인할 수 없는 상태에서는 계속해서 실행될 수 있다.

9. delay, yield 함수나 isActive 프로퍼티 등을 사용해 코루틴이 취소를 확인할 수 있도록 만들 수 있다.

10. 코루틴은 생성, 실행 중, 실행 완료 중, 실행 완료, 취소 중, 취소 완료 상태를 가진다.

11. Job 객체는 isActive, isCancelled, isCompleted 프로퍼티를 통해 코루틴의 상태를 나타낸다.

12. isActive는 생성 상태일 때는 false이고 코루틴이 실행되면 true로 바뀌는데 코루틴에 cancel 함수를 통해 취소가 요청되거나 코루틴이 실행 완료되면 다시 false로 바뀐다.

13. isCancelled는 코루틴이 취소 중이거나 취소 완료됐을 때만 true가 된다.

14. isCompleted는 코루틴이 취소 완료되거나 실행 완료됐을 때만 true가 된다.

15. 코루틴 라이브러리를 효율적으로 사용하기 위해서는 코루틴의 상태 변화를 이해하는 것이 중요하다.

async와 Deferred

launch 코루틴 빌더를 통해 생성되는 코루틴은 기본적으로 작업 실행 후 결과를 반환하지 않는다. 하지만 우리가 코루틴을 다룰 때는 코루틴으로부터 결과를 수신해야 하는 경우가 빈번하다. 예를 들어 네트워크 통신을 실행하고 응답을 받아 처리해야 할 경우 네트워크 통신을 실행하는 코루틴으로부터 결과를 수신받아야 한다.

코루틴 라이브러리는 비동기 작업으로부터 결과를 수신해야 하는 경우를 위해 async 코루틴 빌더를 통해 코루틴으로부터 결괏값을 수신받을 수 있도록 한다. launch 함수를 사용하면 결괏값이 없는 코루틴 객체인 Job이 반환되는 것과 다르게 async 함수를 사용하면 결괏값이 있는 코루틴 객체인 Deferred가 반환되며, Deferred 객체를 통해 코루틴으로부터 결괏값을 수신할 수 있다. 5장에서는 async 함수와 그로부터 반환되는 Deferred 객체를 사용해 코루틴으로부터 결괏값을 수신하는 방법에 대해 다룬다.

5.1. async 사용해 결괏값 수신하기

5.1.1. async 사용해 Deferred 만들기

launch 코루틴 빌더와 async 코루틴 빌더는 매우 비슷하다. 다음의 async 코루틴 빌더 선언부를 살펴보자.

```
public fun <T> CoroutineScope.async(
    context: CoroutineContext = EmptyCoroutineContext,
    start: CoroutineStart = CoroutineStart.DEFAULT,
    block: suspend CoroutineScope.() -> T
): Deferred<T>
```

async 함수도 launch 함수와 마찬가지로 context 인자로 CoroutineDispatcher 를 설정할 수 있고, start 인자로 CoroutineStart.LAZY를 설정해 코루틴이 지연 시 작되도록 할 수 있으며, 코루틴에서 실행할 코드를 작성하는 block 람다식을 가진다.

launch와 async가 다른 점은 launch는 코루틴이 결괏값을 직접 반환할 수 없는 반면에 async는 코루틴이 결괏값을 직접 반환할 수 있다는 것이다. launch 코루틴 빌더는 코루틴에서 결괏값이 반환되지 않기 때문에 Job 객체를 반환하는데 async 코루틴 빌더는 코루틴에서 결괏값을 담아 반환하기 위해 Deferred⟨T⟩ 타입의 객체를 반환한다. Deferred는 Job과 같이 코루틴을 추상화한 객체이지만 코루틴으로부터 생성된 결괏값을 감싸는 기능을 추가로 가지며, 이 결괏값의 타입은 제네릭 타입인 T로 표현된다.

Deferred의 제네릭 타입을 지정하기 위해서는 Deferred에 명시적으로 타입을 설정하거나 async 블록의 반환값으로 반환할 결괏값을 설정하면 된다. 예를 들어 코루틴을 사용해 네트워크 요청을 하고 1초간 대기 후에 "Dummy Response" 문자열을 반환받는 상황을 가정해 보자. 이런 동작을 실행하는 networkDeferred 코루틴은 다음과 같이 만들 수 있다.

```
val networkDeferred: Deferred<String> = async(Dispatchers.IO) {
    delay(1000L) // 네트워크 요청
    return@async "Dummy Response" // 결괏값 반환
}
```

이 코드에서 async 코루틴 빌더는 네트워크 요청을 위해 Dispatchers.IO를 사용하며, 1초 지연 후에 "Dummy Response"를 결과로 반환하는 코루틴을 만들어 낸다. "Dummy Response"는 String 타입이므로 networkDeferred의 타입은 Deferred〈String〉이 된다. 이런 식으로 코루틴으로부터 수신받을 결과의 타입을 지정할 수 있다.

5.1.2. await를 사용한 결괏값 수신

Deferred 객체는 미래의 어느 시점에 결괏값이 반환될 수 있음을 표현하는 코루틴 객체이다. 코루틴이 실행 완료될 때 결괏값이 반환되므로 언제 결괏값이 반환될지 정확히 알 수 없으며, 만약 결괏값이 필요하다면 결괏값이 수신될 때까지 대기해야 한다.

Deferred 객체는 결괏값 수신의 대기를 위해 await 함수를 제공한다. await 함수는 await의 대상이 된 Deferred 코루틴이 실행 완료될 때까지 await 함수를 호출한 코루틴을 일시 중단하며, Deferred 코루틴이 실행 완료되면 결괏값을 반환하고 호출부의 코루틴을 재개한다. 즉, Deferred 객체의 await 함수는 코루틴이 실행 완료될 때까지 호출부의 코루틴을 일시 중단한다는 점에서 Job 객체의 join 함수와 매우 유사하게 동작한다.

await 함수를 사용해 앞서 만든 networkDeferred 코루틴으로부터 결괏값을 수신

받아 보자.

```
코드 위치: src/main/chapter5/code1/Code5-1.kt
fun main() = runBlocking<Unit> {
    val networkDeferred: Deferred<String> = async(Dispatchers.IO) {
        delay(1000L) // 네트워크 요청
        return@async "Dummy Response" // 결괏값 반환
    }
    val result = networkDeferred.await() // networkDeferred로부터 결괏값이 반환될
때까지 runBlocking 일시 중단
    println(result) // Dummy Response 출력
}
/*
// 결과:
Dummy Response
*/
```

이 코드는 그림 5-1과 같이 동작한다.

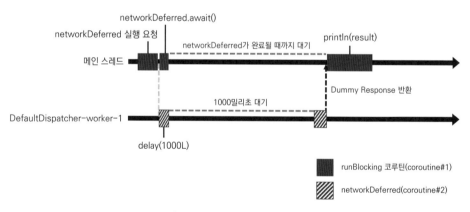

그림 5-1 await를 사용한 결과 수신

networkDeferred.await()를 호출하면 networkDeferred 코루틴이 완료될 때까지 runBlocking 코루틴이 일시 중단된다. 이후 networkDeferred 코루틴 으로부터 "Dummy Response"가 반환되면 runBlocking 코루틴이 재개되며, "Dummy Response"는 result 변수에 할당된다. 이어서 println(result)가 실행 돼 "Dummy Response"가 출력된다.

5.2. Deferred는 특수한 형태의 Job이다

"4장 코루틴 빌더와 Job"에서 모든 코루틴 빌더는 Job 객체를 생성한다고 했다. 하지만 async 코루틴 빌더는 Deferred 객체를 생성해 반환한다. async 코루틴 빌더만 특별한 코루틴 객체를 반환하는 것일까? 아니다. Deferred 객체는 Job 객체의 특수한 형태로 Deferred 인터페이스는 Job 인터페이스의 서브타입subtype으로 선언된 인터페이스이다. Deferred 객체는 코루틴으로부터 결괏값 수신을 위해 Job 객체에서 몇 가지 기능이 추가됐을 뿐, 여전히 Job 객체의 일종이다.

다음 코드는 코루틴 라이브러리의 Deferred 인터페이스의 선언부이다. Deferred 인터페이스는 Job 인터페이스의 서브타입이고, 앞서 사용한 await 함수는 코루틴으로부터 결괏값을 반환받으려고 Deferred에 추가된 함수임을 확인할 수 있다.

```
public interface Deferred<out T> : Job {
  public suspend fun await(): T
  ...
}
```

이런 특성 때문에 Deferred 객체는 Job 객체의 모든 함수와 프로퍼티를 사용할 수 있다. join을 사용해 Deferred 객체가 완료될 때까지 호출부의 코루틴을 일시 중단할 수도 있고, Deferred 객체가 취소돼야 할 경우 cancel 함수를 호출해 취소할 수도 있다. 또한 상태 조회를 위해 isActive, isCancelled, isCompleted 같은 프로퍼티들을 사용할 수도 있다.

예를 들어 다음 코드와 같이 Deferred 객체에 대해 join 함수를 사용해 순차 처리를 할 수도 있고, printJobState 함수에서 Job 객체가 입력돼야 할 자리에 Deferred 객체를 입력해 코루틴의 상태를 출력할 수도 있다.

```
코드 위치: src/main/chapter5/code2/Code5-2.kt
fun main() = runBlocking<Unit> {
  val networkDeferred: Deferred<String> = async(Dispatchers.IO) {
    delay(1000L) // 네트워크 요청
    "Dummy Response"
  }
```

```
    networkDeferred.join() // networkDeferred가 실행 완료될 때까지 대기
    printJobState(networkDeferred) // Job이 입력돼야 할 자리에 Deferred 입력
}

fun printJobState(job: Job) {
  println(
    "Job State\n" +
        "isActive >> ${job.isActive}\n" +
        "isCancelled >> ${job.isCancelled}\n" +
        "isCompleted >> ${job.isCompleted} "
  )
}
```

이 코드는 문제 없이 실행되고, 다음의 결과를 출력한다.

```
/*
// 결과:
Job State
isActive >> false
isCancelled >> false
isCompleted >> true
*/
```

정리하면 Deferred 객체는 결괏값을 반환받는 기능이 추가된 Job 객체이며, Job 객체의 모든 함수와 변수를 사용할 수 있다. 이 때문에 Deferred 객체는 특수한 형태의 Job이라고 불린다.

5.3. 복수의 코루틴으로부터 결괏값 수신하기

프로그램을 만들 때 여러 비동기 작업으로부터 결괏값을 반환받아 병합해야 하는 경우가 자주 생긴다. 이때는 복수의 코루틴을 생성해 결괏값을 취합해야 한다. 여기서는 복수의 코루틴으로부터 결괏값을 효율적으로 수신하는 방법에 대해 다룬다.

5.3.1. await를 사용해 복수의 코루틴으로부터 결괏값 수신하기

콘서트 개최 시 관람객을 2개의 플랫폼(플랫폼1, 플랫폼2)에서 모집한다고 해보자. 그런 경우 각 플랫폼에 등록된 관람객을 조회한 후 병합해야 한다. 데이터를 가져올 플랫폼이 2개 있으므로 각 플랫폼의 서버로부터 등록된 관람객들의 데이터를 가져와 병합하는 코드는 다음과 같이 작성할 수 있다. 각 서버로부터 응답을 받는 시간은 1초 정도 걸리고 플랫폼1에는 James와 Jason, 플랫폼2에는 Jenny가 참가자로 등록됐다고 가정해 보자.

```kotlin
코드 위치: src/main/chapter5/code3/Code5-3.kt
fun main() = runBlocking<Unit> {
  val startTime = System.currentTimeMillis() // 1. 시작 시간 기록
  val participantDeferred1: Deferred<Array<String>> = async(Dispatchers.IO) {
// 2. 플랫폼1에서 등록한 관람객 목록을 가져오는 코루틴
    delay(1000L)
    return@async arrayOf("James","Jason")
  }
  val participants1 = participantDeferred1.await() // 3. 결과가 수신될 때까지 대기

  val participantDeferred2: Deferred<Array<String>> = async(Dispatchers.IO) {
// 4. 플랫폼2에서 등록한 관람객 목록을 가져오는 코루틴
    delay(1000L)
    return@async arrayOf("Jenny")
  }
  val participants2 = participantDeferred2.await() // 5. 결과가 수신될 때까지 대기

  println("[${getElapsedTime(startTime)}] 참여자 목록: ${listOf(*participants1,
*participants2)}") // 6. 지난 시간 표시 및 참여자 목록을 병합해 출력
}
/*
// 결과:
[지난 시간: 2018ms] 참여자 목록: [James, Jason, Jenny]
*/
```

이 코드는 다음과 같이 동작한다.

1. 시작 시 startTime 변수에 시작 시간을 기록한다.

2. participantDeferred1 코루틴을 통해 플랫폼1에서 등록한 관람객 목록을 가

져온다.

3. participantDeferred1.await()로 플랫폼1의 서버로부터 결과가 수신될 때까지 대기한다.

4. participantDeferred2 코루틴을 통해 플랫폼2에서 등록한 관람객 목록을 가져온다.

5. participantDeferred2.await()로 플랫폼2의 서버로부터 결과가 수신될 때까지 대기한다.

6. 모든 작업을 마친 후에는 getElapsedTime 함수를 호출해 지난 시간을 표시하고, 참여자 목록을 병합해 출력한다.

코드의 실행 결과를 보면 참여자 목록이 제대로 병합됐고, 각 서버를 호출하는 데 1초씩 걸려 총 2초의 시간이 걸리는 것을 확인할 수 있다.

이렇게 결과가 나온 이유를 그림 5-2를 통해 살펴보자.

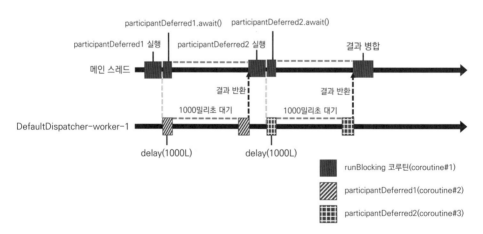

그림 5-2 순차 처리되는 await

서버의 호출에 2초의 시간이 걸리는 이유는 await를 호출하면 결괏값이 반환될 때까지 호출부의 코루틴이 일시 중단되기 때문이다. Dispatchers.IO를 사용해 백그라운드 스레드에서 코루틴을 실행하더라도 await를 호출하면 코루틴이 실행 완료될 때까지 runBlocking 코루틴이 일시 중단돼 대기하게 된다. 따라서 participantDeferred1.await()가 participantDeferred2 코루틴이 생성되기 전에 호출되면 participantDeferred1 코루틴과 participantDeferred2 코루틴은 순차적으로 처리된다. 이는 서로 간에 독립적인 작업인 participantDeferred1 코루틴과 participantDeferred2 코루틴을 동시에 처리할 수 있는데도 순차적으로 처리하기 때문에 매우 비효율적이다.

이 문제를 해결하기 위해서는 participantDeferred1 코루틴이 await를 호출하는 위치를 participantDeferred2 코루틴이 실행된 이후로 만들어야 한다. 앞의 코드를 다음과 같이 바꿔보자.

```
코드 위치: src/main/chapter5/code4/Code5-4.kt
fun main() = runBlocking<Unit> {
  val startTime = System.currentTimeMillis() // 1. 시작 시간 기록
  val participantDeferred1: Deferred<Array<String>> = async(Dispatchers.IO) {
// 2. 플랫폼1에서 등록한 관람객 목록을 가져오는 코루틴
    delay(1000L)
    return@async arrayOf("James","Jason")
  }

  val participantDeferred2: Deferred<Array<String>> = async(Dispatchers.IO) {
// 3. 플랫폼2에서 등록한 관람객 목록을 가져오는 코루틴
    delay(1000L)
    return@async arrayOf("Jenny")
  }

  val participants1 = participantDeferred1.await() // 4. 결과가 수신될 때까지 대기
  val participants2 = participantDeferred2.await() // 5. 결과가 수신될 때까지 대기

  println("[${getElapsedTime(startTime)}] 참여자 목록: ${listOf(*participants1,
*participants2)}") // 6. 지난 시간 기록 및 참여자 목록 병합
}
```

이 코드에서는 participantDeferred1.await()가 호출되기 전에 participantDeferred2 코루틴이 실행되므로 participantDeferred1 코루틴과 participantDeferred2 코루틴이 동시에 실행된다. 즉, 이 코드를 실행해 보면 그림 5-3과 같이 동작한다.

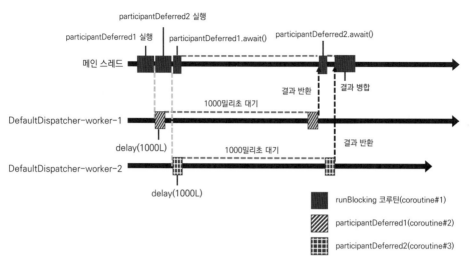

그림 5-3 함께 처리되는 async

runBlocking 코루틴이 participantDeferred1.await()를 호출하면 runBlocking 코루틴은 일시 중단된다. 이후 participantDeferred1 코루틴으로부터 결과를 반환받으면 재개돼 participantDeferred2.await()를 호출하고 다시 일시 중단된다. participantDeferred2 코루틴에서도 결과가 반환되면 runBlocking 코루틴은 재개돼 결과를 병합한다. 이때 participantDeferred1 코루틴과 participantDeferred2 코루틴은 동시에 실행되기 때문에 코드의 실행 결과를 보면 2개의 코루틴으로부터 결과를 수신할 때까지 1초 정도만 소요되는 것을 확인할 수 있다.

```
/*
// 결과:
[지난 시간: 1018ms] 참여자 목록: [James, Jason, Jenny]
*/
```

각 코루틴이 동시에 실행될 수 있도록 만드는 것은 코루틴의 성능 측면에서 매우 중요하다. await 함수의 호출 시점에 따라 코루틴이 순차적으로 처리될 수도 있고 동시에 처리될 수도 있다는 것을 이해하고, 코루틴이 동시에 실행될 수 있도록 만들어 코루틴의 성능을 최대한으로 끌어내자.

158

5.3.2. awaitAll을 사용한 결괏값 수신

앞의 예시에서는 콘서트 관람객을 등록받은 사이트가 2개였다. 만약 10개의 사이트에서 관람객을 등록받았다면 어떻게 될까? await 함수를 사용할 경우 열 줄에 걸쳐 await 함수를 호출해야 한다. 이렇게 같은 코드를 반복하는 것은 가독성에 좋지 않다. 이 문제 해결을 위해 코루틴 라이브러리는 복수의 Deferred 객체로부터 결괏값을 수신하기 위한 awaitAll 함수를 제공한다.

```
public suspend fun <T> awaitAll(vararg deferreds: Deferred<T>): List<T>
```

awaitAll 함수는 가변 인자로 Deferred 타입의 객체를 받아 인자로 받은 모든 Deferred 코루틴으로부터 결과가 수신될 때까지 호출부의 코루틴을 일시 중단한 후 결과가 모두 수신되면 Deferred 코루틴들로부터 수신한 결괏값들을 List로 만들어 반환하고 호출부의 코루틴을 재개한다.

앞서 다룬 participantDeferred1 코루틴과 participantDeferred2 코루틴의 결과를 다음과 같이 awaitAll 함수를 사용해 수신하도록 바꿔보자.

코드 위치: src/main/chapter5/code5/Code5-5.kt
```kotlin
fun main() = runBlocking<Unit> {
  val startTime = System.currentTimeMillis()
  val participantDeferred1: Deferred<Array<String>> = async(Dispatchers.IO)
{
    delay(1000L)
    arrayOf("James","Jason")
  }

  val participantDeferred2: Deferred<Array<String>> = async(Dispatchers.IO)
{
    delay(1000L)
    arrayOf("Jenny")
  }

  val results: List<Array<String>> = awaitAll(participantDeferred1,
participantDeferred2) // 요청이 끝날 때까지 대기

  println("[${getElapsedTime(startTime)}] 참여자 목록: ${listOf(*results[0],
```

```
*results[1])}")
}
```

이 코드는 그림 5-4와 같이 동작한다.

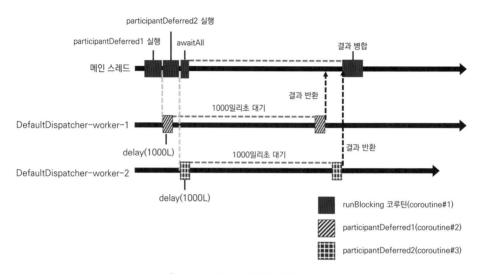

그림 5-4 awaitAll을 사용한 결괏값 수신

runBlocking 코루틴에서 awaitAll 함수가 호출되면 awaitAll의 대상이 된 participantDeferred1 코루틴과 participantDeferred2 코루틴의 실행이 모두 완료될 때까지 runBlocking 코루틴이 일시 중단된다. 이후 participant Deferred1 코루틴과 participantDeferred2 코루틴의 실행이 완료되면 결과들이 리스트로 만들어져 반환되고 runBlocking 코루틴이 재개된다. participantDeferred1 코루틴과 participantDeferred2 코루틴의 결과 타입이 Array⟨String⟩이므로 이들에 awaitAll을 사용해 얻은 results의 타입은 List⟨Array⟨String⟩⟩이 된다. results[0]은 participantDeferred1 코루틴의 결과이고, results[1]은 participantDeferred2 코루틴의 결과이다.

따라서 코드를 실행해 보면 다음과 같은 로그가 나오는 것을 확인할 수 있다.

```
/*
// 결과:
[지난 시간: 1013ms] 참여자 목록: [James, Jason, Jenny]
*/
```

5.3.3. 컬렉션에 대해 awaitAll 사용하기

코루틴 라이브러리는 awaitAll 함수를 Collection 인터페이스에 대한 확장 함수로도 제공한다.

```
public suspend fun <T> Collection<Deferred<T>>.awaitAll(): List<T>
```

Collection〈Deferred〈T〉〉에 대해 awaitAll 함수를 호출하면 컬렉션에 속한 Deferred들이 모두 완료돼 결괏값을 반환할 때까지 대기한다.

대표적인 컬렉션인 List 인터페이스와 awaitAll 함수를 함께 사용해 보자.

코드 위치: src/main/chapter5/code6/Code5-6.kt
```
fun main() = runBlocking<Unit> {
  val startTime = System.currentTimeMillis() // 시작 시간 기록
  val participantDeferred1: Deferred<Array<String>> = async(Dispatchers.IO)
{
    delay(1000L) // 참여자 이름 조회 요청
    arrayOf("James", "Jason") // 참여자 반환
  }

  val participantDeferred2: Deferred<Array<String>> = async(Dispatchers.IO)
{
    delay(1000L) // 참여자 이름 조회 요청
    arrayOf("Jenny") // 참여자 반환
  }

  val results: List<Array<String>> = listOf(participantDeferred1,
participantDeferred2).awaitAll() // 요청이 끝날 때까지 대기

  println("[${getElapsedTime(startTime)}] 참여자 목록: ${listOf(*results[0],
*results[1])}")
}
```

이 코드는 가변 인자를 받는 awaitAll 함수를 사용한 것과 완전히 같게 동작한다. 따라서 코드를 실행해 보면 다음과 같이 이전과 같은 결과를 얻을 수 있다.

```
/*
// 결과:
[지난 시간: 1015ms] 참여자 목록: [James, Jason, Jenny]
*/
```

5.4. withContext

5.4.1. withContext로 async-await 대체하기

코루틴 라이브러리에서 제공되는 withContext 함수를 사용하면 async-await 작업을 대체할 수 있다. withContext 함수는 다음과 같이 선언돼 있다.

```
public suspend fun <T> withContext(
  context: CoroutineContext,
  block: suspend CoroutineScope.() -> T
): T
```

withContext 함수가 호출되면 함수의 인자로 설정된 CoroutineContext 객체를 사용해 block 람다식을 실행하고, 완료되면 그 결과를 반환한다. withContext 함수를 호출한 코루틴은 인자로 받은 CoroutineContext 객체를 사용해 block 람다식을 실행하며, block 람다식을 모두 실행하면 다시 기존의 CoroutineContext 객체를 사용해 코루틴이 재개된다. 이는 async-await 쌍을 연속적으로 실행했을 때의 동작과 매우 비슷하다.

async-await 쌍을 withContext 함수로 대체하는 방법을 알아보기 위해 우선 async-await 쌍을 사용해 네트워크 통신을 실행하는 코드를 살펴보자.

```
코드 위치: src/main/chapter5/code7/Code5-7.kt
fun main() = runBlocking<Unit> {
  val networkDeferred: Deferred<String> = async(Dispatchers.IO) {
    delay(1000L) // 네트워크 요청
    return@async "Dummy Response" // 문자열 반환
  }
  val result = networkDeferred.await() // networkDeferred로부터 결괏값이 반환될
때까지 대기
  println(result)
}
/*
// 결과:
Dummy Response
*/
```

이 코드에서는 async 함수를 호출해 Deferred 객체를 만들고, 곧바로 Deferred 객체에 대해 await 함수를 호출한다. 이처럼 async 함수를 호출한 후 연속적으로 await 함수를 호출해 결괏값 수신을 대기하는 코드는 다음과 같이 withContext 함수로 대체될 수 있다.

```
코드 위치: src/main/chapter5/code8/Code5-8.kt
fun main() = runBlocking<Unit> {
  val result: String = withContext(Dispatchers.IO) {
    delay(1000L) // 네트워크 요청
    return@withContext "Dummy Response" // 문자열 반환
  }
  println(result)
}
/*
// 결과:
Dummy Response
*/
```

async-await 쌍이 withContext 함수로 대체되면 중간에 Deferred 객체가 생성되는 부분이 없어지고 "Dummy Response"가 결과로 바로 반환된다. 이처럼 withContext 함수를 사용하면 async-await 쌍을 깔끔하게 만들 수 있다.

5.4.2. withContext의 동작 방식

withContext 함수는 겉보기에는 async와 await를 연속적으로 호출하는 것과 비슷하게 동작하지만 내부적으로 보면 다르게 동작한다. async-await 쌍은 새로운 코루틴을 생성해 작업을 처리하지만 withContext 함수는 실행 중이던 코루틴을 그대로 유지한 채로 코루틴의 실행 환경만 변경해 작업을 처리한다. 다음 코드를 통해 확인해 보자.

```
코드 위치: src/main/chapter5/code9/Code5-9.kt
fun main() = runBlocking<Unit> {
  println("[${Thread.currentThread().name}] runBlocking 블록 실행")
  withContext(Dispatchers.IO) {
    println("[${Thread.currentThread().name}] withContext 블록 실행")
  }
}
/*
// 결과:
[main @coroutine#1] runBlocking 블록 실행
[DefaultDispatcher-worker-1 @coroutine#1] withContext 블록 실행
*/
```

이 코드는 runBlocking 함수의 block 람다식을 실행하는 스레드와 코루틴을 출력하고, 내부에서 withContext(Dispatchers.IO)를 호출한 후 withContext 함수의 block 람다식을 실행하는 스레드와 코루틴을 출력한다.

코드의 실행 결과를 보면 runBlocking 함수의 block 람다식을 실행하는 스레드와 withContext 함수의 block 람다식을 실행하는 스레드는 main과 DefaultDispatcher-worker-1으로 다르지만 코루틴은 coroutine#1으로 같은 것을 볼수 있다. 즉, withContext 함수는 새로운 코루틴을 만드는 대신 기존의 코루틴에서 CoroutineContext 객체만 바꿔서 실행된다. 여기서는 CoroutineContext 객체가 Dispatchers.IO로 바뀌었기 때문에 백그라운드 스레드(DefaultDispatcher-worker-1)에서 실행됐다.

withContext 함수의 동작 방식을 좀 더 자세히 알아보자. withContext 함수 가 호출되면 실행 중인 코루틴의 실행 환경이 withContext 함수의 context 인 자 값으로 변경돼 실행되며, 이를 컨텍스트 스위칭^{Context Switching}이라고 부른다. 만 약 context 인자로 CoroutineDispatcher 객체가 넘어온다면 코루틴은 해당 CoroutineDispatcher 객체를 사용해 다시 실행된다. 따라서 앞의 코드에서 with Context(Dispatchers.IO)가 호출되면 그림 5-5와 같이 해당 코루틴은 다시 Dispatchers.IO의 작업 대기열로 이동한 후 Dispatchers.IO가 사용할 수 있는 스 레드 중 하나로 보내져 실행된다.

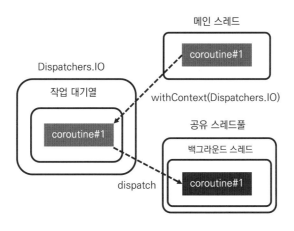

* 백그라운드 스레드: DefaultDispatcher-worker-1

그림 5-5 withContext의 동작

이처럼 withContext 함수는 함수의 block 람다식이 실행되는 동안 코루틴의 실행 환경을 변경시킨다.

> withContext 함수가 block 람다식을 벗어나면 다시 원래의 CoroutineContext 객체를 사용해 실행된다.

이제 async-await 쌍을 사용하는 것이 withContext 함수를 호출했을 때와 내부적으로 어떻게 동작 방식이 다른지 살펴보자.

```kotlin
코드 위치: src/main/chapter5/code10/Code5-10.kt
fun main() = runBlocking<Unit> {
  println("[${Thread.currentThread().name}] runBlocking 블록 실행")
  async(Dispatchers.IO) {
    println("[${Thread.currentThread().name}] async 블록 실행")
  }.await()
}
/*
// 결과:
[main @coroutine#1] runBlocking 블록 실행
[DefaultDispatcher-worker-1 @coroutine#2] async 블록 실행
*/
```

이 코드는 runBlocking 블록을 실행하는 스레드와 코루틴을 출력하고, run Blocking 블록 내부에서 async(Dispatchers.IO)를 사용해 백그라운드 스레드에서 코루틴이 실행되도록 만든 후 async 블록을 실행하는 스레드와 코루틴을 출력한다.

코드의 실행 결과를 보면 async 블록을 실행하는 코루틴은 coroutine#2로 runBlocking 블록을 실행하는 coroutine#1과 다른 것을 볼 수 있다. 즉, async-await 쌍을 사용하면 새로운 코루틴을 만들지만 await 함수가 호출돼 순차 처리가 돼 동기적으로 실행되는 것이다. 그림 5-6과 같이 coroutine#1은 유지한 채로 coroutine#2가 새로 만들어져 실행된다.

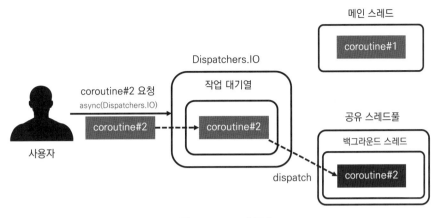

그림 5-6 async의 동작

정리하면 withContext를 호출하면 코루틴이 유지된 채로 코루틴을 실행하는 실행 스레드만 변경되기 때문에 동기적으로 실행되는 것이고, async-await 쌍을 사용하면 새로운 코루틴을 만들지만 await 함수를 통해 순차 처리가 돼 동기적으로 실행되는 것이다. 이런 차이로 인해 withContext 함수를 사용할 때는 주의해야 한다. 이제 withContext 함수를 사용할 때 어떤 점을 주의해야 하는지 살펴보자.

5.4.3. withContext 사용 시 주의점

withContext 함수는 새로운 코루틴을 만들지 않기 때문에 하나의 코루틴에서 withContext 함수가 여러 번 호출되면 순차적으로 실행된다. 즉, 복수의 독립적인 작업이 병렬로 실행돼야 하는 상황에 withContext를 사용할 경우 성능에 문제를 일으킬 수 있다. 다음 코드를 통해 여러 작업이 병렬로 실행돼야 하는 상황에서 withContext를 사용하면 어떤 문제가 생기는지 살펴보자.

```
코드 위치: src/main/chapter5/code11/Code5-11.kt
fun main() = runBlocking<Unit> {
  val startTime = System.currentTimeMillis()
  val helloString = withContext(Dispatchers.IO) {
    delay(1000L)
    return@withContext "Hello"
  }
```

```
    val worldString = withContext(Dispatchers.IO) {
      delay(1000L)
      return@withContext "World"
    }

    println("[${getElapsedTime(startTime)}] ${helloString} ${worldString}")
}
/*
// 결과:
[지난 시간: 2018ms] Hello World
*/
```

이 코드에서는 withContext(Dispatchers.IO)를 사용해 1초간 대기 후 "Hello" 문자를 반환하는 작업과 1초간 대기 후 "World" 문자를 반환하는 두 가지 작업을 실행한다. 각 작업은 withContext(Dispatchers.IO)를 통해 백그라운드 스레드에서 병렬적으로 실행되는 것처럼 보이지만 실제로는 순차적으로 실행된다. 따라서 코드의 실행 결과를 보면 총 2초의 시간이 걸린 것으로 나온다.

왜 이런 결과가 나오는지 그림 5-7을 통해 살펴보자.

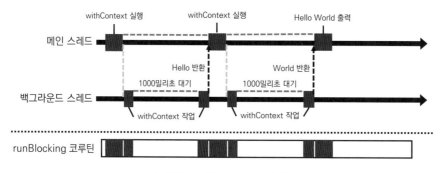

그림 5-7 withContext의 한계

이 코드에서는 runBlocking 함수에 의해 하나의 코루틴만 생성된다. runBlocking을 통해 실행된 코루틴은 처음에는 메인 스레드에서 실행되는데 withContext(Dispatchers.IO)를 사용하면 코루틴을 유지한 채로 실행 스레드만 바뀐다. 따라서 그림 5-7과 같이 1초간 대기 후 "Hello"를 반환받고, 다시 1초간 대

168

기 후 "World"를 반환받는다. 그런 다음 이 둘을 합쳐 "Hello World"를 출력하고 지난 시간을 기록하므로 2초 정도의 시간이 나온다.

즉, 각 withContext 블록의 코드를 실행하는 데는 1초가 걸리지만 순차적으로 처리돼 2초의 시간이 걸리게 된다. 이는 withContext 함수가 새로운 코루틴을 생성하지 않기 때문에 생기는 문제이다. 이 문제를 해결하기 위해서는 withContext를 제거하고, 코루틴을 생성하는 async-await 쌍으로 대체해야 한다. 단순히 async-await 쌍으로 대체하는 것이 아니라 Deferred 객체에 대한 await 함수 호출을 모든 코루틴이 실행된 뒤에 해야 한다.

다음은 앞서 다룬 코드를 async-await 쌍을 사용해 효율적으로 실행될 수 있게 변경한 코드이다.

```kotlin
코드 위치: src/main/chapter5/code12/Code5-12.kt
fun main() = runBlocking<Unit> {
  val startTime = System.currentTimeMillis()
  val helloDeferred = async(Dispatchers.IO) {
    delay(1000L)
    return@async "Hello"
  }

  val worldDeferred = async(Dispatchers.IO) {
    delay(1000L)
    return@async "World"
  }

  val results = awaitAll(helloDeferred,worldDeferred)

  println("[${getElapsedTime(startTime)}] ${results[0]} ${results[1]}")
}
/*
// 결과:
[지난 시간: 1013ms] Hello World
*/
```

이 코드에서는 helloDeferred 코루틴과 worldDeferred 코루틴이 모두 실행된 뒤에 awaitAll 함수가 호출됐다. 따라서 그림 5-8과 같이 2개의 코루틴이 병렬로 실행돼 코드를 실행하는 데 1초 정도만 걸리는 것을 확인할 수 있다.

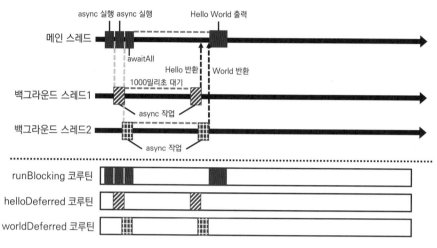

그림 5-8 병렬적으로 실행되는 async

그림 5-8에서는 백그라운드 스레드를 2개 사용했지만 코루틴은 스레드를 사용하지 않을 때는 양보하기 때문에 백그라운드 스레드를 하나만 사용할 수도 있다.

이처럼 withContext 함수를 사용하면 코드가 깔끔해 보이는 효과를 내지만 잘못 사용하게 되면 코루틴을 동기적으로 실행하도록 만들어 코드 실행 시간이 배 이상으로 증가할 수 있다. 따라서 withContext 함수가 새로운 코루틴을 만들지 않는다는 것을 명심하고 사용하자.

추가 자료. withContext를 사용한 코루틴 스레드 전환

withContext 함수를 사용해 코루틴의 스레드를 전환할 수 있다. 다음 코드를 살펴보자.

```
코드 위치: src/main/chapter5/code13/Code5-13.kt
private val myDispatcher1 = newSingleThreadContext("MyThread1")
private val myDispatcher2 = newSingleThreadContext("MyThread2")

fun main() = runBlocking<Unit> {
  println("[${Thread.currentThread().name}] 코루틴 실행")
```

```
    withContext(myDispatcher1) {
      println("[${Thread.currentThread().name}] 코루틴 실행")
      withContext(myDispatcher2) {
        println("[${Thread.currentThread().name}] 코루틴 실행")
      }
      println("[${Thread.currentThread().name}] 코루틴 실행")
    }
    println("[${Thread.currentThread().name}] 코루틴 실행")
  }
```

이 코드에는 MyThread1 스레드를 사용하는 CoroutineDispatcher 객체인 myDispatcher1과 MyThread2 스레드를 사용하는 CoroutineDispatcher 객체인 myDispatcher2가 존재한다. main 함수에서는 runBlocking 함수를 호출해 runBlocking 코루틴을 생성하고 다른 코루틴은 생성하지 않으며, withContext(myDispatcher1)과 withContext(myDispatcher2)를 사용해 runBlocking 코루틴의 실행 스레드를 전환한다. 코드를 실행해 보면 다음과 같은 결과가 나온다.

```
/*
// 결과:
[main @coroutine#1] 코루틴 실행
[MyThread1 @coroutine#1] 코루틴 실행
[MyThread2 @coroutine#1] 코루틴 실행
[MyThread1 @coroutine#1] 코루틴 실행
[main @coroutine#1] 코루틴 실행
*/
```

모든 코루틴이 runBlocking 코루틴(coroutine#1)인데 스레드가 메인 스레드(main)에서 MyThread1 스레드로 바뀌었다가 MyThread2 스레드로 전환되고 다시 MyThread1 스레드로 전환된 후 다시 메인 스레드로 돌아온다. 이처럼 withContext 함수를 CoroutineDispatcher 객체와 함께 사용하면 코루틴이 자유롭게 스레드를 전환할 수 있다. 좀 더 정확히 말하면 코루틴이 실행되는 데 사용하는 CoroutineDispatcher 객체를 자유롭게 바꿀 수 있다.

withContext 함수를 통해 바뀐 CoroutineDispatcher 객체가 유효한 것은 withContext 블록 내부뿐이다. withContext 블록을 벗어나면 다시 이전의 CoroutineDispatcher 객체를 사용하게 되며 스레드가 다시 전환된다. 이 때문에 runBlocking 블록에 있는 맨 앞의 출력과 마지막 출력은 메인 스레드를 사용하고, withContext(myDispatcher1) 블록에서 실행되는 두 번째 출력과 네 번째 출력은 MyThread1을 사용하며, withContext(myDispatcher2) 블록에서 실행되는 세 번째 출력만 MyThread2를 사용하는 것이다.

5.5. 요약

1. async 함수를 사용해 코루틴을 실행하면 코루틴의 결과를 감싸는 Deferred 객체를 반환받는다.

2. Deferred는 Job의 서브타입으로 Job 객체에 결괏값을 감싸는 기능이 추가된 객체이다.

3. Deferred 객체에 대해 await 함수를 호출하면 결괏값을 반환받을 수 있다. await 함수를 호출한 코루틴은 Deferred 객체가 결괏값을 반환할 때까지 일시 중단 후 대기한다.

4. awaitAll 함수를 사용해 복수의 Deferred 코루틴이 결괏값을 반환할 때까지 대기할 수 있다.

5. awaitAll 함수는 컬렉션에 대한 확장 함수로도 제공된다.

6. withContext 함수를 사용해 async-await 쌍을 대체할 수 있다.

7. withContext 함수는 코루틴을 새로 생성하지 않는다. 코루틴의 실행 환경을 담는 CoroutineContext만 변경해 코루틴을 실행하므로 이를 활용해 코루틴이 실행되는 스레드를 변경할 수 있다.

8. withContext 함수는 코루틴을 새로 생성하지 않으므로 병렬로 실행돼야 하는 복수의 작업을 withContext로 감싸 실행하면 순차적으로 실행된다. 이럴 때는 withContext 대신 async를 사용해 작업이 병렬로 실행될 수 있도록 해야 한다.

9. withContext로 인해 실행 환경이 변경돼 실행되는 코루틴은 withContext의 작업을 모두 실행하면 다시 이전의 실행 환경으로 돌아온다.

CoroutineContext

대표적인 코루틴 빌더 함수인 launch와 async가 어떻게 선언돼 있는지 다음 코드를 통해 살펴보자.

```
public fun CoroutineScope.launch(
  context: CoroutineContext = EmptyCoroutineContext,
  start: CoroutineStart = CoroutineStart.DEFAULT,
  block: suspend CoroutineScope.() -> Unit
): Job

public fun <T> CoroutineScope.async(
  context: CoroutineContext = EmptyCoroutineContext,
  start: CoroutineStart = CoroutineStart.DEFAULT,
  block: suspend CoroutineScope.() -> T
): Deferred<T>
```

launch 함수와 async 함수는 매개변수로 context, start, block을 가진다. context의 타입은 CoroutineContext, start의 타입은 CoroutineStart, launch 함수의 block은 Unit을 반환하는 람다식, async 함수의 block은 제네릭 타입 T를 반환하는 람다식이다.

여기서 context를 살펴보자. "2.4. 코루틴 디버깅 환경 설정하기"에서는 context 자리에 CoroutineName 객체가 사용됐고, "3.4. CoroutineDispatcher 사용해 코루틴 실행하기"에서는 context 자리에 CoroutineDispatcher 객체가 사용됐다. 이 둘이 context 인자로 사용될 수 있었던 이유는 바로 이들이 CoroutineContext 객체의 구성 요소이기 때문이다.

CoroutineContext는 코루틴을 실행하는 실행 환경을 설정하고 관리하는 인터페이스로 CoroutineContext 객체는 CoroutineDispatcher, CoroutineName, Job 등의 객체를 조합해 코루틴의 실행 환경을 설정한다. 즉, CoroutineContext 객체는 코루틴을 실행하고 관리하는 데 핵심적인 역할을 하며, 코루틴의 실행과 관련된 모든 설정은 CoroutineContext 객체를 통해 이뤄진다.

6장에서는 CoroutineContext 객체를 사용해 코루틴의 실행 환경을 설정하고 관리하는 방법을 살펴보도록 한다.

> **6장에서 다루는 내용**
>
> - CoroutineContext의 구성 요소
> - CoroutineContext 구성 방법
> - CoroutineContext 구성 요소에 접근하기
> - CoroutineContext 구성 요소를 제거하는 방법

6.1. CoroutineContext의 구성 요소

CoroutineContext 객체는 CoroutineName, CoroutineDispatcher, Job, CoroutineExceptionHandler의 네 가지 주요한 구성 요소를 가지며, 이들 구성 요소는 다음과 같은 역할을 한다.

> 이들 이외에도 다양한 CoroutineContext 구성 요소가 있지만 주로 이 네 가지 구성 요소를 사용해 코루틴을 실행시키기 때문에 이들을 중심으로 살펴본다.

1. CoroutineName: 코루틴의 이름을 설정한다.

2. CoroutineDispatcher: 코루틴을 스레드에 할당해 실행한다.

3. Job: 코루틴의 추상체로 코루틴을 조작하는 데 사용된다.

4. CoroutineExceptionHandler: 코루틴에서 발생한 예외를 처리한다.

CoroutineName, CoroutineDispatcher, Job은 이미 살펴봤고, Coroutine ExceptionHandler는 "8장 예외 처리"에서 살펴볼 것이다. 여기서는 Coroutine Context 객체가 이 구성 요소들을 어떻게 관리하고 사용하는지 살펴보자.

6.2. CoroutineContext 구성하기

6.2.1. CoroutineContext가 구성 요소를 관리하는 방법

CoroutineContext 객체는 그림 6-1과 같이 키-값 쌍으로 각 구성 요소를 관리한다.

coroutineContext

키	값
CoroutineName 키	CoroutineName 객체
CoroutineDispatcher 키	CoroutineDispatcher 객체
Job 키	Job 객체
CoroutineExceptionHandler 키	CoroutineExceptionHandler 객체

그림 6-1 CoroutineContext의 구성 1

각 구성 요소는 고유한 키를 가지며, 키에 대해 중복된 값은 허용되지 않는다. 따라서 CoroutineContext 객체는 CoroutineName, CoroutineDispatcher, Job, CoroutineExceptionHandler 객체를 한 개씩만 가질 수 있다.

6.2.2. CoroutineContext 구성

CoroutineContext 객체에 구성 요소를 추가하는 방법에 대해 살펴보자. CoroutineContext 객체는 키-값 쌍으로 구성 요소를 관리하지만 키에 값을 직접 대입하는 방법을 사용하지 않는다. 대신 CoroutineContext 객체 간에 더하기 연산자(+)를 사용해 CoroutineContext 객체를 구성한다.

예를 들어 CoroutineDispatcher 객체인 newSingleThreadContext("MyThread")와 CoroutineName 객체인 CoroutineName("MyCoroutine")으로 구성된 CoroutineContext 객체는 다음과 같이 더하기 연산자를 사용해 만들 수 있다.

```
val coroutineContext: CoroutineContext = newSingleThreadContext("MyThread")
  + CoroutineName("MyCoroutine")
```

이렇게 만들어진 CoroutineContext 객체는 그림 6-2와 같은 형태가 된다. CoroutineName값이 CoroutineName("MyCoroutine")으로 설정되고, CoroutineDispatcher값이 newSingleThreadContext("MyThread")로 설정된다. 설정되지 않은 구성 요소는 설정되지 않은 상태로 유지된다.

coroutineContext

키	값
CoroutineName 키	CoroutineName("MyCoroutine")
CoroutineDispatcher 키	newSingleThreadContext("MyThread")
Job 키	설정되지 않음
CoroutineExceptionHandler 키	설정되지 않음

그림 6-2 CoroutineContext의 구성 2

176

만들어진 CoroutineContext 객체는 launch 코루틴 빌더 함수의 context 인자로 넘겨 코루틴을 실행하는 데 사용할 수 있다. 다음 코드를 살펴보자.

```
코드 위치: src/main/chapter6/code1/Code6-1.kt
fun main() = runBlocking<Unit> {
  val coroutineContext: CoroutineContext = newSingleThreadContext("MyThread
") + CoroutineName("MyCoroutine")

  launch(context = coroutineContext) {
    println("[${Thread.currentThread().name}] 실행")
  }
}
/*
// 결과:
[MyThread @MyCoroutine#2] 실행
*/
```

이 코드에서는 launch 코루틴이 그림 6-2 모양의 CoroutineContext를 사용해 실행된다. 따라서 코드를 실행해 보면 코루틴이 MyThread 스레드를 사용해 실행되고 코루틴 이름은 MyCoroutine으로 설정된 것을 볼 수 있다.

구성 요소가 없는 CoroutineContext는 EmptyCoroutineContext를 통해 만들 수 있다.

```
val emptyCoroutineContext: CoroutineContext = EmptyCoroutineContext
```

6.2.3. CoroutineContext 구성 요소 덮어씌우기

만약 CoroutineContext 객체에 같은 구성 요소가 둘 이상 더해진다면 나중에 추가된 CoroutineContext 구성 요소가 이전의 값을 덮어씌운다. 이의 확인을 위해 앞서 만든 CoroutineContext에 CoroutineName("NewCoroutine")을 더해 newCoroutineContext를 만들어 보자.

```
코드 위치: src/main/chapter6/code2/Code6-2.kt
fun main() = runBlocking<Unit> {
  val coroutineContext: CoroutineContext = newSingleThreadContext("MyThread
```

```
") + CoroutineName("MyCoroutine")
  val newCoroutineContext: CoroutineContext = coroutineContext +
CoroutineName("NewCoroutine")

  launch(context = newCoroutineContext) {
    println("[${Thread.currentThread().name}] 실행")
  }
}
/*
// 결과:
[MyThread @NewCoroutine#2] 실행
*/
```

코드의 실행 결과를 보면 launch 코루틴이 사용하는 스레드는 기존에 설정
된 MyThread로 유지되지만 코루틴의 이름은 NewCoroutine으로 변경된 것
을 확인할 수 있다. 코루틴의 이름이 변경된 이유는 CoroutineContext 객체
의 각 구성 요소는 고유한 키를 갖고 있으므로 만약 같은 구성 요소에 대해 여러 객
체가 입력되면 나중에 들어온 값이 앞의 값을 덮어씌우기 때문이다. Coroutine
Name 객체 또한 고유한 키를 가지므로 coroutineContext가 갖고 있던
CoroutineName("MyCoroutine")은 더하기 연산자에 의해 추가된 Coroutine
Name("NewCoroutine")으로 덮어씌워진다. 이를 시각화하면 그림 6-3과 같다.

그림 6-3 CoroutineContext의 더하기 연산자가 동작하는 방식

즉, CoroutineContext 객체는 키-값 쌍으로 구성 요소를 관리하기 때문에 같은
구성 요소에 대해서는 마지막에 들어온 하나의 값만 취한다.

6.2.4. 여러 구성 요소로 이뤄진 CoroutineContext 합치기

앞서 CoroutineContext 객체가 합쳐질 때 동일한 키를 가진 구성 요소는 나중에 들어온 값으로 덮어씌워지는 것을 봤다. 이를 응용해 여러 구성 요소로 이뤄진 CoroutineContext 객체 2개를 합쳤을 때 어떻게 동작하는지 알아보자.

여러 구성 요소로 이뤄진 CoroutineContext 객체 2개가 합쳐지고 2개의 CoroutineContext 객체에 동일한 키를 가진 구성 요소가 있다면 나중에 들어온 값이 선택된다. 이의 확인을 위해 CoroutineName("MyCoroutine1")과 new SingleThreadContext("MyThread1")으로 이뤄진 coroutineContext1과 CoroutineName("MyCoroutine2")와 newSingleThreadContext("MyThread 2")로 이뤄진 coroutineContext2를 합쳐 combinedCoroutineContext를 만들어 보자.

```
코드 위치: src/main/chapter6/code3/Code6-3.kt
val coroutineContext1 = CoroutineName("MyCoroutine1") + newSingleThreadCont
ext("MyThread1")
val coroutineContext2 = CoroutineName("MyCoroutine2") + newSingleThreadCont
ext("MyThread2")
val combinedCoroutineContext = coroutineContext1 + coroutineContext2
```

coroutineContext1에 coroutineContext2가 더해지므로 coroutineContext1의 구성 요소들은 coroutineContext2의 구성 요소들에 의해 덮어씌워진다. 따라서 combinedCoroutineContext는 그림 6-4와 같은 형태가 된다. coroutineContext1의 모든 구성 요소(CoroutineName, CoroutineDispatcher)를 coroutineContext2가 갖고 있기 때문에 coroutineContext2의 구성 요소만 남은 것을 확인할 수 있다.

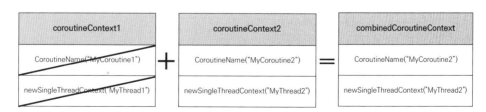

그림 6-4 combinedCoroutineContext

그림 6-4에서는 coroutineContext1에 있는 모든 CoroutineContext 구성 요소가 coroutineContext2에 있기 때문에 모든 구성 요소가 덮어씌워졌지만 만약 coroutineContext1에 coroutineContext2에 없는 Job 객체인 myJob이 추가로 있었다면 myJob은 그림 6-5와 같이 덮어씌워지지 않고 남았을 것이다.

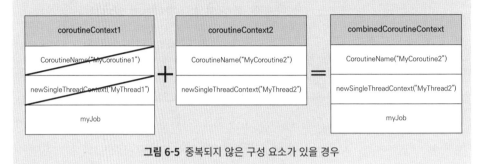

그림 6-5 중복되지 않은 구성 요소가 있을 경우

6.2.5. CoroutineContext에 Job 생성해 추가하기

Job 객체는 기본적으로 launch나 runBlocking 같은 코루틴 빌더 함수를 통해 자동으로 생성되지만 Job()을 호출해 생성할 수도 있다. 이를 사용해 다음 코드와 같이 CoroutineContext에 Job 객체를 추가해 보자.

```
코드 위치: src/main/chapter6/code4/Code6-4.kt
val myJob = Job()
val coroutineContext: CoroutineContext = Dispatchers.IO + myJob
```

이 코드에서는 Job()을 호출해 myJob을 만들고, 더하기 연산자(+)를 사용해 Dispatchers.IO와 myJob으로 구성된 coroutineContext를 만든다. 따라서 coroutineContext는 그림 6-6과 같은 구성 요소를 가진다.

coroutineContext

키	값
CoroutineName 키	설정되지 않음
CoroutineDispatcher 키	Dispatchers.IO
Job 키	myJob
CoroutineExceptionHandler 키	설정되지 않음

그림 6-6 Job이 설정된 CoroutineContext

Job 객체를 직접 생성해 추가하면 코루틴의 구조화가 깨지기 때문에 새로운 Job 객체를 생성해 CoroutineContext 객체에 추가하는 것은 주의가 필요하다. 이에 대해서는 "7장. 구조화된 동시성"에서 마저 다룬다. 여기서는 Job 객체를 직접 생성해 CoroutineContext 객체에 추가할 수 있다는 것 정도만 알도록 하자.

6.3. CoroutineContext 구성 요소에 접근하기

CoroutineContext 객체를 구성하는 방법을 알았으면 이번에는 Coroutine Context 객체의 각 구성 요소에 접근하는 방법을 알아볼 차례이다. Coroutine Context 객체의 구성 요소에 접근하기 위해서는 각 구성 요소가 가진 고유한 키가 필요하다. 먼저 각 구성 요소의 키를 얻는 방법부터 알아보자.

6.3.1. CoroutineContext 구성 요소의 키

CoroutineContext 구성 요소의 키는 CoroutineContext.Key 인터페이스를 구현해 만들 수 있는데 일반적으로 CoroutineContext 구성 요소는 자신의 내부에 키를 싱글톤 객체로 구현한다. 이의 확인을 위해 CoroutineName 클래스 구현체를 살펴보자.

```
public data class CoroutineName(
    val name: String
) : AbstractCoroutineContextElement(CoroutineName) {
    public companion object Key : CoroutineContext.Key<CoroutineName>
    ...
}
```

코드를 살펴보면 CoroutineName 클래스 내부에 CoroutineContext. Key<CoroutineName>을 구현하는 동반 객체^{companion object} Key가 있는 것을 볼 수 있다. 이 Key를 사용하면 CoroutineContext에서 CoroutineName에 접근할 수 있다.

Job 인터페이스의 내부도 한 번 살펴보자.

```
public interface Job : CoroutineContext.Element {
    public companion object Key : CoroutineContext.Key<Job>
    ...
}
```

코드를 살펴보면 Job 인터페이스 내부에도 Key가 동반 객체로 선언된 것을 볼 수 있으며, 이는 CoroutineDispatcher와 CoroutineExceptionHandler도 마찬가지다. 즉, CoroutineContext 구성 요소의 내부에 선언된 키는 표 6-1과 같다.

CoroutineContext 구성 요소	CoroutineContext 구성 요소 키
CoroutineName	CoroutineName.Key
Job	Job.Key
CoroutineDispatcher	CoroutineDispatcher.Key
CoroutineExceptionHandler	CoroutineExceptionHandler.Key

표 6-1 CoroutineContext 구성 요소의 키

CoroutineDispatcher.Key는 아직 실험 중인 API이므로 @OptIn(ExperimentalStdlibApi::class) 어노테이션을 붙여 사용해야 한다.

```
@OptIn(ExperimentalStdlibApi::class)
val dispatcherKey = CoroutineDispatcher.Key
```

만약 아직 실험 중인 API를 사용하고 싶지 않다면 CoroutineDispatcher 객체의 key 프로퍼티를 사용해 키에 접근하면 된다.

```
val dispatcherKey1 = Dispatchers.IO.key
val dispatcherKey2 = Dispatchers.Default.key
```

Dispatchers.IO.key와 Dispatchers.Default.key가 가리키는 객체가 동일한지에 대한 의문이 생길 수 있다. 이 의문의 해결을 위해 코루틴 구성 요소의 키가 고유하다는 것을 기억하자. 코루틴 구성 요소의 키는 고유하므로 이들은 모두 같은 키를 반환한다. 다음 코드를 통해 이들의 동일성을 확인할 수 있다.

```
코드 위치: src/main/chapter6/code5/Code6-5.kt
fun main() {
  val dispatcherKey1 = Dispatchers.IO.key
  val dispatcherKey2 = Dispatchers.Default.key

  println("dispatcherKey1과 dispatcherKey2는 동일한가 >> ${dispatcherKey1
=== dispatcherKey2}")
}
/*
// 결과:
dispatcherKey1과 dispatcherKey2는 동일한가 >> true
*/
```

6.3.2. 키를 사용해 CoroutineContext 구성 요소에 접근하기

앞서 표 6-1을 통해 CoroutineContext 구성 요소의 키가 어떻게 선언돼 있는지 알아봤다. 이번에는 해당 키를 사용해 각 CoroutineContext 구성 요소에 접근해보자.

6.3.2.1. 싱글톤 키를 사용해 CoroutineContext 구성 요소에 접근하기

먼저 CoroutineName.Key를 사용해 CoroutineContext 객체의 Coroutine Name 구성 요소에 접근해 보자.

```
코드 위치: src/main/chapter6/code6/Code6-6.kt
fun main() = runBlocking<Unit> {
  val coroutineContext = CoroutineName("MyCoroutine") + Dispatchers.IO
  val nameFromContext = coroutineContext[CoroutineName.Key]
  println(nameFromContext)
}
/*
// 결과:
CoroutineName(MyCoroutine)
*/
```

이 코드에는 CoroutineName("MyCoroutine")과 Dispatchers.IO로 이뤄진 coroutineContext가 있다. coroutineContext에 대해 연산자 함수 get의 인자로 CoroutineName.Key를 넘김으로써 coroutineContext를 구성하는 CoroutineName 객체만 가져올 수 있다. 가져온 CoroutineName 객체를 출력해 보면 "CoroutineName(MyCoroutine)"이 출력되는 것을 볼 수 있다.

> get은 연산자 함수(operator fun)이기 때문에 대괄호([ ])로 대체할 수 있다.

6.3.2.2. 구성 요소 자체를 키로 사용해 구성 요소에 접근하기

CoroutineContext의 주요 구성 요소인 CoroutineName, Job, Coroutine Dispatcher, CoroutineExceptionHandler 객체는 동반 객체로 Coroutine Context.Key를 구현하는 Key를 갖고 있기 때문에 Key를 명시적으로 사용하지 않고 구성 요소 자체를 키로 사용할 수 있다. 따라서 굳이 뒤에 '.Key'를 쓰지 않고도 구성 요소에 접근할 수 있다. 앞에서 다룬 코드에서 '.Key'를 제거해 보자.

```
코드 위치: src/main/chapter6/code7/Code6-7.kt
fun main() = runBlocking<Unit> {
```

```
    val coroutineContext = CoroutineName("MyCoroutine") + Dispatchers.IO
    val nameFromContext = coroutineContext[CoroutineName] // '.Key'제거
    println(nameFromContext)
}
/*
// 결과:
CoroutineName(MyCoroutine)
*/
```

이 코드에서는 CoroutineName.Key를 키로 사용하는 대신에 '.Key'를 제거한 CoroutineName 클래스를 키로 사용했지만 코드를 실행해 보면 이전과 같은 결과가 나오는 것을 확인할 수 있다. 그 이유는 키가 들어갈 자리에 CoroutineName을 사용하면 자동으로 CoroutineName.Key를 사용해 연산을 처리하기 때문이다. 이렇게 사용하면 더욱 간결한 코드로 CoroutineContext 구성 요소에 접근할 수 있다.

6.3.2.3. 구성 요소의 key 프로퍼티를 사용해 구성 요소에 접근하기

CoroutineContext 구성 요소들은 모두 key 프로퍼티를 가지며, 이를 사용해 구성 요소에 접근할 수 있다. 다음과 같이 CoroutineContext 구성 요소의 key 프로퍼티를 사용해 구성 요소에 접근해 보자.

코드 위치: src/main/chapter6/code8/Code6-8.kt
```
fun main() = runBlocking<Unit> {
    val coroutineName : CoroutineName = CoroutineName("MyCoroutine")
    val dispatcher : CoroutineDispatcher = Dispatchers.IO
    val coroutineContext = coroutineName + dispatcher

    println(coroutineContext[coroutineName.key]) //
CoroutineName("MyCoroutine")
    println(coroutineContext[dispatcher.key]) // Dispatchers.IO
}
/*
// 결과:
CoroutineName(MyCoroutine)
Dispatchers.IO
*/
```

이 코드에서는 CoroutineName 타입의 coroutineName과 Coroutine Dispatcher 타입의 dispatcher를 합쳐 coroutineContext를 생성한다. 그리고 coroutineContext로부터 각 구성 요소에 접근하는 데는 각 구성 요소 인스턴스(coroutineName, dispatcher)의 key 프로퍼티를 사용한다.

먼저 coroutineName.key를 사용해 coroutineContext로부터 CoroutineName을 추출해 출력하고, 다음으로는 dispatcher.key를 사용해 coroutineContext의 CoroutineDispatcher를 추출해 출력한다. 따라서 이 코드를 실행해 보면 CoroutineContext 객체로부터 CoroutineName 객체와 CoroutineDispatcher 객체가 추출된다.

중요한 점은 구성 요소의 key 프로퍼티는 동반 객체로 선언된 Key와 동일한 객체를 가리킨다는 것이다. 예를 들어 CoroutineName.Key와 coroutineName.key는 같은 객체를 참조하며, 모든 CoroutineName 인스턴스는 같은 Key 객체를 공유한다. 다음과 같이 코드를 만들어 확인해 보자.

코드 위치: src/main/chapter6/code9/Code6-9.kt

```kotlin
fun main() = runBlocking<Unit> {
  val coroutineName: CoroutineName = CoroutineName("MyCoroutine")

  if (coroutineName.key === CoroutineName.Key) {
    println("coroutineName.key와 CoroutineName.Key 동일합니다")
  }
}
/*
// 결과:
coroutineName.key와 CoroutineName.Key 동일합니다
*/
```

이 코드는 CoroutineName 객체로부터 얻어진 key값인 coroutineName.key와 CoroutineName.Key 사이의 동일성 확인을 위해 동일성 연산자인 '==='를 사용했고, 이 둘이 동일할 때만 "coroutineName.key와 CoroutineName.Key 동일합니다"를 출력한다. 코드의 실행 결과를 보면 해당 문구가 출력되는 것을 확인할 수 있으며, 이를 통해 coroutineName.key와 CoroutineName.Key가 동일한 객체

를 가리키는 것을 알 수 있다.

6.4. CoroutineContext 구성 요소 제거하기

CoroutineContext 객체는 구성 요소를 제거하기 위한 minusKey 함수를 제공한다. minusKey 함수는 구성 요소의 키를 인자로 받아 해당 구성 요소를 제거한 CoroutineContext 객체를 반환한다.

6.4.1. minusKey 사용해 구성 요소 제거하기

다음과 같이 coroutineContext를 만들어 보자.

```
val coroutineName = CoroutineName("MyCoroutine")
val dispatcher = Dispatchers.IO
val myJob = Job()
val coroutineContext: CoroutineContext = coroutineName + dispatcher + myJob
```

이 coroutineContext는 CoroutineName("MyCoroutine")과 Dispatchers. IO 그리고 myJob으로 구성된 CoroutineContext 객체로 그림 6-7과 같은 형태가 된다.

coroutineContext

키	값
CoroutineName 키	CoroutineName("MyCoroutine")
CoroutineDispatcher 키	Dispatchers.IO
Job 키	myJob

그림 6-7 CoroutineContext의 구성 3

coroutineContext에서 CoroutineName 객체를 제거하기 위해서는 다음과 같이 coroutineContext에 대해 minusKey 함수를 호출하고 CoroutineName을 인자로 넘기면 된다.

> CoroutineName.Key를 사용할 자리에 CoroutineName을 사용해도 된다.

```
val deletedCoroutineContext = coroutineContext.minusKey(CoroutineName)
```

이 경우 coroutineContext에서 CoroutineName만 제거돼 반환되며, 반환된 CoroutineContext는 deletedCoroutineContext에 할당한다. 따라서 deleted CoroutineContext는 그림 6-8과 같은 형태가 된다.

deletedCoroutineContext

키	값
CoroutineName 키	설정되지 않음
CoroutineDispatcher 키	Dispatchers.IO
Job 키	myJob

그림 6-8 CoroutineContext 구성 요소 제거하기

다음 코드를 통해 coroutineContext에서 CoroutineName 객체가 제대로 제거돼 deletedCoroutineContext에 할당됐는지 확인해 보자.

```
코드 위치: src/main/chapter6/code10/Code6-10.kt
fun main() = runBlocking<Unit> {
  val coroutineName = CoroutineName("MyCoroutine")
  val dispatcher = Dispatchers.IO
  val myJob = Job()
  val coroutineContext: CoroutineContext = coroutineName + dispatcher +
myJob
```

```
    val deletedCoroutineContext = coroutineContext.minusKey(CoroutineName)

    println(deletedCoroutineContext[CoroutineName])
    println(deletedCoroutineContext[CoroutineDispatcher])
    println(deletedCoroutineContext[Job])
}
/*
// 결과:
null
Dispatchers.IO
JobImpl{Active}@65e2dbf3
*/
```

이 코드에서는 deletedCoroutineContext의 CoroutineName, Coroutine
Dispatcher, Job을 순서대로 출력하고 있다. 코드의 실행 결과를 보면 Coroutine
Name이 제거돼 null로 표현돼 있고, CoroutineDispatcher 객체와 Job 객체는
제거되지 않은 것을 확인할 수 있다.

6.4.2. minusKey 함수 사용 시 주의할 점

minusKey 함수 사용 시 주의할 점은 minusKey를 호출한 CoroutineContext 객
체는 그대로 유지되고, 구성 요소가 제거된 새로운 CoroutineContext 객체가 반
환된다는 것이다. 이의 확인을 위해 coroutineContext에 대해 minusKey 함수를
호출한 후 coroutineContext의 구성 요소들을 출력해 보자.

코드 위치: src/main/chapter6/code11/Code6-11.kt
```
fun main() = runBlocking<Unit> {
  val coroutineName = CoroutineName("MyCoroutine")
  val dispatcher = Dispatchers.IO
  val job = Job()
  val coroutineContext: CoroutineContext = coroutineName + dispatcher + job

  val deletedCoroutineContext = coroutineContext.minusKey(CoroutineName)

  println(coroutineContext[CoroutineName])
  println(coroutineContext[CoroutineDispatcher])
  println(coroutineContext[Job])
}
```

```
/*
// 결과:
CoroutineName(MyCoroutine)
Dispatchers.IO
JobImpl{Active}@65e2dbf3
*/
```

코드의 실행 결과를 보면 minusKey가 호출된 coroutineContext는 구성 요소가 제거되지 않기 때문에 CoroutineName 객체가 제거되지 않은 것을 확인할 수 있다.

6.5. 요약

1. CoroutineContext 객체는 코루틴의 실행 환경을 설정하고 관리하는 객체로 CoroutineDispatcher, CoroutineName, Job, CoroutineException Handler 등의 객체를 조합해 코루틴 실행 환경을 정의한다.

2. CoroutineContext의 네 가지 주요한 구성 요소는 코루틴의 이름을 설정하는 CoroutineName 객체, 코루틴을 스레드로 보내 실행하는 Coroutine Dispatcher 객체, 코루틴을 조작하는 데 사용하는 Job 객체, 코루틴의 예외를 처리하는 CoroutineExceptionHandler 객체이다.

3. CoroutineContext 객체는 키-값 쌍으로 구성 요소를 관리하며, 동일한 키에 대해 중복된 값을 허용하지 않는다. 따라서 각 구성 요소를 한 개씩만 가질 수 있다.

4. 더하기 연산자(+)를 사용해 CoroutineContext의 구성 요소를 조합할 수 있다.

5. 동일한 키를 가진 구성 요소가 여러 개 추가될 경우 나중에 추가된 구성 요소가 이전 값을 덮어씌운다. 즉, 마지막에 추가된 구성 요소만 유효하다.

6. 일반적으로 구성 요소의 동반 객체로 선언된 key 프로퍼티를 사용해 키 값에 접근할 수 있다. 예를 들어 CoroutineName의 키 값은 CoroutineName. Key를 통해 접근할 수 있다.

7. 키를 연산자 함수인 get과 함께 사용해 CoroutineContext 객체에 설정된 구성 요소에 접근할 수 있다. 예를 들어 CoroutineContext 객체인 coroutineContext의 CoroutineName 구성 요소에 접근하고 싶다면 coroutineContext.get(CoroutineName.Key)와 같이 사용하면 된다.

8. get 연산자 함수는 대괄호([])로 대체할 수 있다. 따라서 앞의 coroutineContext.get(CoroutineName.Key)를 coroutineContext[CoroutineName.Key]로 대체할 수 있다.

9. CoroutineName, CoroutineDispatcher, Job, CoroutineException Handler는 동반 객체인 Key를 통해 CoroutineContext.Key를 구현하기 때문에 그 자체를 키로 사용할 수 있다. 따라서 coroutineContext[CoroutineName]은 coroutineContext[CoroutineName.Key]와 같은 연산을 한다.

10. CoroutineContext 객체의 minusKey 함수를 사용하면 CoroutineContext 객체에서 특정 구성 요소를 제거한 객체를 반환받을 수 있다.

Chapter 7

구조화된 동시성

구조화된 동시성^{Structured Concurrency}의 원칙이란 비동기 작업을 구조화함으로써 비동기 프로그래밍을 보다 안정적이고 예측할 수 있게 만드는 원칙이다. 코루틴은 구조화된 동시성의 원칙을 사용해 비동기 작업인 코루틴을 부모-자식 관계로 구조화함으로써 코루틴이 보다 안전하게 관리되고 제어될 수 있도록 한다.

코루틴을 부모-자식 관계로 구조화하는 방법은 간단하다. 부모 코루틴을 만드는 코루틴 빌더의 람다식 속에서 새로운 코루틴 빌더를 호출하면 된다. launch 함수의 람다식 내부에서 launch 함수를 호출함으로써 다음과 같이 코루틴을 부모-자식 관계로 구조화해 보자.

코드 위치: src/main/chapter7/code1/Code7-1.kt

```kotlin
fun main() = runBlocking<Unit> {
  launch { // 부모 코루틴
    launch {   // 자식 코루틴
      println("자식 코루틴 실행")
    }
  }
}
```

안쪽의 launch 함수가 호출돼 생성되는 코루틴은 바깥쪽의 launch로 생성되는 코루틴의 자식 코루틴이 되며, 바깥쪽 launch 함수가 호출돼 생성되는 코루틴은 runBlocking으로 생성되는 코루틴의 자식 코루틴이 된다. 각 코루틴을 구조화하면 그림 7-1과 같다.

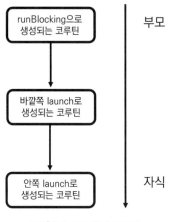

그림 7-1 구조화된 코루틴

구조화된 코루틴은 여러 특징을 갖는데 그 대표적인 특징은 다음과 같다.

- 부모 코루틴의 실행 환경이 자식 코루틴에게 상속된다.

- 작업을 제어하는 데 사용된다.

- 부모 코루틴이 취소되면 자식 코루틴도 취소된다.

- 부모 코루틴은 자식 코루틴이 완료될 때까지 대기한다.

- CoroutineScope를 사용해 코루틴이 실행되는 범위를 제한할 수 있다.

7장에서는 코루틴이 구조화된 동시성으로 인해 갖는 특징들에 대해 자세히 다룬다.

7.1. 실행 환경 상속

"6장. CoroutineContext"에서는 CoroutineContext를 사용해 코루틴 실행 환경을 설정하는 방법에 대해 살펴봤다. 7장에서는 CoroutineContext가 구조화된 코루틴 사이에서 어떻게 전달되는지 살펴보자.

7.1.1. 부모 코루틴의 실행 환경 상속

부모 코루틴은 자식 코루틴에게 실행 환경을 상속한다. 상속하는 방법은 간단하다. 부모 코루틴이 자식 코루틴을 생성하면 부모 코루틴의 CoroutineContext가 자식 코루틴에게 전달된다. 부모 코루틴의 CoroutineContext가 자식 코루틴에게 어떻게 전달되는지 다음 코드를 통해 살펴보자.

```
코드 위치: src/main/chapter7/code2/Code7-2.kt
fun main() = runBlocking<Unit> {
  val coroutineContext = newSingleThreadContext("MyThread") +
CoroutineName("CoroutineA")
  launch(coroutineContext){ // 부모 코루틴 생성
    println("[${Thread.currentThread().name}] 부모 코루틴 실행")
    launch {   // 자식 코루틴 생성
      println("[${Thread.currentThread().name}] 자식 코루틴 실행")
    }
  }
}
```

이 코드에서 coroutineContext는 newSingleThreadContext("MyThread")

와 CoroutineName("CoroutineA")로 구성된다. 이는 그림 7-2와 같은 형태가 된다.

coroutineContext

키	값
CoroutineDispatcher 키	newSingleThreadContext("MyThread")
CoroutineName 키	CoroutineName("CoroutineA")

그림 7-2 CoroutineContext의 구성

이렇게 생성된 coroutineContext는 바깥쪽 launch 함수의 context 인자로 넘겨져 새로운 코루틴을 생성하며, 생성된 코루틴은 println("[${Thread.currentThread().name}] 부모 코루틴 실행")을 실행해 코루틴을 실행 중인 스레드와 코루틴의 이름을 출력한다. 이어서 이 코루틴은 launch 코루틴 빌더 함수를 한 번 더 호출해 자식 코루틴을 생성하며, 자식 코루틴도 println("[${Thread.currentThread().name}] 자식 코루틴 실행")을 실행해 자식 코루틴을 실행 중인 스레드와 코루틴의 이름을 출력한다.

코드를 실행해 보면 다음과 같은 결과가 나온다.

```
/*
// 결과:
[MyThread @CoroutineA#2] 부모 코루틴 실행
[MyThread @CoroutineA#3] 자식 코루틴 실행
*/
```

바깥쪽 launch로 생성된 부모 코루틴은 coroutineContext에 설정된 대로 MyThread 스레드를 사용해 실행되고 코루틴 이름이 CoroutineA로 설정된 것을 확인할 수 있다. 하지만 coroutineContext가 설정되지 않은 자식 코루틴도 MyThread 스레드를 사용하고 코루틴 이름이 CoroutineA인 것을 볼 수 있다. 이처럼 자식 코루틴을 실행시킨 스레드와 자식 코루틴의 코루틴 이름이 부모 코루틴과

같은 이유는 부모 코루틴의 실행 환경을 담는 CoroutineContext 객체가 자식 코루틴에게 상속되기 때문이다.

이렇게 부모 코루틴은 자식 코루틴에게 자신의 실행 환경을 상속한다. 하지만 항상 모든 실행 환경을 상속하는 것은 아니다. 어떤 경우에 실행 환경이 상속되지 않는지 살펴보자.

7.1.2. 실행 환경 덮어씌우기

부모 코루틴의 모든 실행 환경이 항상 자식 코루틴에게 상속되지는 않는다. 만약 자식 코루틴을 생성하는 코루틴 빌더 함수로 새로운 CoroutineContext 객체가 전달되면 부모 코루틴에게서 전달받은 CoroutineContext 구성 요소들은 자식 코루틴 빌더 함수로 전달된 CoroutineContext 객체의 구성 요소들로 덮어씌워진다.

다음 코드를 통해 확인해 보자.

```kotlin
코드 위치: src/main/chapter7/code3/Code7-3.kt
fun main() = runBlocking<Unit> {
  val coroutineContext = newSingleThreadContext("MyThread") + CoroutineName
("ParentCoroutine")
  launch(coroutineContext){ // 부모 코루틴 생성
    println("[${Thread.currentThread().name}] 부모 코루틴 실행")
    launch(CoroutineName("ChildCoroutine")) {   // 자식 코루틴 생성
      println("[${Thread.currentThread().name}] 자식 코루틴 실행")
    }
  }
}
/*
// 결과:
[MyThread @ParentCoroutine#2] 부모 코루틴 실행
[MyThread @ChildCoroutine#3] 자식 코루틴 실행
*/
```

이 코드에서 coroutineContext는 이전과 같이 newSingleThreadContext("My Thread")와 CoroutineName("ParentCoroutine")으로 구성된다. 이때 바깥쪽 launch 코루틴 빌더 함수는 coroutineContext를 사용해 부모 코루틴을 실행

하고, 안쪽 launch 코루틴 빌더 함수는 CoroutineName("ChildCoroutine")을 context 인자로 전달해 자식 코루틴을 실행한다.

코드를 실행해 보면 자식 코루틴과 부모 코루틴은 같은 CoroutineDispatcher 객체를 사용하지만 부모 코루틴의 이름은 ParentCoroutine이고, 자식 코루틴의 이름은 ChildCoroutine인 것을 확인할 수 있다. 자식 코루틴의 Coroutine Context 객체가 이렇게 만들어지는 이유를 그림 7-3을 통해 확인해 보자.

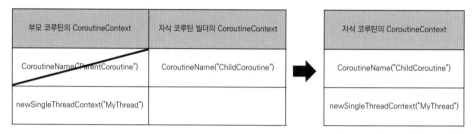

그림 7-3 CoroutineContext 덮어씌우기

자식 코루틴 빌더에 context 인자로 전달된 CoroutineContext 구성 요소들은 부모 코루틴에게 전달받은 CoroutineContext 구성 요소들을 덮어씌운다. 따라서 그림 7-3과 같이 부모 코루틴으로부터 전달받은 CoroutineContext 객체와 자식 코루틴 빌더로 전달된 CoroutineContext 객체에 CoroutineName 객체가 중복으로 포함돼 있다면 자식 코루틴 빌더의 CoroutineName 객체가 사용된다. 반대로 자식 코루틴 빌더로 전달되지 않은 CoroutineDispatcher 객체는 부모 코루틴으로부터 상속된다. 따라서 자식 코루틴은 CoroutineName("ChildCoroutine")과 newSingleThreadContext("MyThread")를 사용하게 된다.

이처럼 자식 코루틴 빌더에 새로운 CoroutineContext 객체를 전달함으로써 부모 코루틴으로부터 전달된 CoroutineContext 객체의 구성 요소를 재정의할 수 있다.

주의할 점은 다른 CoroutineContext 구성 요소들과 다르게 Job 객체는 상속되지 않고 코루틴 빌더 함수가 호출되면 새롭게 생성된다는 것이다. 이제 Job 객체가 왜 상속되지 않는지 알아보자.

7.1.3. 상속되지 않는 Job

launch나 async를 포함한 모든 코루틴 빌더 함수는 호출 때마다 코루틴 추상체인 Job 객체를 새롭게 생성한다. 코루틴 제어에 Job 객체가 필요한데 Job 객체를 부모 코루틴으로부터 상속받게 되면 개별 코루틴의 제어가 어려워지기 때문이다. 따라서 코루틴 빌더를 통해 생성된 코루틴들은 서로 다른 Job을 가진다. 다음 코드를 통해 확인해 보자.

```kotlin
코드 위치: src/main/chapter7/code4/Code7-4.kt
fun main() = runBlocking<Unit> { // 부모 코루틴 생성
  val runBlockingJob = coroutineContext[Job] // 부모 코루틴의 CoroutineContext
로부터 부모 코루틴의 Job 추출
  launch { // 자식 코루틴 생성
    val launchJob = coroutineContext[Job] // 자식 코루틴의 CoroutineContext로부
터 자식 코루틴의 Job 추출
    if (runBlockingJob === launchJob) {
      println("runBlocking으로 생성된 Job과 launch로 생성된 Job이 동일합니다")
    } else {
      println("runBlocking으로 생성된 Job과 launch로 생성된 Job이 다릅니다")
    }
  }
}
/*
// 결과:
runBlocking으로 생성된 Job과 launch로 생성된 Job이 다릅니다
*/
```

코루틴 빌더를 통해 생성되는 코루틴의 Job 객체는 코루틴 빌더의 람다식 내부에서 coroutineContext[Job]을 호출해 접근할 수 있다. 이 코드에서는 runBlocking 람다식에서 coroutineContext[Job]을 사용해 runBlocking 코루틴의 Job 객체를 추출해 runBlockingJob 변수로 참조하고, launch 람다식에서도 coroutineContext[Job]을 사용해 launch 코루틴의 Job을 추출해 launchJob 변수로 참조한다. 이후 runBlockingJob과 launchJob의 동일성을 비교한다.

> coroutineContext[Job]을 호출하는 것은 실제로는 coroutineContext[Job.Key]를 호출하는 것이다. 이에 관해서는 "6.3.2. 키를 사용해 CoroutineContext 구성 요소에 접근하기"에서 다뤘다.

코드의 실행 결과를 보면 runBlockingJob과 launchJob이 동일하지 않은 것을 확인할 수 있다. launch 코루틴이 runBlocking 코루틴으로부터 실행 환경을 상속받았음에도 서로 다른 Job 객체를 가진다. 그렇다면 부모 코루틴의 Job 객체는 자식 코루틴의 Job 객체와 아무런 관계도 없는 것일까? 그렇지 않다. 자식 코루틴이 부모 코루틴으로부터 전달받은 Job 객체는 코루틴을 구조화하는 데 사용된다. 이제 Job 객체가 코루틴의 구조화에 어떤 역할을 하는지 알아보자.

7.1.4. 구조화에 사용되는 Job

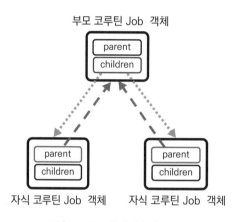

그림 7-4 구조화에 사용되는 Job

코루틴 빌더가 호출되면 Job 객체는 새롭게 생성되지만 생성된 Job 객체는 그림 7-4와 같이 내부에 정의된 parent 프로퍼티를 통해 부모 코루틴의 Job 객체에 대한 참조를 가진다. 또한 부모 코루틴의 Job 객체는 Sequence 타입의 children 프로퍼티를 통해 자식 코루틴의 Job에 대한 참조를 가져 자식 코루틴의 Job 객체와 부모 코루틴의 Job 객체는 양방향 참조를 가진다. 각 프로퍼티에 대한 설명은 표 7-1과 같다.

Job 프로퍼티	타입	설명
parent	Job?	코루틴은 부모 코루틴이 없을 수 있고, 부모 코루틴이 있더라도 최대 하나이다.
children	Sequence<Job>	하나의 코루틴이 복수의 자식 코루틴을 가질 수 있다.

표 7-1 Job의 parent, children 프로퍼티

코루틴은 하나의 부모 코루틴만을 가질 수 있기 때문에 부모 코루틴의 Job 객체를 가리키는 parent 프로퍼티의 타입은 Job?이다. 여기서 타입 뒤에 붙은 '?'에 주목하자. 최상위에 있는 코루틴(루트 코루틴)은 부모가 없을 수 있기 때문에 parent 프로퍼티는 null이 될 수 있는 타입^{Nullable Type}인 Job?가 된다. 또한 코루틴은 하위에 여러 자식 코루틴을 가질 수 있기 때문에 children 프로퍼티의 타입은 Sequence〈Job〉이다.

> 부모 코루틴이 없는 최상위에 정의된 코루틴은 루트 코루틴이라고 부른다. 루트 코루틴의 Job 객체는 parent 프로퍼티의 값으로 null을 가진다.

parent 프로퍼티와 children 프로퍼티가 어떤 객체를 참조하는지 다음 코드를 통해 확인해 보자.

```
코드 위치: src/main/chapter7/code5/Code7-5.kt
fun main() = runBlocking<Unit> { // 부모 코루틴(runBlocking 코루틴) 생성
  val parentJob = coroutineContext[Job] // 부모 코루틴의 CoroutineContext로부터
부모 코루틴의 Job 추출
  launch { // 자식 코루틴(launch 코루틴) 생성
    val childJob = coroutineContext[Job] // 자식 코루틴의 CoroutineContext로부터
자식 코루틴의 Job 추출
    println("1. 부모 코루틴과 자식 코루틴의 Job은 같은가? ${parentJob === childJob}")
    println("2. 자식 코루틴의 Job이 가지고 있는 parent는 부모 코루틴의 Job인가?
${childJob?.parent === parentJob}")
    println("3. 부모 코루틴의 Job은 자식 코루틴의 Job에 대한 참조를 가지는가?
${parentJob?.children?.contains(childJob)}")
  }
}
```

이 코드에서 runBlocking 코루틴의 Job 객체는 parentJob 변수를 통해 참조되고, launch 코루틴의 Job 객체는 childJob 변수를 통해 참조된다. 여기서 runBlocking 코루틴은 launch 코루틴의 부모 코루틴이기 때문에 코드를 실행해 보면 다음과 같은 결과가 나온다.

1. 부모 코루틴과 자식 코루틴의 Job은 같은가?
   false → parentJob이 childJob과 동일하지 않기 때문에 거짓[false]이다.

2. 자식 코루틴의 Job이 갖고 있는 parent 프로퍼티는 부모 코루틴의 Job인가?
   true → launch 코루틴은 runBlocking 코루틴의 자식 코루틴이기 때문에 childJob의 parent 프로퍼티는 parentJob을 가리킨다. 따라서 참[true]이다.

3. 부모 코루틴의 Job은 자식 코루틴의 Job에 대한 참조를 갖는가?
   true → runBlocking 코루틴은 자식 코루틴으로 launch 코루틴을 갖기 때문에 parentJob은 children 프로퍼티를 통해 childJob에 대한 참조를 가진다. 따라서 참[true]이다.

이를 통해 부모 코루틴과 자식 코루틴은 서로 다른 Job 객체를 가지며, 코루틴 빌더가 호출될 때마다 Job 객체가 새롭게 생성돼 상속되지 않는 것을 확인할 수 있다. 또한 자식 코루틴의 Job 객체는 parent 프로퍼티를 통해 부모 코루틴의 Job 객체에 대한 참조를 갖고, 부모 코루틴의 Job 객체 또한 children 프로퍼티티 통해 자식 코루틴의 Job 객체에 대한 참조를 갖는 것을 확인할 수 있다.

이처럼 Job은 코루틴의 구조화에 핵심적인 역할을 한다. 이에 관한 심화적인 내용은 "7.4. 구조화와 Job"에서 다룬다.

7.2. 코루틴의 구조화와 작업 제어

코루틴의 구조화는 하나의 큰 비동기 작업을 작은 비동기 작업으로 나눌 때 일어난다. 예를 들어 3개의 서버로부터 데이터를 다운로드하고, 그 후에 합쳐진 데이터를 변환하는 비동기 작업이 있다고 해보자. 이 비동기 작업은 그림 7-5와 같이 작은 비동기 작업으로 분할할 수 있다.

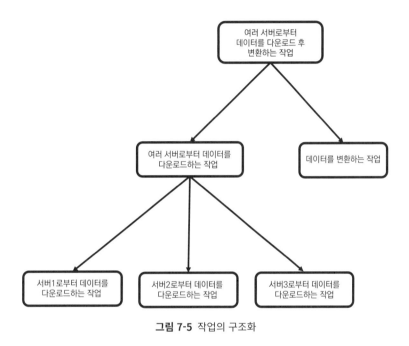

그림 7-5 작업의 구조화

여러 서버로부터 데이터를 다운로드하고 합쳐진 데이터를 변환하는 작업은 그 자체로 하나의 큰 작업이 되며, 하위에 여러 서버로부터 데이터를 다운로드하는 작업과 데이터를 변환하는 작업을 포함한다. 여러 서버로부터 데이터를 다운로드하는 작업은 다시 각 서버로부터 데이터를 다운로드하는 작업으로 나뉜다.

이제 작업을 코루틴으로 만들어 보자. '작업'이란 단어만 모두 '코루틴'으로 바꾸면 된다. 여러 서버로부터 데이터를 다운로드하고 합쳐진 데이터를 변환하는 작업은 여러 서버로부터 데이터를 다운로드하고 합쳐진 데이터를 변환하는 코루틴이 되고, 여러 서버로부터 데이터를 다운로드하는 작업은 여러 서버로부터 데이터를 다운로드

하는 코루틴이 되며, 데이터를 변환하는 작업은 데이터를 변환하는 코루틴이 된다. 그리고 여러 서버로부터 데이터를 다운로드하는 작업은 각 서버로부터 데이터를 다운로드하는 코루틴이 된다. 최종적으로는 그림 7-6과 같은 형태가 된다.

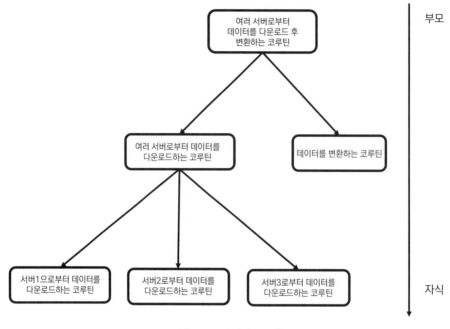

그림 7-6 코루틴의 구조화

그림 7-6에서 볼 수 있듯이 코루틴의 구조화는 큰 작업을 연관된 작은 작업으로 분할하는 방식으로 이뤄진다.

코루틴을 구조화하는 가장 중요한 이유는 코루틴을 안전하게 관리하고 제어하기 위함이다. 구조화된 코루틴은 안전하게 제어되기 위해 몇 가지 특성을 갖는데 여기서는 다음 두 가지 특성에 대해 다룬다.

1. 코루틴으로 취소가 요청되면 자식 코루틴으로 전파된다.
2. 부모 코루틴은 모든 자식 코루틴이 실행 완료돼야 완료될 수 있다.

7.2.1. 취소의 전파

코루틴은 자식 코루틴으로 취소를 전파하는 특성을 갖기 때문에 특정 코루틴이 취소되면 하위의 모든 코루틴이 취소된다. 예를 들어 그림 7-7과 같이 구조화된 코루틴이 있다고 가정해 보자.

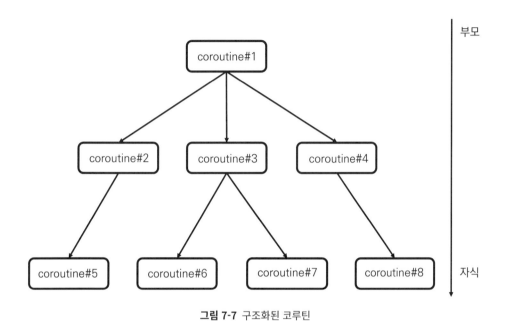

그림 7-7 구조화된 코루틴

coroutine#1은 자식 코루틴으로 coroutine#2, coroutine#3, coroutine#4를 가진다. coroutine#2는 자식 코루틴으로 coroutine#5, coroutine#3는 자식 코루틴으로 coroutine#6와 coroutine#7, coroutine#4는 자식 코루틴으로 coroutine#8을 가진다.

코루틴은 부모 코루틴에 취소가 요청될 경우 자식 코루틴에 자동으로 취소가 전파된다. 예를 들어 그림 7-8과 같이 coroutine#1에 취소가 요청됐다고 해보자.

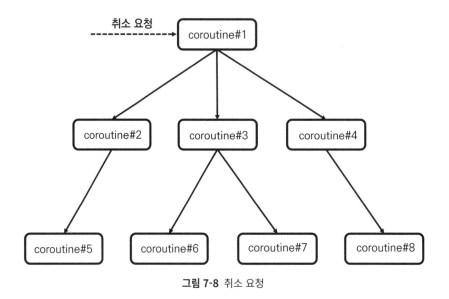

그림 7-8 취소 요청

그러면 coroutine#1에 발생한 취소 요청은 coroutine#1 하위의 coroutine#2, coroutine#3, coroutine#4에 전파되며, 이 코루틴들은 다시 자신의 하위에 있는 코루틴들에 취소를 전파한다. 따라서 coroutine#1에 취소를 요청하면 그림 7-9와 같이 하위의 모든 코루틴들에 취소가 전파된다.

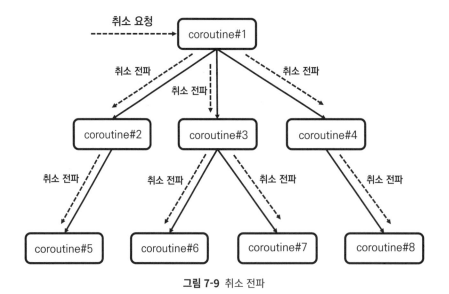

그림 7-9 취소 전파

그렇다면 만약 coroutine#1이 아니라 중간에 있는 coroutine#2에 취소가 요청되면 어떻게 될까? 그러면 coroutine#2는 coroutine#5만 자식 코루틴으로 가지므로 그림 7-10과 같이 coroutine#5로만 취소가 전파된다.

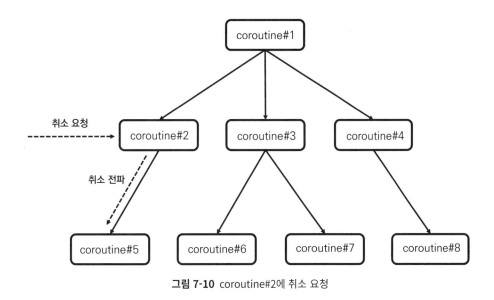

그림 7-10 coroutine#2에 취소 요청

즉, 특정 코루틴에 취소가 요청되면 취소는 자식 코루틴 방향으로만 전파되며, 부모 코루틴으로는 취소가 전파되지 않는다.

자식 코루틴으로만 취소가 전파되는 이유는 자식 코루틴이 부모 코루틴 작업의 일부이기 때문이다. 예를 들어 화면에 표시를 위해 3개의 데이터베이스로부터 데이터를 가져와 합치는 작업을 하는 코루틴 parentJob이 있다고 가정해 보자. 이 코루틴에 대한 코드는 다음과 같이 만들 수 있다.

```
코드 위치: src/main/chapter7/code6/Code7-6.kt
fun main() = runBlocking<Unit> {
  val parentJob = launch(Dispatchers.IO) { // 부모 코루틴 생성
    val dbResultsDeferred: List<Deferred<String>> = listOf("db1", "db2",
"db3").map {
      async { // 자식 코루틴 생성
        delay(1000L) // DB로부터 데이터를 가져오는 데 걸리는 시간
        println("${it}으로부터 데이터를 가져오는데 성공했습니다")
```

```
        return@async "[${it}]data"
    }
  }
  val dbResults: List<String> = dbResultsDeferred.awaitAll() // 모든 코루틴이
완료될 때까지 대기

  println(dbResults) // 화면에 표시
 }
}
```

이 코드는 3개의 데이터베이스로부터 데이터를 가져와 합치는 코루틴을 그림 7-11
과 같이 구조화한다.

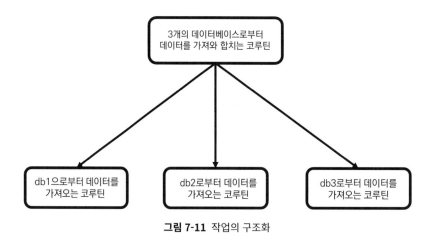

그림 7-11 작업의 구조화

launch 함수를 통해 생성되는 부모 코루틴은 async 함수를 사용해 각 데이터베이
스(db1, db2, db3)로부터 데이터를 가져오는 작업을 하는 자식 코루틴을 3개 생성하
는데 자식 코루틴이 실행되면 1초간 대기한 후 데이터를 가져오는 데 성공했다는 메
시지와 함께 데이터가 반환된다. 따라서 코드를 실행해 보면 다음과 같은 로그가 나
오는 것을 확인할 수 있다.

```
/*
// 결과:
db3으로부터 데이터를 가져오는데 성공했습니다
db2으로부터 데이터를 가져오는데 성공했습니다
```

```
db1으로부터 데이터를 가져오는데 성공했습니다
[[db1]data, [db2]data, [db3]data]
*/
```

만약 작업 중간에 부모 코루틴이 취소됐다고 해보자. 그러면 자식 코루틴이 하던 작업은 더 이상 진행될 필요가 없다. 만약 부모 코루틴이 취소됐는데도 자식 코루틴이 계속해서 실행된다면 자식 코루틴이 반환하는 결과를 사용할 곳이 없기 때문에 리소스가 낭비될 것이다.

이런 상황 방지를 위해 부모 코루틴에 취소를 요청하면 자식 코루틴으로 취소가 전파된다. 이의 확인을 위해 다음과 같이 부모 코루틴의 Job 객체(parentJob)에 취소를 요청해 보자.

코드 위치: src/main/chapter7/code7/Code7-7.kt
```
fun main() = runBlocking<Unit> {
  val parentJob = launch(Dispatchers.IO){ // 부모 코루틴 생성
    val dbResultsDeferred: List<Deferred<String>> =
listOf("db1","db2","db3").map {
      async { // 자식 코루틴 생성
        delay(1000L) // DB로부터 데이터를 가져오는데 걸리는 시간
        println("${it}으로부터 데이터를 가져오는데 성공했습니다")
        return@async "[${it}]data"
      }
    }
    val dbResults: List<String> = dbResultsDeferred.awaitAll() // 모든 코루틴이
완료될 때까지 대기

    println(dbResults) // 화면에 표시
  }
  parentJob.cancel() // 부모 코루틴에 취소 요청
}
/*
// 결과: 출력되지 않음
*/
```

이 코드를 실행해 보면 그림 7-12와 같이 부모 코루틴에 요청된 취소는 자식 코루틴에 전파된다. 따라서 자식 코루틴이 모두 취소되기 때문에 아무것도 출력되지 않

고 프로세스가 종료되는 것을 확인할 수 있다.

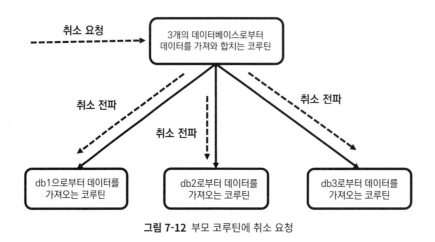

그림 7-12 부모 코루틴에 취소 요청

지금까지 부모 코루틴에 취소가 요청되면 자식 코루틴에게 취소가 전파되는 특성을 살펴봤다. 다음으로는 모든 자식 코루틴이 실행 완료돼야 부모 코루틴이 실행 완료될 수 있는 특성에 대해 알아보자.

7.2.2. 부모 코루틴의 자식 코루틴에 대한 완료 의존성

부모 코루틴은 모든 자식 코루틴이 실행 완료돼야 완료될 수 있다. 코루틴의 구조화는 큰 작업을 연관된 여러 작은 작업으로 나누는 방식으로 이뤄지는데 작은 작업이 모두 완료돼야 큰 작업이 완료될 수 있기 때문이다. 이를 부모 코루틴이 자식 코루틴에 대해 완료 의존성을 가진다고 한다. 다음 코드를 통해 이 특성에 대해 알아보자.

```kotlin
코드 위치: src/main/chapter7/code8/Code7-8.kt
fun main() = runBlocking<Unit> {
  val startTime = System.currentTimeMillis()
  val parentJob = launch { // 부모 코루틴 실행
    launch { // 자식 코루틴 실행
      delay(1000L) // 1초간 대기
      println("[${getElapsedTime(startTime)}] 자식 코루틴 실행 완료")
    }
    println("[${getElapsedTime(startTime)}] 부모 코루틴이 실행하는 마지막 코드")
```

```
  }
  parentJob.invokeOnCompletion { // 부모 코루틴이 종료될 시 호출되는 콜백 등록
    println("[${getElapsedTime(startTime)}] 부모 코루틴 실행 완료")
  }
}
/*
// 결과:
[지난 시간: 3ms] 부모 코루틴이 실행하는 마지막 코드
[지난 시간: 1019ms] 자식 코루틴 실행 완료
[지난 시간: 1020ms] 부모 코루틴 실행 완료
*/
```

이 코드에서는 바깥쪽 launch 함수를 통해 부모 코루틴인 parentJob을 실행한다. 부모 코루틴은 다시 launch 함수를 호출해 자식 코루틴을 실행하며, 이어서 곧바로 지난 시간과 함께 "부모 코루틴이 실행하는 마지막 코드" 문구를 출력한다. 자식 코루틴은 1초 동안 대기한 후 지난 시간과 함께 "실행 완료" 문구를 출력한다.

여기서는 부모 코루틴의 실행 완료 시간 확인을 위해 invokeOnCompletion이라고 불리는 새로운 함수를 사용한다. invokeOnCompletion 함수는 코루틴이 실행 완료되거나 취소 완료됐을 때 실행되는 콜백을 등록하는 함수로 여기서는 부모 코루틴이 완료되는 시간을 출력하는 데 사용된다.

코드의 실행 결과를 보면 부모 코루틴은 마지막 코드를 3밀리초 정도에 실행했지만 실행 완료 시점은 1020밀리초이다. 부모 코루틴이 마지막 코드를 실행하고 나서 더 이상 실행할 코드가 없음에도 즉시 실행 완료되지 않는 이유는 부모 코루틴은 자식 코루틴이 완료되는 시점까지 완료될 수 없는 특성을 갖고 있기 때문이다. 실제로 부모 코루틴의 실행 완료 시점인 1020밀리초는 자식 코루틴이 완료되는 1019밀리초 직후인 것을 확인할 수 있다.

invokeOnCompletion 콜백은 코루틴이 실행 완료됐을 때뿐만 아니라 취소 완료된 경우에도 동작한다. 아래와 같이 취소되지 않으면 무한정 실행되는 infiniteJob 코루틴을 만든 후 infiniteJob 코루틴에 대해 invokeOnCompletion 콜백 함수를 등록한 다음 infiniteJob을 취소하면 invokeOnCompletion 콜백이 실행되는 것을 볼 수 있다.

```kotlin
코드 위치: src/main/chapter7/code9/Code7-9.kt
fun main() = runBlocking<Unit> {
  val infiniteJob = launch {
    while(true) {
      delay(1000L)
    }
  }
  infiniteJob.invokeOnCompletion { // 부모 코루틴이 종료될 시 호출되는 콜백 등록
    println("invokeOnCompletion 콜백 실행됨")
  }
  infiniteJob.cancel()
}
/*
// 결과:
invokeOnCompletion 콜백 실행됨
*/
```

7.2.2.1. 실행 완료 중 상태

그렇다면 부모 코루틴은 마지막 코드를 실행한 시점부터 자식 코루틴의 실행 완료를 기다릴 때까지 어떤 상태를 가질까? 바로 '실행 완료 중'이라는 상태를 가진다. "4.6. 코루틴의 상태와 Job의 상태 변수"에서 다뤘던 코루틴의 상태 그래프를 다시 한 번 살펴보자.

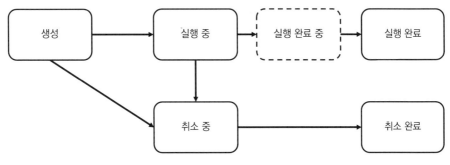

그림 7-13 코루틴의 상태 그래프

앞서 다룬 코루틴의 상태 그래프에서는 '실행 중' 상태와 '실행 완료' 상태의 중간에 있는 '실행 완료 중' 상태에 관해 다루는 것을 생략했다. 그 이유는 '실행 완료 중' 상태를 이해하기 위해서는 코루틴의 구조화에 대한 이해가 필요했기 때문이다. 이제 준비가 완료됐으니 '실행 완료 중' 상태에 대해 알아보자.

'실행 완료 중' 상태란 부모 코루틴의 모든 코드가 실행됐지만 자식 코루틴이 실행 중인 경우 부모 코루틴이 갖는 상태를 말한다. 부모 코루틴은 더 이상 실행할 코드가 없더라도 자식 코루틴들이 모두 완료될 때까지 실행 완료될 수 없어 '실행 완료 중' 상태에 머문다. '실행 완료 중' 상태의 부모 코루틴은 자식 코루틴들이 모두 실행 완료되면 자동으로 '실행 완료' 상태로 바뀐다.

7.2.2.2. 실행 완료 중 상태의 Job 상태 값

그렇다면 '실행 완료 중'인 코루틴의 Job 객체는 어떤 상태 값을 가질까? 확인을 위해 앞서 다룬 코드에 몇 줄을 추가해 코루틴이 '실행 완료 중' 상태일 때 Job 객체의 상태 값들을 출력해 보자.

```
코드 위치: src/main/chapter7/code10/Code7-10.kt
fun main() = runBlocking<Unit> {
  val startTime = System.currentTimeMillis()
  val parentJob = launch { // 부모 코루틴 생성
    launch { // 자식 코루틴 생성
      delay(1000L) // 1초간 대기
      println("[${getElapsedTime(startTime)}] 자식 코루틴 실행 완료")
    }
```

```
    println("[${getElapsedTime(startTime)}] 부모 코루틴이 실행하는 마지막 코드")
  }
  parentJob.invokeOnCompletion { // 부모 코루틴이 종료될 시 호출되는 콜백 등록
    println("[${getElapsedTime(startTime)}] 부모 코루틴 실행 완료")
  }
  delay(500L) // 500밀리초간 대기
  printJobState(parentJob) // parentJob 상태 출력
}
/*
// 결과:
[지난 시간: 6ms] 부모 코루틴이 실행하는 마지막 코드
Job State
isActive >> true
isCancelled >> false
isCompleted >> false
[지난 시간: 1023ms] 자식 코루틴 실행 완료
[지난 시간: 1023ms] 부모 코루틴 실행 완료
*/
```

부모 코루틴인 parentJob은 "부모 코루틴이 실행하는 마지막 코드"를 출력하는 시점과 "부모 코루틴 실행 완료"를 출력하는 시점 사이에서 '실행 완료 중' 상태를 가진다. 이 범위는 대략 0초에서 1초 사이이므로 500밀리초 정도 대기 후 parentJob의 상태를 출력하면 '실행 완료 중' 상태일 때 Job 객체의 상태 값을 출력할 수 있다.

출력된 Job의 상태 값을 보면 '실행 완료 중'인 코루틴이 아직 완료되지 않았으므로 isActive는 true, 취소 요청을 받거나 실행 완료되지 않았으므로 isCancelled와 isCompleted는 모두 false가 된다. 이 결과를 사용해 "4.6. 코루틴의 상태와 Job의 상태 변수"에서 다룬 Job 객체의 상태표를 완성하면 표 7-2와 같다.

코루틴 상태	isActive	isCancelled	isCompleted
생성	false	false	false
실행 중	true	false	false
실행 완료 중	true	false	false
실행 완료	false	false	true
취소 중	false	true	false
취소 완료	false	true	true

표 7-2 코루틴 상태별 Job 상태표

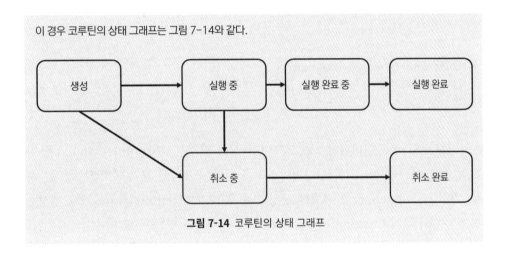

이 경우 코루틴의 상태 그래프는 그림 7-14와 같다.

그림 7-14 코루틴의 상태 그래프

상태표에서 확인할 수 있듯이 '실행 완료 중' 상태는 '실행 중' 상태와 완전히 같은 Job 상태 값을 가진다. 따라서 '실행 완료 중' 상태는 '실행 중' 상태와 구분하기 어렵다. 일반적으로 '실행 완료 중' 상태는 '실행 중' 상태와 구분 없이 사용한다.

'실행 중' 상태와 '실행 완료 중' 상태의 상태 값은 구분되지 않지만 코루틴의 실행 흐름을 이해하기 위해서는 자식 코루틴이 실행 완료되지 않으면 부모 코루틴도 실행 완료될 수 없다는 점을 이해하는 것이 중요하다. 이 사실을 꼭 기억하고 넘어가도록 하자.

7.3. CoroutineScope 사용해 코루틴 관리하기

CoroutineScope 객체는 자신의 범위 내에서 생성된 코루틴들에게 실행 환경을 제공하고, 이들의 실행 범위를 관리하는 역할을 한다. 지금부터 CoroutineScope 객체가 어떻게 코루틴에게 실행 환경을 제공하고, 이들의 동작을 제어할 수 있는지 살펴보자.

7.3.1. CoroutineScope 생성하기

7.3.1.1. CoroutineScope 인터페이스 구현을 통한 생성

CoroutineScope 인터페이스는 다음과 같이 선언돼 있다.

```
public interface CoroutineScope {
  public val coroutineContext: CoroutineContext
}
```

CoroutineScope 인터페이스는 코루틴의 실행 환경인 CoroutineContext를 가진 단순한 인터페이스로 이 인터페이스를 구현한 구체적인 클래스^{Concrete Class}를 사용하면 CoroutineScope 객체를 생성할 수 있다. CoroutineScope 객체 생성을 위해 다음과 같이 CustomCoroutineScope 클래스를 만들어 보자.

```
코드 위치: src/main/chapter7/code11/Code7-11.kt
class CustomCoroutineScope : CoroutineScope {
  override val coroutineContext: CoroutineContext = Job() +
      newSingleThreadContext("CustomScopeThread")
}
```

CustomCoroutineScope 클래스는 Job()을 호출해 생성되는 Job 객체와 newSingleThreadContext("CustomScopeThread")를 호출해 생성되는 CoroutineDispatcher 객체를 CoroutineContext로 가진다. Custom CoroutineScope는 다음과 같이 인스턴스화해 사용할 수 있다.

```
코드 위치: src/main/chapter7/code11/Code7-11.kt
fun main() {
  val coroutineScope = CustomCoroutineScope() // CustomCoroutineScope 인스턴
스화
  coroutineScope.launch {
    delay(100L) // 100밀리초 대기
    println("[${Thread.currentThread().name}] 코루틴 실행 완료")
  }
  Thread.sleep(1000L) // 코드 종료 방지
}
/*
// 결과:
[CustomScopeThread @coroutine#1] 코루틴 실행 완료
*/
```

이 코드에서 coroutineScope는 CustomCoroutineScope 객체를 참조한다. 따라서 coroutineScope를 사용해 launch 함수를 호출하면 CustomCoroutine Scope 객체로부터 실행 환경을 제공받는 새로운 코루틴을 실행할 수 있다.

코드의 실행 결과를 보면 launch 코루틴이 CustomScopeThread 스레드를 사용해 실행되며, 이를 통해 CustomCoroutineScope 객체로부터 코루틴 실행 환경을 제공받는 것을 확인할 수 있다.

7.3.1.2. CoroutineScope 함수를 사용해 생성

CoroutineScope 객체를 생성하는 또 다른 방법은 CoroutineScope 함수를 사용하는 것이다.

```
public fun CoroutineScope(context: CoroutineContext): CoroutineScope =
  ContextScope(if (context[Job] != null) context else context + Job()) //
  Job이 설정돼 있지 않으면 새로운 Job 생성
```

이 코드에서 CoroutineScope 함수는 CoroutineContext를 인자로 입력받아 CoroutineScope 객체를 생성하며, 인자로 입력된 CoroutineContext에 Job 객체가 포함돼 있지 않으면 새로운 Job 객체를 생성한다.

따라서 CoroutineScope(Dispatchers.IO)를 호출하면 Dispatchers.IO와 새로운 Job 객체로 구성된 CoroutineContext를 가진 CoroutineScope 객체를 생성할 수 있다. CoroutineScope(Dispatchers.IO)를 사용해 다음과 같이 코드를 만들어 보자.

```
코드 위치: src/main/chapter7/code12/Code7-12.kt
fun main() {
  val coroutineScope = CoroutineScope(Dispatchers.IO)
  coroutineScope.launch {
    delay(100L) // 100밀리초 대기
    println("[${Thread.currentThread().name}] 코루틴 실행 완료")
  }
  Thread.sleep(1000L)
}
/*
// 결과:
[DefaultDispatcher-worker-1 @coroutine#1] 코루틴 실행 완료
*/
```

이 코드에서 coroutineScope 변수는 CoroutineScope(Dispatchers.IO)가 호출돼 만들어진 CoroutineScope 객체를 가리킨다. 따라서 coroutineScope에 대해 launch를 호출해 코루틴을 실행하면 coroutineScope 범위에서 코루틴이 실행되며, coroutineScope 내부에 설정된 CoroutineContext가 launch 코루틴의 실행 환경으로 제공된다. 따라서 코드를 실행해 보면 launch 코루틴이 Dispatchers.IO에 의해 백그라운드 스레드인 DefaultDispatcher-worker-1으로 보내져 실행되는 것을 확인할 수 있다.

지금까지 CoroutineScope 객체를 만드는 두 가지 방법을 살펴봤다. 이 과정에서 CoroutineScope 내부에서 실행되는 코루틴이 CoroutineScope로부터 코루틴 실행 환경인 CoroutineContext를 제공받는다는 중요한 사실을 확인했다. 이제 CoroutineScope가 코루틴에게 어떻게 실행 환경을 제공하는지, 이 실행 환경이 부모 코루틴으로부터 자식 코루틴으로 상속될 때 이 특성이 어떻게 사용되는지 자세히 살펴보자.

7.3.2. 코루틴에게 실행 환경을 제공하는 CoroutineScope

7.3.2.1. CoroutineScope가 코루틴에게 실행 환경을 제공하는 방식

먼저 CoroutineScope 객체가 어떻게 코루틴에게 실행 환경을 제공하는지 알아보자. 이를 살펴보기에 앞서 다음 코드를 통해 코루틴 라이브러리에 launch 코루틴 빌더 함수가 어떻게 선언돼 있는지 알아보자.

```
public fun CoroutineScope.launch(
  context: CoroutineContext = EmptyCoroutineContext,
  start: CoroutineStart = CoroutineStart.DEFAULT,
  block: suspend CoroutineScope.() -> Unit
): Job {
  ...
}
```

이 코드에서 launch 코루틴 빌더 함수는 CoroutineScope의 확장 함수로 선언돼 있으며, launch 함수가 호출되면 다음 과정을 통해 CoroutineScope 객체로부터 실행 환경을 제공받아 코루틴의 실행 환경을 설정한다.

1. 수신 객체인 CoroutineScope로부터 CoroutineContext 객체를 제공받는다.

2. 제공받은 CoroutineContext 객체에 launch 함수의 context 인자로 넘어온 CoroutineContext를 더한다.

3. 생성된 CoroutineContext에 코루틴 빌더 함수가 호출돼 새로 생성되는 Job을 더한다. 이때 CoroutineContext를 통해 전달되는 Job 객체는 새로 생성되는 Job 객체의 부모 Job 객체가 된다.

이 과정이 어떻게 동작하는지 다음 코드를 통해 살펴보자.

```
코드 위치: src/main/chapter7/code13/Code7-13.kt
fun main() {
  val newScope = CoroutineScope(CoroutineName("MyCoroutine") + Dispatchers.
IO)
  newScope.launch(CoroutineName("LaunchCoroutine")) {
    println(this.coroutineContext[CoroutineName])
    println(this.coroutineContext[CoroutineDispatcher])
    val launchJob = this.coroutineContext[Job]
    val newScopeJob = newScope.coroutineContext[Job]
    println("launchJob?.parent === newScopeJob >> ${launchJob?.parent ===
newScopeJob}")
  }
  Thread.sleep(1000L)
}
```

이 코드는 다음과 같이 동작한다.

1. CoroutineScope(CoroutineName("MyCoroutine") + Dispatchers.IO)
가 호출되면 CoroutineName("MyCoroutine"), Dispatchers.IO 및 새로
운 Job 객체로 구성된 CoroutineContext 객체를 포함하는 CoroutineScope
객체가 생성된다. 따라서 newScope의 CoroutineContext 객체는 그림
7-15와 같이 구성된다.

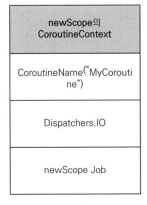

그림 7-15 newScope의 CoroutineContext

220

2. newScope를 사용해 실행되는 launch 함수의 context 인자로 Coroutine Name("LaunchCoroutine")이 넘어왔으므로 CoroutineName("My Coroutine")은 CoroutineName("LaunchCoroutine")으로 덮어씌워지는데 형태는 그림 7-16과 같다.

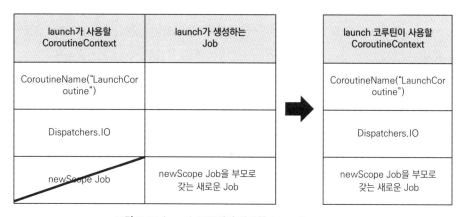

newScope의 CoroutineContext	launch의 context 인자		launch가 사용할 CoroutineContext
CoroutineName("MyCoroutine")	CoroutineName("LaunchCoroutine")	→	CoroutineName("LaunchCoroutine")
Dispatchers.IO			Dispatchers.IO
newScope Job			newScope Job

그림 7-16 context 인자로 덮어씌워지는 CoroutineContext

3. launch 코루틴 빌더 함수는 새로운 Job을 생성하고, 이 Job은 반환된 CoroutineContext의 Job을 부모로 설정한다. 따라서 launch 코루틴이 사용할 CoroutineContext는 최종적으로 그림 7-17과 같다.

launch가 사용할 CoroutineContext	launch가 생성하는 Job		launch 코루틴이 사용할 CoroutineContext
CoroutineName("LaunchCoroutine")			CoroutineName("LaunchCoroutine")
Dispatchers.IO		→	Dispatchers.IO
newScope Job	newScope Job을 부모로 갖는 새로운 Job		newScope Job을 부모로 갖는 새로운 Job

그림 7-17 launch 코루틴이 사용할 CoroutineContext

따라서 코드를 실행해 보면 다음과 같이 launch 코루틴의 CoroutineContext 객체는 CoroutineName("LaunchCoroutine")과 Dispatchers.IO를 구성 요소로 갖고, launchJob(launch 코루틴의 Job 객체)의 parent 프로퍼티는 new ScopeJob(newScope의 CoroutineContext 객체에 포함된 Job 객체)과 동일한 것을 볼 수 있다.

```
/*
// 결과:
CoroutineName(LaunchCoroutine)
Dispatchers.IO
launchJob?.parent === newScopeJob >> true
*/
```

이는 "7.1. 실행 환경 상속"에서 설명한 부모 코루틴이 자식 코루틴으로 실행 환경을 상속하는 방식과 완전히 동일하다. 이처럼 두 가지 방식이 동일한 이유는 실제로 코루틴이 부모 코루틴의 CoroutineContext 객체를 가진 CoroutineScope 객체로부터 실행 환경을 상속받기 때문이다.

7.3.2.2. CoroutineScope로부터 실행 환경 상속받기

launch 함수가 호출돼 생성되는 코루틴의 CoroutineContext 객체는 launch 함수의 람다식에서 수신 객체인 CoroutineScope를 통해 제공된다. 이미 살펴봤듯이 CoroutineScope 수신 객체는 람다식 내부에서 다음과 같이 this를 통해 접근할 수 있다.

```
코드 위치: src/main/chapter7/code14/Code7-14.kt
fun main() {
  val newScope = CoroutineScope(CoroutineName("MyCoroutine") + Dispatchers.
IO)
  newScope.launch(CoroutineName("LaunchCoroutine")) { // this:
CoroutineScope
    this.coroutineContext // LaunchCoroutine의 실행 환경을 CoroutineScope을 통해
접근
    this.launch { // CoroutineScope로부터 LaunchCoroutine의 실행 환경을 제공받아 코
루틴 실행
```

```
      // 작업 실행
    }
  }
Thread.sleep(1000L)
}
```

즉, 우리가 지금까지 launch 함수의 람다식에서 this.coroutineContext를
통해 launch 함수로 생성된 코루틴의 실행 환경에 접근할 수 있었던 이유는
CoroutineScope가 수신 객체로 제공됐기 때문이다. 그리고 launch 함수의 람다
식 내부에서 launch 함수가 호출돼 새로 생성되는 자식 코루틴에 실행 환경이 상속
될 수 있었던 이유 또한 이 CoroutineScope 객체로부터 부모 코루틴의 실행 환경
을 상속받았기 때문이다.

launch 함수뿐만 아니라 runBlocking이나 async 같은 코루틴 빌더 함수의 람다
식도 CoroutineScope 객체를 람다식의 수신 객체로 제공하며, 이를 통해 코루틴
의 실행 환경이 상속된다. 다음 코드를 인텔리제이 아이디어에 입력하고 살펴보자.

코드 위치: src/main/chapter7/code15/Code7-15.kt
```
fun main() = runBlocking<Unit> {
  this.launch {
    this.async {
      // 작업 실행
    }
  }
}
```

이 코드를 입력하면 그림 7-18과 같은 화면을 볼 수 있다. runBlocking 함수,
launch 함수, async 함수의 람다식에서 모두 수신 객체로 CoroutineScope 객체
를 제공하는 것을 알 수 있다.

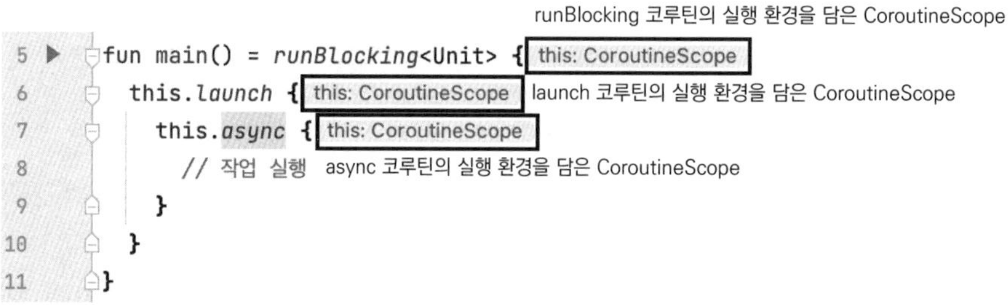

runBlocking 코루틴의 실행 환경을 담은 CoroutineScope

```
 5 ▶ ⌐fun main() = runBlocking<Unit> { this: CoroutineScope
 6     ⌐ this.launch { this: CoroutineScope   launch 코루틴의 실행 환경을 담은 CoroutineScope
 7       ⌐ this.async { this: CoroutineScope
 8           // 작업 실행   async 코루틴의 실행 환경을 담은 CoroutineScope
 9       ⌐ }
10     ⌐ }
11   ⌐}
```

그림 7-18 실행 환경을 상속하는 데 사용되는 CoroutineScope 객체

this는 생략할 수 있다. 따라서 다음과 같이 this.launch 대신 launch를 사용하고, this.async 대신 async 를 사용할 수 있다.

```
코드 위치: src/main/chapter7/code16/Code7-16.kt
fun main() = runBlocking<Unit> {
  launch {
    async {
      // 작업 실행
    }
  }
}
```

7.3.3. CoroutineScope에 속한 코루틴의 범위

7.3.3.1. CoroutineScope에 속한 코루틴의 범위

앞서 살펴봤듯이 각 코루틴 빌더의 람다식은 CoroutineScope 객체를 수신 객체로 가진다. CoroutineScope 객체는 기본적으로 특정 범위의 코루틴들을 제어하는 역할을 한다. 이번에는 CoroutineScope 객체에 속하는 코루틴의 범위에 대해 알아보자.

```
코드 위치: src/main/chapter7/code17/Code7-17.kt
fun main() = runBlocking<Unit> {
  launch(CoroutineName("Coroutine1")) {
    launch(CoroutineName("Coroutine3")) {
      println("[${Thread.currentThread().name}] 코루틴 실행")
```

```
    }
    launch(CoroutineName("Coroutine4")) {
      println("[${Thread.currentThread().name}] 코루틴 실행")
    }
  }

  launch(CoroutineName("Coroutine2")) {
    println("[${Thread.currentThread().name}] 코루틴 실행")
  }
}
```

이 코드는 runBlocking 람다식 내에서 Coroutine1, Coroutine2라는 2개의 자식 코루틴을 실행하고 있으며, Coroutine1은 다시 자식 코루틴으로 Coroutine3, Coroutine4를 실행하고 있다.

runBlocking 함수와 launch 함수는 람다식의 수신 객체로 CoroutineScope를 가지는데 이 CoroutineScope 객체가 어떤 범위의 코루틴을 제어하는지 알아보자.

먼저 runBlocking 함수 람다식의 수신 객체로 제공되는 CoroutineScope의 범위를 살펴보자. CoroutineScope 객체는 runBlocking이 호출돼 생성되는 코루틴을 포함해 람다식 내에서 실행되는 모든 코루틴을 포함한다. 따라서 이 CoroutineScope 객체의 범위는 그림 7-19와 같다.

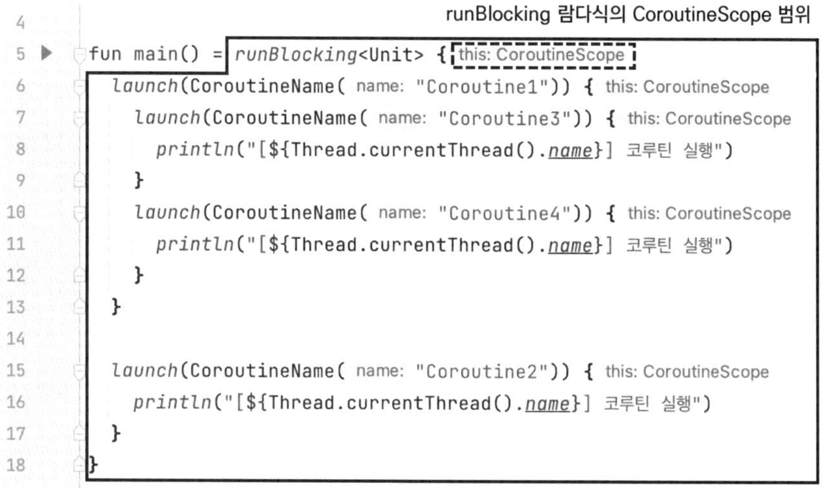

그림 7-19 CoroutineScope로 관리되는 코루틴의 범위

> 좀 더 정확히 말하면 CoroutineScope 객체를 사용해 실행되는 모든 코루틴이 CoroutineScope의 범위에 포함된다.

다음으로 Coroutine1 람다식의 수신 객체로 제공되는 CoroutineScope의 범위를 살펴보자. Coroutine1 람다식의 CoroutineScope 객체는 Coroutine1을 비롯해 그 하위에 생성되는 Coroutine3와 Coroutine4를 포함한다. 따라서 이 CoroutineScope 객체의 범위는 그림 7-20과 같다.

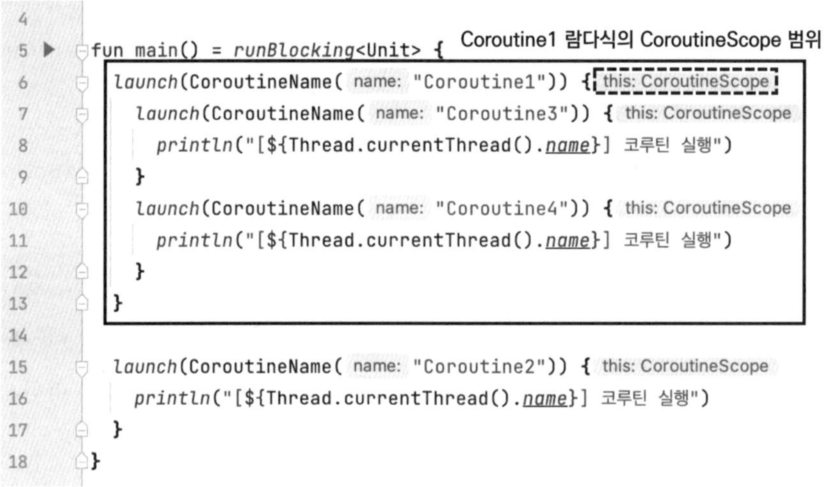

```
4
5  ▶   ○ fun main() = runBlocking<Unit> {          Coroutine1 람다식의 CoroutineScope 범위
6      ○   launch(CoroutineName( name: "Coroutine1")) { this: CoroutineScope
7      ○     launch(CoroutineName( name: "Coroutine3")) { this: CoroutineScope
8              println("[${Thread.currentThread().name}] 코루틴 실행")
9            }
10     ○     launch(CoroutineName( name: "Coroutine4")) { this: CoroutineScope
11             println("[${Thread.currentThread().name}] 코루틴 실행")
12           }
13         }
14
15     ○   launch(CoroutineName( name: "Coroutine2")) { this: CoroutineScope
16           println("[${Thread.currentThread().name}] 코루틴 실행")
17         }
18     ○ }
```

그림 7-20 Coroutine1 람다식의 CoroutineScope 범위

즉, 코루틴 빌더 람다식에서 수신 객체로 제공되는 CoroutineScope 객체는 코루틴 빌더로 생성되는 코루틴과 람다식 내에서 CoroutineScope 객체를 사용해 실행되는 모든 코루틴을 포함한다.

7.3.3.2. CoroutineScope를 새로 생성해 기존 CoroutineScope 범위에서 벗어나기

앞서 다룬 코드를 다시 살펴보면 이 코드에서 runBlocking 람다식 내부에서 생성되는 모든 코루틴들은 runBlocking 람다식의 CoroutineScope 객체의 범위에 포

함된다.

```
코드 위치: src/main/chapter7/code17/Code7-17.kt
fun main() = runBlocking<Unit> {
  launch(CoroutineName("Coroutine1")) {
    launch(CoroutineName("Coroutine3")) {
      println("[${Thread.currentThread().name}] 코루틴 실행")
    }
    launch(CoroutineName("Coroutine4")) {
      println("[${Thread.currentThread().name}] 코루틴 실행")
    }
  }

  launch(CoroutineName("Coroutine2")) {
    println("[${Thread.currentThread().name}] 코루틴 실행")
  }
}
```

만약 Coroutine4 코루틴이 runBlocking 람다식의 CoroutineScope 객체의 범위에서 벗어나야 한다고 해보자. 특정 코루틴만 기존에 존재하던 CoroutineScope 객체의 범위에서 벗어나게 만들려면 새로운 CoroutineScope 객체를 생성하고, 이 CoroutineScope 객체를 사용해 코루틴을 실행하면 된다.

예를 들어 다음과 같이 CoroutineScope(Dispatchers.IO)를 호출해 새로운 CoroutineScope 객체를 생성한 후 Coroutine4 코루틴만 이 CoroutineScope 객체를 사용해 실행시키면 된다.

```
코드 위치: src/main/chapter7/code18/Code7-18.kt
fun main() = runBlocking<Unit> {
  launch(CoroutineName("Coroutine1")) {
    launch(CoroutineName("Coroutine3")) {
      println("[${Thread.currentThread().name}] 코루틴 실행")
    }
    CoroutineScope(Dispatchers.IO).launch(CoroutineName("Coroutine4")) {
      println("[${Thread.currentThread().name}] 코루틴 실행")
    }
  }
}
```

```
    launch(CoroutineName("Coroutine2")) {
      println("[${Thread.currentThread().name}] 코루틴 실행")
    }
  }
```

그러면 Coroutine4 코루틴은 그림 7-21과 같이 runBlocking 람다식의
CoroutineScope 객체의 범위에서 벗어나 새로운 CoroutineScope 객체의 범위
에 속하게 된다.

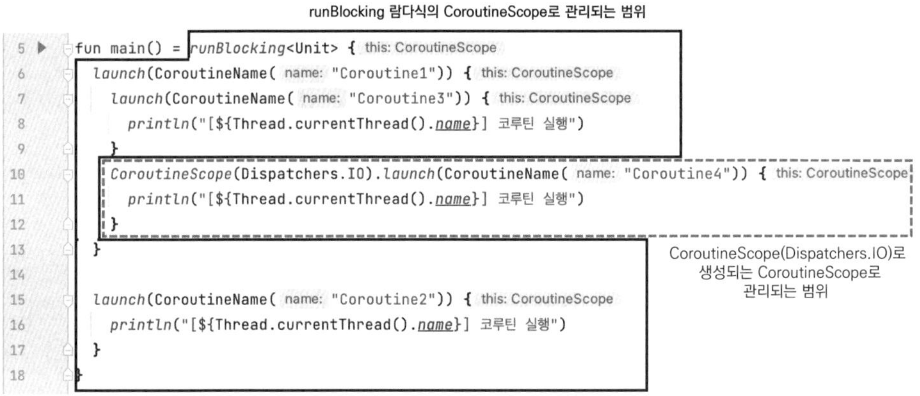

그림 7-21 CoroutineScope 범위에서 벗어나기

어떻게 Coroutine4 코루틴이 기존 CoroutineScope 객체의 범위에서 벗어날 수
있는 것일까? 정답은 CoroutineScope 함수가 호출되면 생성되는 새로운 Job 객
체에 있다. 코루틴은 Job 객체를 사용해 구조화되는데 CoroutineScope 함수를 사
용해 새로운 CoroutineScope 객체를 생성하면 기존의 계층 구조를 따르지 않는
새로운 Job 객체가 생성돼 그림 7-22와 같이 새로운 계층 구조를 만들게 된다.

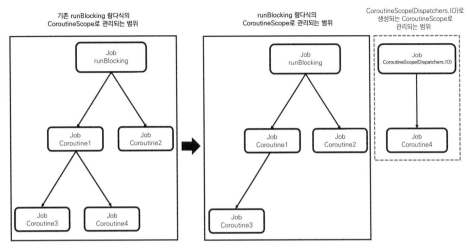

그림 7-22 새로운 Job을 통해 깨지는 구조화

이렇게 새로운 계층 구조가 만들어지면 Coroutine4 코루틴은 새로운 Coroutine Scope 객체로부터 실행 환경을 제공받아 runBlocking 코루틴과 아무런 관련이 없어진다.

> 물론, 코루틴의 구조화를 깨는 것은 비동기 작업을 안전하지 않게 만들기 때문에 최대한 지양해야 한다. 이에 대해서는 "7.4. 구조화와 Job"에서 마저 다룬다.

지금까지 CoroutineScope 객체에 의해 관리되는 코루틴의 범위와 범위를 만드는 것은 Job 객체라는 사실을 살펴봤다. 다음으로는 CoroutineScope 객체에 속한 코루틴의 제어 방법을 알아보자.

> 일반적으로 Job 객체는 코루틴 빌더 함수를 통해 생성되는 코루틴을 제어하는 데 사용되지만 Coroutine Scope 객체 또한 Job 객체를 통해 하위에 생성되는 코루틴을 제어한다. 따라서 코루틴은 Job 객체를 갖지만 Job 객체가 꼭 코루틴이 아닐 수 있다.

7.3.4. CoroutineScope 취소하기

CoroutineScope 인터페이스는 확장 함수로 cancel 함수를 지원한다. Coroutine Scope 인터페이스의 cancel 함수는 CoroutineScope 객체의 범위에 속한 모든 코루틴을 취소하는 함수로 CoroutineScope 객체에 cancel 함수가 호출되면 범위에서 실행 중인 모든 코루틴에 취소가 요청된다. 다음 코드를 통해 CoroutineScope 객체의 cancel 함수의 동작을 확인해 보자.

```kotlin
코드 위치: src/main/chapter7/code19/Code7-19.kt
fun main() = runBlocking<Unit> {
  launch(CoroutineName("Coroutine1")) {
    launch(CoroutineName("Coroutine3")) {
      delay(100L)
      println("[${Thread.currentThread().name}] 코루틴 실행 완료")
    }
    launch(CoroutineName("Coroutine4")) {
      delay(100L)
      println("[${Thread.currentThread().name}] 코루틴 실행 완료")
    }
    this.cancel() // Coroutine1의 CoroutineScope에 cancel 요청
  }

  launch(CoroutineName("Coroutine2")) {
    delay(100L)
    println("[${Thread.currentThread().name}] 코루틴 실행 완료")
  }
}
/*
// 결과:
[main @Coroutine2#3] 코루틴 실행 완료
*/
```

이 코드에서는 Coroutine1 코루틴의 CoroutineScope 객체에 대해 취소를 요청한다. 따라서 CoroutineScope 객체의 범위에 속한 Coroutine1, Coroutine3, Coroutine4는 실행 도중 취소되며, 범위에 속하지 않은 Coroutine2 코루틴만 끝까지 실행된다. 이 코드의 실행 결과를 보면 Coroutine2만 정상적으로 처리되는 것을 확인할 수 있다.

어떻게 CoroutineScope 객체의 cancel 함수가 범위에 속한 모든 코루틴을 취소할 수 있을까? 이에 대한 답은 cancel 함수의 내부에 있다. 다음은 cancel 함수의 구현체이다.

```
public fun CoroutineScope.cancel(cause: CancellationException? = null) {
  val job = coroutineContext[Job] ?: error("Scope cannot be cancelled
because it does not have a job: $this")
  job.cancel(cause)
}
```

CoroutineScope 객체에 cancel 함수가 호출되면 CoroutineScope 객체는 자신의 coroutineContext 프로퍼티를 통해 Job 객체에 접근한 후 cancel 함수를 호출한다. 즉, 앞서 다룬 코드의 this.cancel()은 Coroutine1 코루틴의 Job 객체에 접근해 취소를 요청하며, 이 취소 요청은 Coroutine1 코루틴의 자식 코루틴들에게 전파돼 Coroutine1 코루틴을 비롯한 모든 자식 코루틴들이 취소된다. 이를 도식화하면 그림 7-23과 같다.

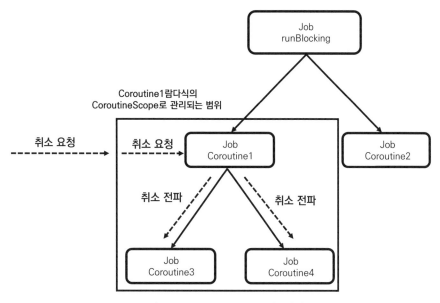

그림 7-23 CoroutineScope 취소하기

즉, CoroutineScope 객체에 대한 취소 동작은 "7.2.1. 취소의 전파"에서 다룬 부모 코루틴을 취소하면 모든 자식 코루틴들에게 취소가 전파되는 동작과 같은 원리로 발생한다.

7.3.5. CoroutineScope 활성화 상태 확인하기

CoroutineScope 객체는 CoroutineScope 객체가 현재 활성화돼 있는지 확인하는 isActive 확장 프로퍼티를 제공한다. 다음은 isActive 확장 프로퍼티의 구현체이다.

```
public val CoroutineScope.isActive: Boolean
  get() = coroutineContext[Job]?.isActive ?: true
```

CoroutineScope 객체의 cancel 함수가 coroutineContext로부터 Job 객체를 가져와서 취소 요청을 하던 것과 같이 isActive 확장 프로퍼티는 coroutineContext에 설정된 Job 객체의 isActive 프로퍼티를 확인한다.

따라서 Job 객체의 isActive 확장 프로퍼티는 Job 객체에 취소가 요청되면 false로 변경되기 때문에 이를 사용하면 일시 중단 시점이 없는 코루틴을 안전하게 관리하는 데 사용할 수 있다. 이에 대해서는 이미 "4.5.3. CoroutineScope.isActive를 사용한 취소 확인"에서 다음 코드와 함께 다뤘다.

```
코드 위치: src/main/chapter4/code16/Code4-16.kt
fun main() = runBlocking<Unit> {
  val whileJob: Job = launch(Dispatchers.Default) {
    while(this.isActive) {
      println("작업 중")
    }
  }
  delay(100L)
  whileJob.cancel()
}
/*
// 결과:
...
작업 중
```

232

```
작업 중
작업 중

Process finished with exit code 0
*/
```

이 코드는 while문을 한 번 반복할 때마다 Job 객체에 취소가 요청됐는지 확인되기 때문에 정상적으로 취소된다.

지금까지 CoroutineScope 객체를 사용해 CoroutineScope 범위에 속한 코루틴을 제어하는 방법에 대해 알아봤다. 다음으로는 코루틴의 구조화된 동시성에 핵심적인 역할을 하는 Job 객체에 대해 알아보자.

7.4. 구조화와 Job

우리는 앞서 Job 객체가 코루틴의 구조화에 사용되는 것을 살펴봤고, 구조화된 코루틴이 어떤 특징을 갖는지 알아봤으며, CoroutineScope 객체를 조작하는 것이 실제로는 CoroutineContext 객체 속의 Job 객체를 조작하는 것이라는 사실을 확인했다. 코루틴의 구조화의 중심에는 Job 객체가 있다. 여기서는 Job 객체에 대해 좀 더 자세히 다뤄보자.

7.4.1. runBlocking과 루트 Job

다음과 같이 runBlocking 함수를 호출해 코루틴이 생성될 경우 그림 7-24와 같이 부모 Job이 없는 Job 객체를 생성한다. 부모 Job 객체가 없는 구조화의 시작점 역할을 하는 Job 객체를 루트 Job이라고 하고, 이 Job 객체에 의해 제어되는 코루틴을 루트 코루틴이라고 한다.

코드 위치: src/main/chapter7/code20/Code7-20.kt
```kotlin
fun main() = runBlocking<Unit> { // 루트 Job 생성
  println("[${Thread.currentThread().name}] 코루틴 실행")
}
```

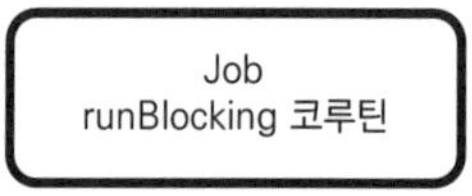

그림 7-24 runBlocking을 통해 생성되는 루트 Job

runBlocking 코루틴 하위에 코루틴이 생성되면 runBlocking 코루틴을 부모로 하는 자식 코루틴들이 생성된다. 다음 코드를 살펴보자.

```kotlin
코드 위치: src/main/chapter7/code21/Code7-21.kt
fun main() = runBlocking<Unit> {
  launch(CoroutineName("Coroutine1")) { // Coroutine1 실행
    launch(CoroutineName("Coroutine3")) { // Coroutine3 실행
      delay(100L)
      println("[${Thread.currentThread().name}] 코루틴 실행")
    }
    launch(CoroutineName("Coroutine4")) { // Coroutine4 실행
      delay(100L)
      println("[${Thread.currentThread().name}] 코루틴 실행")
    }
  }
  launch(CoroutineName("Coroutine2")) { // Coroutine2 실행
    launch(CoroutineName("Coroutine5")) { // Coroutine5 실행
      delay(100L)
      println("[${Thread.currentThread().name}] 코루틴 실행")
    }
  }
  delay(1000L)
}
```

이 코드에서는 runBlocking을 통해 루트 코루틴이 생성된다. runBlocking 람다식 내부에서는 launch 함수가 호출돼 Coroutine1과 Coroutine2가 실행되는데 Coroutine1 내부에서는 다시 Coroutine3, Coroutine4가 실행되고, Coroutine2 내부에서는 Coroutine5가 실행된다. 따라서 이 코드에서 생성되는 코루틴은 그림 7-25와 같이 구조화된다.

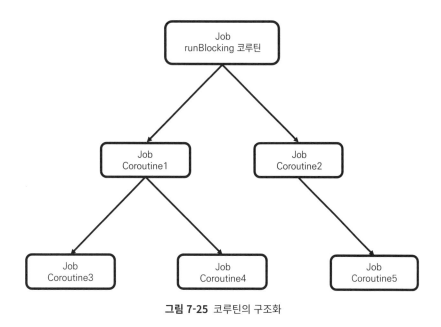

그림 7-25 코루틴의 구조화

그림 7-25를 보면 runBlocking 코루틴을 루트 코루틴으로 해서 하위에 모든 코루틴들이 구조화되는 것을 볼 수 있다.

7.4.2. Job 구조화 깨기

7.4.2.1. CoroutineScope 사용해 구조화 깨기

CoroutineScope 객체는 코루틴 실행 환경으로 CoroutineContext 객체를 갖기 때문에 코루틴과 마찬가지로 Job 객체를 가질 수 있다. CoroutineScope 함수를 통해 CoroutineScope 객체가 생성되면 새로운 루트 Job이 생성되며, 이를 사용해 코루틴의 구조화를 깰 수 있다. 다음 코드를 살펴보자.

```kotlin
코드 위치: src/main/chapter7/code22/Code7-22.kt
fun main() = runBlocking<Unit> { // 루트 Job 생성
  val newScope = CoroutineScope(Dispatchers.IO) // 새로운 루트 Job 생성
  newScope.launch(CoroutineName("Coroutine1")) { // Coroutine1 실행
    launch(CoroutineName("Coroutine3")) { // Coroutine3 실행
      delay(100L)
      println("[${Thread.currentThread().name}] 코루틴 실행")
```

```
    }
    launch(CoroutineName("Coroutine4")) { // Coroutine4 실행
      delay(100L)
      println("[${Thread.currentThread().name}] 코루틴 실행")
    }
  }
  newScope.launch(CoroutineName("Coroutine2")) { // Coroutine2 실행
    launch(CoroutineName("Coroutine5")) { // Coroutine5 실행
      delay(100L)
      println("[${Thread.currentThread().name}] 코루틴 실행")
    }
  }
}
```

이 코드에서는 runBlocking 함수를 통해 루트 Job이 생성되지만 Coroutine
Scope(Dispatchers.IO)가 호출돼 새로운 루트 Job을 가진 newScope가 생성된
다. 이후 newScope는 launch 함수를 호출해 Coroutine1과 Coroutine2를 실행
하는데 Coroutine1의 자식 코루틴으로 Coroutine3와 Coroutine4, Coroutine2
의 자식 코루틴으로 Coroutine5가 실행된다. 이를 구조화하면 그림 7-26과 같다.

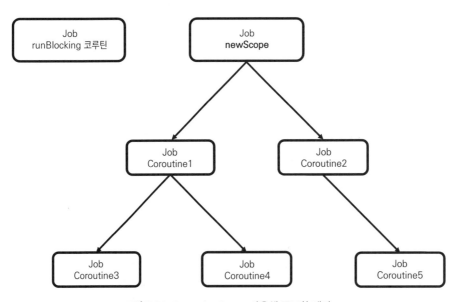

그림 7-26 CoroutineScope 사용해 구조화 깨기

모든 자식 코루틴들이 newScope 하위에서 실행되기 때문에 runBlocking 코루틴은 자식 코루틴이 없다. 따라서 코드를 실행해 보면 다음과 같이 아무런 결과가 나오지 않고 프로세스가 종료되는 것을 볼 수 있다.

```
/*
// 결과:
Process finished with exit code 0
*/
```

코드를 실행했을 때 아무런 결과가 나오지 않는 이유는 newScope로 인해 코루틴의 구조화가 깨졌기 때문이다. 메인 스레드에서 runBlocking 함수가 호출되면 runBlocking 코루틴이 생성되고 runBlocking 코루틴은 자식 코루틴들의 완료를 기다린다. 하지만 newScope로 인해 구조화가 깨졌기 때문에 runBlocking 코루틴이 다른 코루틴들의 완료를 기다리지 않고 메인 스레드 사용을 종료해 프로세스가 종료된다.

이를 방지하기 위해서는 runBlocking 람다식 마지막에 일정 시간 동안 대기하는 코드를 넣어 메인 스레드 사용이 종료되는 것을 방지해야 한다. 다음과 같이 runBlocking 람다식 마지막에 delay(1000L)을 추가해 보자.

```
코드 위치: src/main/chapter7/code23/Code7-23.kt
fun main() = runBlocking<Unit> {
  val newScope = CoroutineScope(Dispatchers.IO)
  newScope.launch(CoroutineName("Coroutine1")) { // Coroutine1 실행
    launch(CoroutineName("Coroutine3")) { // Coroutine3 실행
      delay(100L)
      println("[${Thread.currentThread().name}] 코루틴 실행")
    }
    launch(CoroutineName("Coroutine4")) { // Coroutine4 실행
      delay(100L)
      println("[${Thread.currentThread().name}] 코루틴 실행")
    }
  }
  newScope.launch(CoroutineName("Coroutine2")) { // Coroutine2 실행
    launch(CoroutineName("Coroutine5")) { // Coroutine5 실행
      delay(100L)
```

```
    println("[${Thread.currentThread().name}] 코루틴 실행")
    }
  }
  delay(1000L) // 1초간 대기
}
/*
// 결과:
[DefaultDispatcher-worker-3 @Coroutine3#4] 코루틴 실행
[DefaultDispatcher-worker-8 @Coroutine5#6] 코루틴 실행
[DefaultDispatcher-worker-2 @Coroutine4#5] 코루틴 실행
*/
```

코드를 실행해 보면 newScope 하위의 모든 코루틴이 실행돼 결과가 출력되는 것을 볼 수 있다.

> 코루틴의 구조화를 깬 후 delay 함수 등을 통해 구조화가 깨진 코루틴이 실행 완료되는 것을 기다리는 것은 코드를 불안정하게 만들기 때문에 실제 애플리케이션을 만들 때는 지양돼야 한다. 다만, 이 책에서는 구조화가 깨질 경우의 동작 이해를 위해 사용한다.

7.4.2.2. Job 사용해 구조화 깨기

그렇다면 새로운 루트 Job을 생성할 때 CoroutineScope 생성 함수 말고 Job을 직접 사용할 수는 없을까? 당연히 가능하다. 루트 Job은 부모가 없는 Job 객체로 Job()을 통해 생성할 수 있다. 다음 코드를 살펴보자.

```
코드 위치: src/main/chapter7/code24/Code7-24.kt
fun main() = runBlocking<Unit> {
  val newRootJob = Job() // 루트 Job 생성
  launch(CoroutineName("Coroutine1") + newRootJob) {
    launch(CoroutineName("Coroutine3")) {
      delay(100L)
      println("[${Thread.currentThread().name}] 코루틴 실행")
    }
    launch(CoroutineName("Coroutine4")) {
      delay(100L)
      println("[${Thread.currentThread().name}] 코루틴 실행")
    }
```

```
  }
  launch(CoroutineName("Coroutine2") + newRootJob) {
    launch(CoroutineName("Coroutine5")) {
      delay(100L)
      println("[${Thread.currentThread().name}] 코루틴 실행")
    }
  }
  delay(1000L)
}
```

이 코드에서는 Job()을 통해 새로운 루트 Job인 newRootJob이 생성된다.
newRootJob은 launch 함수의 context 인자로 넘어가서 Coroutine1과
Coroutine2의 공통 부모가 된다. 따라서 코루틴의 계층 구조는 그림 7-27과 같다.

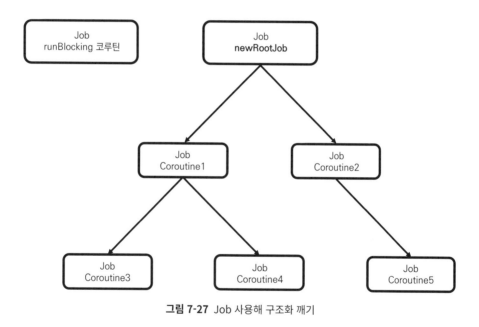

그림 7-27 Job 사용해 구조화 깨기

그림 7-27은 그림 7-26과 매우 유사한 것을 알 수 있다. 다른 점은 그림 7-26에서
는 newScope가 루트 Job을 포함했지만 여기서는 newRootJob 자체가 루트 Job
이 된다는 것이다.

따라서 newRootJob.cancel()이 호출되면 그림 7-28과 같이 하위의 모든 Job 객

체에 취소가 전파돼 코루틴이 취소된다.

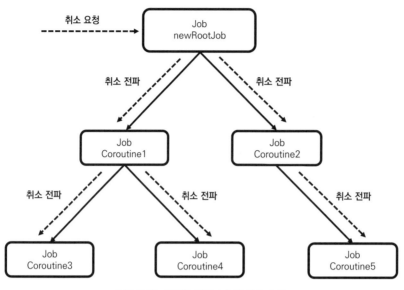

그림 7-28 새로운 루트 Job에 취소 요청

이의 확인을 위해 앞의 코드에 newRootJob을 취소하는 코드를 추가해 보자.

```
코드 위치: src/main/chapter7/code25/Code7-25.kt
fun main() = runBlocking<Unit> {
  val newRootJob = Job() // 새로운 루트 Job 생성
  launch(CoroutineName("Coroutine1") + newRootJob) {
    launch(CoroutineName("Coroutine3")) {
      delay(100L)
      println("[${Thread.currentThread().name}] 코루틴 실행")
    }
    launch(CoroutineName("Coroutine4")) {
      delay(100L)
      println("[${Thread.currentThread().name}] 코루틴 실행")
    }
  }
  launch(CoroutineName("Coroutine2") + newRootJob) {
    launch(CoroutineName("Coroutine5")) {
      delay(100L)
      println("[${Thread.currentThread().name}] 코루틴 실행")
    }
```

```
    }
    newRootJob.cancel() // 새로운 루트 Job 취소
    delay(1000L)
  }
```

이 코드에서는 newRootJob에 취소가 요청돼 하위의 모든 코루틴이 취소된다. 따라서 코드를 실행해 보면 아무런 결괏값이 나오지 않고 프로세스가 종료되는 것을 볼 수 있다.

```
/*
// 결과:
Process finished with exit code 0
*/
```

7.4.3. Job 사용해 일부 코루틴만 취소되지 않게 만들기

새로 Job 객체를 생성해 계층 구조를 끊음으로써 일부 코루틴만 취소되지 않도록 설정할 수 있다. 앞의 코드에서 Coroutine5만 계층 구조를 끊어 취소되지 않도록 만들어 보자. Coroutine5의 계층 구조만 끊으려면 Coroutine5의 인자로 Job()을 추가로 넘기면 된다.

코드 위치: src/main/chapter7/code26/Code7-26.kt
```
fun main() = runBlocking<Unit> {
  val newRootJob = Job() // 새로운 루트 Job 생성
  launch(CoroutineName("Coroutine1") + newRootJob) {
    launch(CoroutineName("Coroutine3")) {
      delay(100L)
      println("[${Thread.currentThread().name}] 코루틴 실행")
    }
    launch(CoroutineName("Coroutine4")) {
      delay(100L)
      println("[${Thread.currentThread().name}] 코루틴 실행")
    }
  }
  launch(CoroutineName("Coroutine2") + newRootJob) {
    launch(CoroutineName("Coroutine5") + Job()) {
      delay(100L)
```

```
        println("[${Thread.currentThread().name}] 코루틴 실행")
    }
  }
  delay(50L) // 모든 코루틴이 생성될 때까지 대기
  newRootJob.cancel() // 새로운 루트 Job 취소
  delay(1000L)
}
/*
// 결과:
[main @Coroutine5#6] 코루틴 실행
*/
```

이 경우 Coroutine5는 newRootJob과 계층 구조가 끊어지기 때문에 new
RootJob.cancel()이 호출돼도 정상적으로 실행되는 것을 볼 수 있다.

> 만약 Coroutine5가 생성되기 전에 Coroutine2가 취소된다면 Coroutine5는 실행될 수 없다. 따라서
> 이 코드에서는 Coroutine5가 생성되기 전에 Coroutine2가 취소되는 상황 방지를 위해 newRootJob.
> cancel()이 호출되기 전에 delay(50L)을 호출해 Coroutine5가 생성될 수 있도록 했다.

이 코드에서 생성되는 코루틴의 계층 구조는 그림 7-29와 같은 형태가 된다.

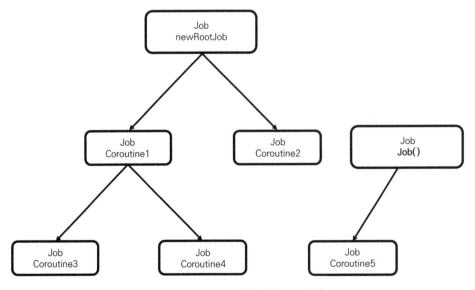

그림 7-29 특정 코루틴의 계층 구조 끊기

242

따라서 newRootJob에 취소가 요청되더라도 그림 7-30과 같이 새로운 루트 Job
의 자식이 돼 버린 Coroutine5에는 취소가 전파되지 않는다.

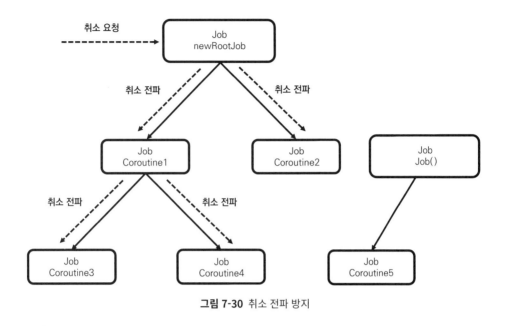

그림 7-30 취소 전파 방지

7.4.4. 생성된 Job의 부모를 명시적으로 설정하기

지금까지는 Job 객체 생성을 위해 Job()을 사용했다. 이제부터는 Job 생성 함수가
어떻게 구현돼 있는지 살펴봄으로써 Job 생성 함수를 좀 더 깊게 알아보자.

```
public fun Job(parent: Job? = null): CompletableJob = JobImpl(parent)
```

Job()을 통해 Job 객체를 생성할 경우 parent 프로퍼티가 null이 돼 부모가 없는
루트 Job이 생성된다. 따라서 만약 Job 생성 함수의 parent 인자로 Job 객체를 넘
기면 해당 Job을 부모로 하는 새로운 Job 객체를 생성할 수 있다. 다음 코드를 한
번 살펴보자.

```
코드 위치: src/main/chapter7/code27/Code7-27.kt
fun main() = runBlocking<Unit> {
```

```
  launch(CoroutineName("Coroutine1")) {
    val newJob = Job()
    launch(CoroutineName("Coroutine2") + newJob) {
      delay(100L)
      println("[${Thread.currentThread().name}] 코루틴 실행")
    }
  }
  delay(1000L)
}
```

이 코드에서는 Job()을 통해 생성되는 새로운 Job 객체인 newJob을 사용해 Coroutine1과 Coroutine2의 구조화를 끊어 그림 7-31과 같은 계층 구조를 만든다.

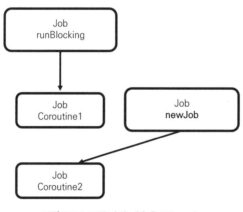

그림 7-31 코루틴의 계층을 끊는 Job

이번에는 구조화를 깨지 않도록 만들어 보자. 방법은 간단하다. 다음과 같이 Job 생성 함수의 인자로 부모 코루틴의 Job 객체를 넘기면 된다.

```
코드 위치: src/main/chapter7/code28/Code7-28.kt
fun main() = runBlocking<Unit> {
  launch(CoroutineName("Coroutine1")) {
    val coroutine1Job = this.coroutineContext[Job] // Coroutine1의 Job
    val newJob = Job(parent = coroutine1Job)
    launch(CoroutineName("Coroutine2") + newJob) {
      delay(100L)
```

```
        println("[${Thread.currentThread().name}] 코루틴 실행")
      }
    }
  }
```

그러면 Coroutine1의 Job 객체가 새로 생성된 Job 객체의 부모가 돼 코루틴의 구조화가 깨지지 않는다. 따라서 그림 7-32와 같은 계층 구조가 만들어진다.

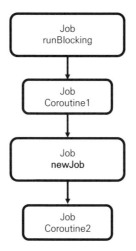

그림 7-32 Job 객체 생성하면서 계층 구조 유지하기

다만, 이렇게 Job 객체를 생성할 경우 문제가 생길 수 있다. 이제 Job 생성 함수를 통해 Job 객체를 생성할 때 어떤 점을 주의해야 할지 알아보자.

7.4.5. 생성된 Job은 자동으로 실행 완료되지 않는다

launch 함수를 통해 생성된 Job 객체는 더 이상 실행할 코드가 없고, 모든 자식 코루틴들이 실행 완료되면 자동으로 실행 완료된다. 하지만 Job 생성 함수를 통해 생성된 Job 객체는 자식 코루틴들이 모두 실행 완료되더라도 자동으로 실행 완료되지 않으며, 명시적으로 완료 함수인 complete을 호출해야 완료된다.

앞의 코드를 다시 한 번 살펴보자.

```
코드 위치: src/main/chapter7/code28/Code7-28.kt
fun main() = runBlocking<Unit> {
  launch(CoroutineName("Coroutine1")) {
    val coroutine1Job = this.coroutineContext[Job] // Coroutine1의 Job
    val newJob = Job(parent = coroutine1Job)
    launch(CoroutineName("Coroutine2") + newJob) {
      delay(100L)
      println("[${Thread.currentThread().name}] 코루틴 실행")
    }
  }
}
/*
// 결과:
[main @Coroutine2#3] 코루틴 실행
// 프로세스 종료 로그가 출력되지 않는다.
*/
```

이 코드가 실행되면 프로세스가 종료되지 않고 계속해서 실행된다. 프로세스가 종료되지 않는 이유는 Job(parent = coroutine1Job)을 통해 생성된 newJob이 자동으로 실행 완료 처리되지 않기 때문이다. 자식 코루틴이 실행 완료되지 않으면 부모 코루틴도 실행 완료될 수 없으므로 그림 7-33과 같이 부모 코루틴들이 실행 완료 중 상태에서 대기하게 된다.

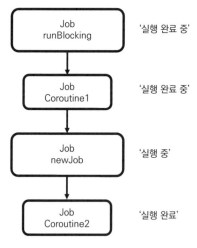

그림 7-33 자동으로 종료되지 않는 newJob

이 문제를 해결하기 위해서는 다음과 같이 Job 객체의 complete 함수를 명시적으로 호출해 newJob의 실행이 완료될 수 있도록 해야 한다.

```kotlin
코드 위치: src/main/chapter7/code29/Code7-29.kt
fun main() = runBlocking<Unit> {
  launch(CoroutineName("Coroutine1")) {
    val coroutine1Job = this.coroutineContext[Job]
    val newJob = Job(coroutine1Job)
    launch(CoroutineName("Coroutine2") + newJob) {
      delay(100L)
      println("[${Thread.currentThread().name}] 코루틴 실행")
    }
    newJob.complete() // 명시적으로 완료 호출
  }
}
/*
// 결과:
[main @Coroutine2#3] 코루틴 실행

Process finished with exit code 0
*/
```

newJob의 complete 함수를 호출하면 newJob은 '실행 완료 중' 상태로 바뀌며, 자식 코루틴인 Coroutine2가 실행 완료되면 자동으로 '실행 완료' 상태로 바뀐다. 이에 따라 연쇄적으로 Coroutine1과 runBlocking 코루틴도 실행 완료 상태로 변경된다. 따라서 코드를 실행해 보면 그림 7-34와 같이 프로세스가 정상적으로 종료되는 것을 볼 수 있다.

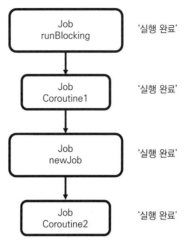

그림 7-34 newJob 실행 완료 처리하기

지금까지 Job 객체가 코루틴의 구조화에 어떤 역할을 하는지 살펴봤다. 8장에서는 코루틴의 구조화가 코루틴의 예외 처리에 어떻게 사용되는지 살펴보자.

추가 자료. runBlocking과 launch의 차이

runBlocking 함수와 launch 함수는 모두 코루틴 빌더 함수이지만 호출부의 스레드를 사용하는 방법에 차이가 있다.

runBlocking 함수의 동작 방식

먼저 runBlocking 함수가 호출부의 스레드를 어떻게 사용하는지 알아보자. runBlocking 함수가 호출되면 새로운 코루틴인 runBlocking 코루틴이 실행되는데 이 코루틴은 실행이 완료될 때까지 호출부의 스레드를 차단(block)하고 사용한다. 호출부의 스레드를 차단하고 사용하는 것이 무슨 의미인지 다음 코드를 통해 자세히 알아보자.

코드 위치: src/main/chapter7/code30/Code7-30.kt
```kotlin
fun main() = runBlocking<Unit> {
  delay(5000L)
  println("[${Thread.currentThread().name}] 코루틴 종료")
}
/*
// 결과:
```

```
[main @coroutine#1] 코루틴 종료
*/
```

이 코드의 동작 방식은 그림 7-35와 같다. runBlocking 함수가 호출되면 호출 스레드인 메인 스레드를 사용하는 runBlocking 코루틴이 생성된다. 이 코루틴은 5초간 대기 후 실행 스레드를 출력하고 실행이 완료된다. runBlocking 코루틴의 생성 시점부터 실행 완료 시점까지 메인 스레드는 runBlocking 코루틴에 의해 배타적으로 사용되며, 이 코루틴의 실행이 완료될 때까지 다른 작업에 사용될 수 없다. runBlocking 코루틴의 실행이 완료되면 메인 스레드가 실행할 코드가 더 이상 없기 때문에 프로세스가 종료된다.

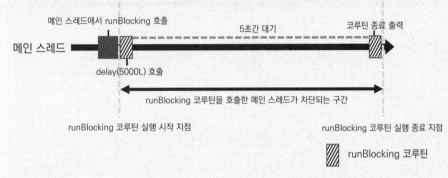

그림 7-35 runBlocking의 동작 방식

앞의 코드에서 runBlocking 코루틴은 실행되는 동안 메인 스레드를 점유하고 사용한다. 하지만 runBlocking 코루틴은 작업 실행 시 호출부의 스레드를 사용하지 않고, 차단만 할 수도 있다. 다음 코드를 살펴보자.

```
코드 위치: src/main/chapter7/code31/Code7-31.kt
fun main() = runBlocking<Unit>(Dispatchers.IO) {
  delay(5000L)
  println("[${Thread.currentThread().name}] 코루틴 종료")
}
/*
// 결과:
[DefaultDispatcher-worker-1 @coroutine#1] 코루틴 종료
*/
```

이 코드에서 runBlocking 함수를 호출한 스레드는 메인 스레드이지만 runBlocking 코루틴은 Dispatchers.IO를 사용해 백그라운드 스레드(Default Dispatcher-worker-1)에서 실행된다. 즉, 이 코드는 그림 7-36과 같이 동작한다.

일시 중단과 재개 시에 실행 스레드가 변할 수 있지만 여기서는 runBlocking 코루틴이 Default Dispatcher-worker-1 스레드만 사용해 실행되는 상황을 가정한다.

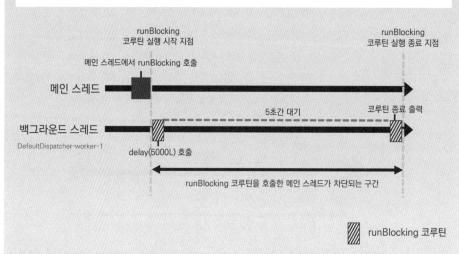

그림 7-36 runBlocking의 호출 스레드 차단

runBlocking 함수가 호출된 스레드와 다른 스레드에서 runBlocking 코루틴이 실행되더라도 해당 코루틴이 실행되는 동안 runBlocking 함수를 호출한 스레드는 차단된다. 차단이 풀리는 시점은 runBlocking 코루틴이 실행 완료될 때다.

이처럼 runBlocking 함수를 호출한 스레드는 그로부터 생성되는 runBlocking 코루틴이 실행 완료될 때까지 runBlocking 코루틴에 의해 배타적으로 사용된다.

> runBlocking 함수의 차단은 스레드 블로킹(Thread Blocking)에서의 차단과 다르다. 스레드 블로킹은 스레드가 어떤 작업에도 사용할 수 없도록 차단되는 것을 의미하고, runBlocking 함수의 차단은 runBlocking 코루틴과 그 자식 코루틴을 제외한 다른 작업이 스레드를 사용할 수 없음을 의미한다.

runBlocking 코루틴의 하위에 생성된 코루틴의 동작

runBlocking 코루틴에 의해 호출부의 스레드가 배타적으로 사용된다는 것은 runBlocking 코루틴 하위에 생성된 코루틴도 그 호출부의 스레드를 사용할 수 있다는 의미이다. 다음 코드를 살펴보자.

코드 위치: src/main/chapter7/code32/Code7-32.kt
```
fun main() = runBlocking<Unit> {
  launch {
```

```
    delay(1000L)
    println("[${Thread.currentThread().name}] launch 코루틴 종료")
  }
  delay(2000L)
  println("[${Thread.currentThread().name}] runBlocking 코루틴 종료")
}
/*
// 결과:
[main @coroutine#2] launch 코루틴 종료
[main @coroutine#1] runBlocking 코루틴 종료
*/
```

이 코드에서 launch 코루틴은 runBlocking 코루틴의 하위에 생성된다. 따라서 runBlocking 함수를 호출한 메인 스레드를 launch 코루틴도 사용할 수 있으며 그림 7-37과 같이 동작한다. 따라서 코드의 실행 결과를 보면 launch 코루틴과 runBlocking 코루틴 모두가 메인 스레드(main)를 사용하는 것을 확인할 수 있다.

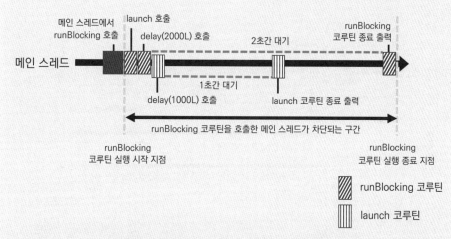

그림 7-37 runBlocking 코루틴 하위에 생성된 코루틴의 동작

runBlocking 함수와 launch 함수의 동작 차이

runBlocking 코루틴은 runBlocking 함수 호출부의 스레드를 차단하고 사용하지만, launch 함수를 사용해 생성되는 launch 코루틴은 실행될 때 호출부의 스레드를 차단하지 않는다. 다음과 같이 runBlocking 코루틴 내부에서 runBlocking 함수가 호출되는 경우를 살펴보자.

```
코드 위치: src/main/chapter7/code33/Code7-33.kt
fun main() = runBlocking<Unit> { // runBlocking 코루틴
  val startTime = System.currentTimeMillis()
  runBlocking { // 하위 runBlocking 코루틴
    delay(1000L)
    println("[${Thread.currentThread().name}] 하위 코루틴 종료")
  }
  println(getElapsedTime(startTime)) // 지난 시간 출력
}

fun getElapsedTime(startTime: Long): String = "지난 시간: ${System.
currentTimeMillis() - startTime}ms"
```

이 코드에서는 바깥쪽 runBlocking 코루틴 하위에 runBlocking 코루틴을 새로 실행한다. 하위에 생성되는 runBlocking 코루틴은 바깥쪽 runBlocking 코루틴이 차단한 스레드를 사용할 수 있기 때문에 메인 스레드상에서 실행되며, 마찬가지로 실행되는 동안 메인 스레드를 차단해 그림 7-38과 같이 동작한다.

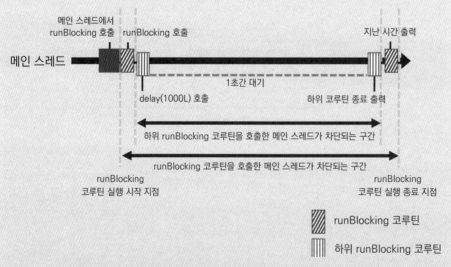

그림 7-38 runBlocking 코루틴 하위에 생성된 runBlocking 코루틴의 동작

하위에 생성된 runBlocking 코루틴은 실행되는 동안 메인 스레드를 차단한다. 따라서 바깥쪽 runBlocking 코루틴은 하위 runBlocking 코루틴이 모두 실행될 때까지 메인 스레드를 사용할 수 없으므로 하위 runBlocking 코루틴이 모두 실행되고 나서야 지난 시간을 출력할 수 있다. 따라서 코드의 실행 결과를 보면 출력된 지난 시간이 1초 정도(1021밀리초)인 것을 확인할 수 있다.

```
/*
// 결과:
[main @coroutine#2] 하위 코루틴 종료
지난 시간: 1021ms
*/
```

runBlocking은 블로킹을 일으키는 일반적인 코드와 코루틴 사이의 연결점 역할을 하기 위해 만들어
졌기 때문에, 코루틴 내부에서 다시 runBlocking을 호출하는 것은 삼가야 한다. 이곳에서는 예시를 위
해 이렇게 작성했을 뿐이다.

반면에 launch 코루틴은 코루틴 빌더 함수 호출부의 스레드를 차단하지 않는다. 따라서 launch 코루틴이
delay 같은 작업으로 인해 실제로 스레드를 사용하지 않는 동안 스레드는 다른 작업에 사용될 수 있다. 앞의
코드에서 runBlocking 코루틴 내에서 호출되는 runBlocking 함수를 launch 함수로 바꿔보자.

코드 위치: src/main/chapter7/code34/Code7-34.kt
```kotlin
fun main() = runBlocking<Unit> { // runBlocking 코루틴
  val startTime = System.currentTimeMillis()
  launch { // 하위 launch 코루틴
    delay(1000L)
    println("[${Thread.currentThread().name}] 하위 코루틴 종료")
  }
  println(getElapsedTime(startTime)) // 지난 시간 출력
}
/*
// 결과:
지난 시간: 4ms
[main @coroutine#2] 하위 코루틴 종료
*/
```

이 코드에서 launch 코루틴은 호출부의 스레드를 차단하고 실행되는 것이 아니기 때문에 즉시 실행되지 않
고, runBlocking 코루틴이 메인 스레드를 양보하고 나서야 메인 스레드에 보내져 실행된다. 따라서 코드를
실행해 보면 그림 7-39와 같이 동작한다.

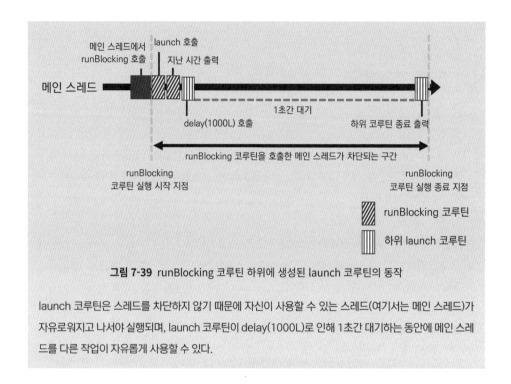

그림 7-39 runBlocking 코루틴 하위에 생성된 launch 코루틴의 동작

launch 코루틴은 스레드를 차단하지 않기 때문에 자신이 사용할 수 있는 스레드(여기서는 메인 스레드)가 자유로워지고 나서야 실행되며, launch 코루틴이 delay(1000L)로 인해 1초간 대기하는 동안에 메인 스레드를 다른 작업이 자유롭게 사용할 수 있다.

7.5. 요약

1. 구조화된 동시성의 원칙이란 비동기 작업을 구조화함으로써 비동기 프로그래밍을 보다 안정적이고 예측할 수 있게 만드는 원칙이다.

2. 코루틴은 구조화된 동시성의 원칙을 통해 코루틴을 부모-자식 관계로 구조화해 안정적인 비동기 프로그래밍이 가능하게 한다.

3. 부모 코루틴은 자식 코루틴에게 실행 환경을 상속한다.

4. 코루틴 빌더 함수에 전달된 CoroutineContext 객체를 통해 부모 코루틴의 실행 환경 중 일부 또는 전부를 덮어쓸 수 있다.

5. 코루틴 빌더가 호출될 때마다 코루틴 제어를 위해 새로운 Job 객체가 생성된다.

6. Job 객체는 부모 코루틴의 Job 객체를 Job? 타입의 parent 프로퍼티를 통해

참조한다.

7. parent 프로퍼티가 null인 Job 객체는 구조화의 시작점 역할을 하는 루트 Job 객체이다.

8. Job 객체는 자식 Job 객체들을 Sequence⟨Job⟩ 타입의 children 프로퍼티를 통해 참조한다.

9. Job 객체는 코루틴의 구조화에 핵심적인 역할을 한다.

10. 부모 코루틴은 자식 코루틴이 완료될 때까지 완료되지 않는다. 만약 부모 코루틴이 실행해야 할 코드가 모두 실행됐는데 자식 코루틴이 실행 중이라면 부모 코루틴은 '실행 완료 중' 상태를 가진다.

11. 부모 코루틴이 취소되면 취소가 모든 자식 코루틴으로 전파된다. 하지만 자식 코루틴의 취소는 부모 코루틴으로 전파되지 않는다.

12. CoroutineScope 객체를 사용해 코루틴의 실행 범위를 제어할 수 있다.

13. CoroutineScope 인터페이스는 코루틴 실행 환경인 CoroutineContext를 가진 인터페이스로 확장 함수로 launch, async 등의 함수를 가진다.

14. launch나 async가 호출되면 CoroutineScope 객체로부터 실행 환경을 제공받아 코루틴이 실행된다.

15. CoroutineScope 객체에 대해 cancel 함수를 호출해 CoroutineScope 객체의 범위에 속한 모든 코루틴을 취소할 수 있다.

16. CoroutineScope 객체에 대해 cancel 함수를 호출하는 것은 CoroutineScope 객체가 가진 CoroutineContext 객체의 Job 객체에 대해 cancel 함수를 호출하는 것이다.

17. CoroutineScope 객체의 활성화 상태를 isActive 확장 프로퍼티를 통해 확인할 수 있다.

18. CoroutineScope의 isActive 확장 프로퍼티는 CoroutineScope 객체가 가진 CoroutineContext 객체의 Job 객체에 대한 isActive 프로퍼티를 확인하

는 것이다.

19. 별도의 범위를 갖는 CoroutineScope 객체를 생성해 코루틴의 구조화를 깰 수 있다.

20. Job 생성 함수를 호출해 Job 객체를 생성할 수 있으며, 이를 사용해 코루틴의 구조화를 깨거나 유지할 수 있다.

21. Job 생성 함수를 통해 생성된 Job 객체는 자동으로 실행 완료되지 않으므로 Job 객체에 대해 complete 함수를 호출해 명시적으로 완료 처리해야 한다.

22. runBlocking 코루틴 빌더는 생성된 코루틴이 완료될 때까지 호출 스레드를 차단하고 사용하는 코루틴을 만드는 반면에 launch 코루틴 빌더로 생성된 코루틴은 호출 스레드를 차단하지 않는다.

Chapter 8

예외 처리

애플리케이션은 여러 예외^{Exception} 상황에 노출된다. 애플리케이션에 예외가 발생했을 때 예외가 적절히 처리되지 않으면 애플리케이션이 예측하지 못한 방향으로 동작하거나 심하게는 비정상 종료될 수 있다. 따라서 안정적인 애플리케이션을 위해서는 예외를 적절하게 처리하는 것이 중요하다.

같은 맥락에서 애플리케이션의 비동기 작업을 수행하는 코루틴의 예외 처리 또한 중요하다. 특히 코루틴의 비동기 작업은 네트워크 요청이나 데이터 베이스 작업 같은 입출력^{I/O} 작업을 수행하는 데 쓰이는 경우가 많아 예측할 수 없는 예외가 발생할 가능성이 높으므로 코루틴에 대한 적절한 예외 처리는 안정적인 애플리케이션을 만드는 데 필수적이다.

코루틴은 예외를 안전하게 처리할 수 있도록 만드는 여러 장치를 갖고 있다. 8장에서는 코루틴 실행 도중 예외가 발생했을 때 코루틴이 어떻게 동작하는지 알아보고, 예외를 처리하는 방법에 대해 다룬다.

8.1. 코루틴의 예외 전파

8.1.1. 코루틴에서 예외가 전파되는 방식

코루틴 실행 도중 예외가 발생하면 예외가 발생한 코루틴은 취소되고 부모 코루틴으로 예외가 전파된다. 만약 부모 코루틴에서도 예외가 적절히 처리되지 않으면 부모 코루틴도 취소되고 예외는 다시 상위 코루틴으로 전파되는데 이것이 반복되면 최상위 코루틴인 루트 코루틴까지 예외가 전파될 수 있다.

코루틴이 예외를 전파받아 취소되면 해당 코루틴만 취소되는 것이 아니라 코루틴의 특성에 따라 해당 코루틴의 하위에 있는 모든 코루틴에게 취소가 전파된다. 따라서 만약 예외가 적절히 처리되지 않아 루트 코루틴까지 예외가 전파되고 루트 코루틴이 취소되면 하위의 모든 코루틴에 취소가 전파된다.

예를 들어 그림 8-1과 같이 구조화된 코루틴이 있다고 해보자.

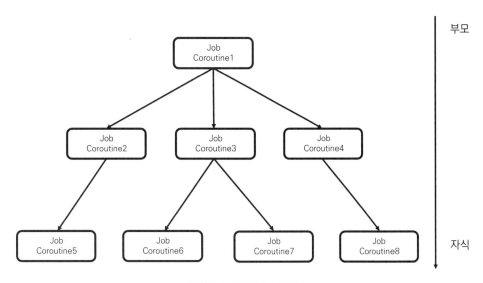

그림 8-1 구조화된 코루틴

만약 Coroutine5 코루틴에서 예외가 발생하면 Coroutine2 코루틴으로 예외가 전파되며, Coroutine2 코루틴에서 예외가 처리되지 않으면 Coroutine1 코루틴까지 예외가 전파된다. 만약 Coroutine1 코루틴에서도 예외가 적절히 처리되지 않으면 Coroutine1 코루틴은 취소된다. 이를 구조화하면 그림 8-2와 같다. 이처럼 코루틴의 예외는 부모 코루틴 방향으로만 전파된다.

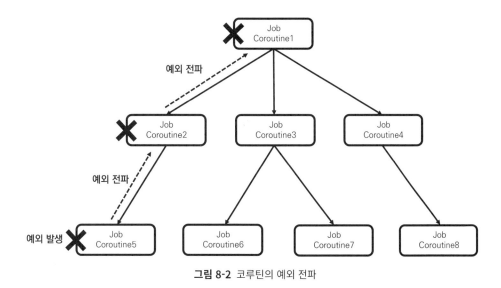

그림 8-2 코루틴의 예외 전파

앞서 설명했듯이 코루틴에는 코루틴이 취소되면 모든 자식 코루틴에게 취소가 전파되는 특성이 있다. 이 특성으로 인해 Coroutine1 코루틴이 취소되면 그림 8-3과 같이 하위의 모든 코루틴에 취소가 전파된다.

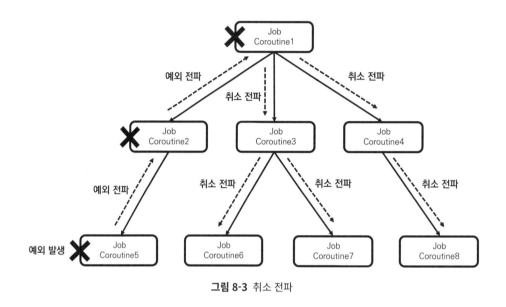

그림 8-3 취소 전파

즉, 코루틴의 예외 전파를 제대로 막지 못해 루트 코루틴이 취소되면 구조화된 코루틴이 모두 취소될 수 있다.

8.1.2. 예제로 알아보는 예외 전파

앞서 코루틴의 예외가 부모 코루틴으로 전파되는 것을 살펴봤다. 이번에는 코루틴의 예외 전파가 실제 코드상에서 어떻게 동작하는지 알아보자.

```
코드 위치: src/main/chapter8/code1/Code8-1.kt
fun main() = runBlocking<Unit> {
  launch(CoroutineName("Coroutine1")) {
    launch(CoroutineName("Coroutine3")) {
      throw Exception("예외 발생")
    }
    delay(100L)
    println("[${Thread.currentThread().name}] 코루틴 실행")
```

```
  }
  launch(CoroutineName("Coroutine2")) {
    delay(100L)
    println("[${Thread.currentThread().name}] 코루틴 실행")
  }
  delay(1000L)
}
```

이 코드에서 runBlocking 코루틴은 자식 코루틴으로 Coroutine1 코루틴
과 Coroutine2 코루틴을 가지며, Coroutine1 코루틴은 자식 코루틴으로
Coroutine3 코루틴을 가진다. Coroutine1 코루틴과 Coroutine2 코루틴은 100
밀리초간 기다린 후 "코루틴 실행"을 출력하고, Coroutine3 코루틴은 시작하자마
자 throw Exception("예외 발생")을 실행해 예외를 발생시킨다. 이를 구조화하면
그림 8-4와 같다.

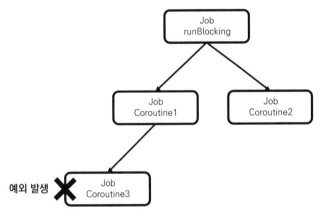

그림 8-4 예외가 발생한 코루틴

이때 Coroutine3 코루틴에서 발생하는 예외는 처리되는 부분이 없기 때문에 그림
8-5와 같이 Coroutine1 코루틴을 거쳐 runBlocking 함수를 통해 만들어지는 루
트 코루틴까지 전파된다. 따라서 루트 코루틴이 취소되는데 그에 따라 하위에 있는
Coroutine2 코루틴에도 취소가 전파된다.

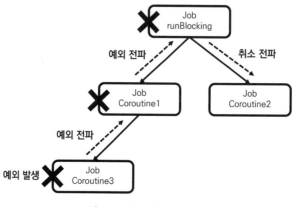

그림 8-5 예외가 전파되는 과정

따라서 코드를 실행해 보면 예외가 발생했다는 로그만 나온다. 이를 통해 Coroutine3 코루틴에서 발생한 예외가 모든 코루틴을 취소시킨 것을 알 수 있다.

```
/*
// 결과:
Exception in thread "main" java.lang.Exception: 예외 발생
  at chapter8.code1.Code8_1Kt$main$1$1$1.invokeSuspend(Code8-1.kt:8)
  at kotlin.coroutines.jvm.internal.BaseContinuationImpl.
resumeWith(ContinuationImpl.kt:33)
  ...

Process finished with exit code 1
*/
```

코루틴의 구조화는 큰 작업을 연관된 작은 작업으로 나누는 방식으로 이뤄진다는 점을 기억하자. 만약 작은 작업에서 발생한 예외로 인해 큰 작업이 취소되면 애플리케이션의 안정성에 문제가 생길 수 있다. 이런 문제 해결을 위해 코루틴은 예외 전파를 제한하는 여러 장치를 가진다. 이제 코루틴의 예외 전파를 제한하는 방법에 대해 알아보자.

8.2. 예외 전파 제한

코루틴의 예외 전파를 제한하는 데는 다양한 방법을 사용할 수 있으므로 그 방법들에 대해 살펴보자.

8.2.1. Job 객체를 사용한 예외 전파 제한

8.2.1.1. Job 객체를 사용해 예외 전파 제한하기

코루틴의 예외 전파를 제한하기 위한 첫 번째 방법은 코루틴의 구조화를 깨는 것이다. 코루틴은 자신의 부모 코루틴으로만 예외를 전파하는 특성을 가지므로 부모 코루틴과의 구조화를 깬다면 예외가 전파되지 않는다. 부모 코루틴과의 구조화를 깨는 방법은 간단하다. 새로운 Job 객체를 만들어 구조화를 깨고 싶은 코루틴을 연결하면 된다. 다음 코드는 그 예시이다.

```
코드 위치: src/main/chapter8/code2/Code8-2.kt
fun main() = runBlocking<Unit> {
  launch(CoroutineName("Parent Coroutine")) {
    launch(CoroutineName("Coroutine1") + Job()) { // 새로운 Job 객체를 만들어
Coroutine1에 연결
      launch(CoroutineName("Coroutine3")) {
        throw Exception("예외 발생")
      }
      delay(100L)
      println("[${Thread.currentThread().name}] 코루틴 실행")
    }
    launch(CoroutineName("Coroutine2")) {
      delay(100L)
      println("[${Thread.currentThread().name}] 코루틴 실행")
    }
  }
  delay(1000L)
}
```

이 코드에서 Coroutine1 코루틴은 Job()을 사용해 새로운 Job 객체를 부모 Job으로 설정함으로써 Parent Coroutine 코루틴과의 구조화를 깬다. 따라서 Coroutine3 코루틴이 예외를 발생시켜 부모 코루틴인 Coroutine1 코루틴으로 예

외를 전파하더라도 Coroutine1 코루틴은 Parent Coroutine 코루틴으로 예외를 전파하지 않는다. 대신 새로 만들어진 Job 객체에 예외를 전파한다. 이를 구조화하면 그림 8-6과 같다.

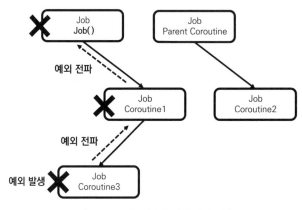

그림 8-6 Job을 사용한 예외 전파 제한

Parent Coroutine 코루틴에는 예외가 전파되지 않아 Coroutine2 코루틴은 정상적으로 실행되는 것을 볼 수 있다. 따라서 코드를 실행해 보면 예외가 발생했음에도 Coroutine2 코루틴이 정상적으로 실행되는 것을 볼 수 있다.

```
// 결과:
Exception in thread "main" java.lang.Exception: 예외 발생
  at chapter8.code2.Code8_2Kt$main$1$1$1$1.invokeSuspend(Code8-2.kt:9)
  at kotlin.coroutines.jvm.internal.BaseContinuationImpl.
resumeWith(ContinuationImpl.kt:33)
  ...
[main @Coroutine2#4] 코루틴 실행

Process finished with exit code 0
*/
```

8.2.1.2. Job 객체를 사용한 예외 전파 제한의 한계

Job 객체를 생성해 코루틴의 구조화를 깨는 것은 예외 전파를 제한하는 것뿐만 아니라 취소 전파도 제한시킨다. 일반적으로 코루틴의 구조화는 큰 작업을 연관된 작은 작업으로 나누는 과정을 통해 일어난다. 만약 작은 작업의 구조화가 깨진다면 큰 작업에 취소가 요청되더라도 작은 작업은 취소되지 않으며 이는 비동기 작업을 불안정하게 만든다.

앞서 다룬 코드에서 Coroutine3 코루틴에서 발생하던 예외를 제거하고 Parent Coroutine 코루틴에 취소를 요청해 보자.

```
코드 위치: src/main/chapter8/code3/Code8-3.kt
fun main() = runBlocking<Unit> {
  val parentJob = launch(CoroutineName("Parent Coroutine")) {
    launch(CoroutineName("Coroutine1") + Job()) {
      launch(CoroutineName("Coroutine3")) { // Coroutine3에서 예외 제거
        delay(100L)
        println("[${Thread.currentThread().name}] 코루틴 실행")
      }
      delay(100L)
      println("[${Thread.currentThread().name}] 코루틴 실행")
    }
    launch(CoroutineName("Coroutine2")) {
      delay(100L)
      println("[${Thread.currentThread().name}] 코루틴 실행")
    }
  }
  delay(20L) // 코루틴들이 모두 생성될 때까지 대기
  parentJob.cancel() // Parent Coroutine 코루틴에 취소 요청
  delay(1000L)
}
```

그러면 Coroutine1 코루틴은 더 이상 Parent Coroutine 코루틴의 자식 코루틴이 아니기 때문에 취소 전파가 제한된다. 즉, 그림 8-7에서 볼 수 있듯이 Parent Coroutine 코루틴에 취소가 요청되더라도 Coroutine2 코루틴에만 취소가 전파될 뿐, Coroutine1 코루틴으로는 취소가 전파되지 않는다.

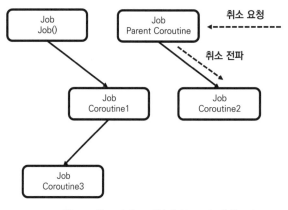

그림 8-7 취소 전파도 제한시키는 Job 객체

따라서 코드를 실행해 보면 Parent Coroutine 코루틴이 취소됐음에도 구조화가 깨진 Coroutine1 코루틴과 Coroutine3 코루틴은 정상 실행되는 것을 볼 수 있다.

```
/*
// 결과:
[main @Coroutine1#3] 코루틴 실행
[main @Coroutine3#5] 코루틴 실행

Process finished with exit code 0
*/
```

일반적으로 코루틴의 구조화는 큰 작업을 연관된 작은 작업으로 나누는 방식으로 일어나기 때문에 안정적으로 동작하기 위해서는 Parent Coroutine 코루틴이 취소되면 Coroutine1 코루틴과 Coroutine3 코루틴도 함께 취소돼야 한다. 하지만 예외 전파 방지를 위해 새로운 Job 객체를 사용하면 구조화가 깨져 버려 이 두 코루틴이 정상 실행된다. 그렇다면 구조화를 깨지 않으면서 예외 전파를 제한할 수는 없을까? 코루틴 라이브러리는 구조화를 깨지 않으면서 예외 전파를 제한할 수 있도록 SupervisorJob 객체를 제공한다. SupervisorJob 객체에 대해 알아보자.

8.2.2. SupervisorJob 객체를 사용한 예외 전파 제한

8.2.2.1. SupervisorJob 객체를 사용해 예외 전파 제한하기

코루틴의 예외 전파를 제한하기 위한 두 번째 방법은 SupervisorJob 객체를 사용하는 것이다. SupervisorJob 객체는 자식 코루틴으로부터 예외를 전파받지 않는 특수한 Job 객체로 하나의 자식 코루틴에서 발생한 예외가 다른 자식 코루틴에게 영향을 미치지 못하도록 만드는 데 사용된다. 일반적인 Job 객체는 자식 코루틴에서 예외가 발생하면 예외를 전파받아 취소되지만 SupervisorJob 객체는 예외를 전파받지 않아 취소되지 않는다.

SupervisorJob 객체를 만드는 방법은 Job 객체를 만드는 방법과 비슷하다.

```
public fun SupervisorJob(parent: Job? = null) : CompletableJob =
SupervisorJobImpl(parent)
```

SupervisorJob 생성 함수를 parent 인자 없이 사용하면 SupervisorJob 객체를 루트 Job으로 만들 수 있으며, parent 인자로 Job 객체를 넘기면 부모 Job이 있는 SupervisorJob 객체를 만들 수 있다.

SupervisorJob 객체를 사용하면 정말로 예외가 전파되지 않는지 다음 코드를 통해 확인해 보자.

```
코드 위치: src/main/chapter8/code4/Code8-4.kt
fun main() = runBlocking<Unit> {
  val supervisorJob = SupervisorJob()
  launch(CoroutineName("Coroutine1") + supervisorJob) {
    launch(CoroutineName("Coroutine3")) {
      throw Exception("예외 발생")
    }
    delay(100L)
    println("[${Thread.currentThread().name}] 코루틴 실행")
  }
  launch(CoroutineName("Coroutine2") + supervisorJob) {
    delay(100L)
    println("[${Thread.currentThread().name}] 코루틴 실행")
```

```
  }
  delay(1000L)
}
```

이 코드에서 supervisorJob 변수는 SupervisorJob()이 호출돼 만들어진 SupervisorJob 객체를 가리키며, Coroutine1 코루틴과 Coroutine2 코루틴은 부모 Job으로 supervisorJob을 가진다. 따라서 그림 8-8과 같이 Coroutine3 코루틴에서 발생한 예외는 Coroutine1 코루틴으로 전파돼 Coroutine1 코루틴을 취소시키지만 Coroutine1 코루틴은 supervisorJob으로 예외를 전파하지 않는다.

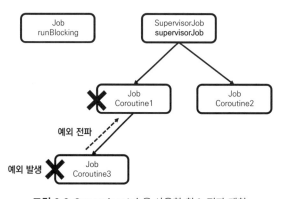

그림 8-8 SupervisorJob을 사용한 취소 전파 제한

따라서 코드를 실행해 보면 supervisorJob의 다른 자식 코루틴인 Coroutine2 코루틴이 정상 실행되는 것을 볼 수 있다.

```
// 결과:
Exception in thread "main" java.lang.Exception: 예외 발생
  at chapter8.code4.Code8_4Kt$main$1$1$1.invokeSuspend(Code8-4.kt:9)
  at kotlin.coroutines.jvm.internal.BaseContinuationImpl.
resumeWith(ContinuationImpl.kt:33)
  ...
[main @Coroutine2#3] 코루틴 실행

Process finished with exit code 0
*/
```

이렇게 SupervisorJob 객체는 자식 코루틴의 예외를 전파받지 않는 특성을 가진다. 하지만 여전히 이 코드에는 문제가 하나 있다. SupervisorJob 객체가 runBlocking이 호출돼 만들어진 Job 객체와의 구조화를 깬다는 점이다.

8.2.2.2. 코루틴의 구조화를 깨지 않고 SupervisorJob 사용하기

구조화를 깨지 않고 SupervisorJob을 사용하기 위해서는 SupervisorJob의 인자로 부모 Job 객체를 넘기면 된다. 다음 코드를 살펴보자.

```
코드 위치: src/main/chapter8/code5/Code8-5.kt
fun main() = runBlocking<Unit> {
  // supervisorJob의 parent로 runBlocking으로 생성된 Job 객체 설정
  val supervisorJob = SupervisorJob(parent = this.coroutineContext[Job])
  launch(CoroutineName("Coroutine1") + supervisorJob) {
    launch(CoroutineName("Coroutine3")) {
      throw Exception("예외 발생")
    }
    delay(100L)
    println("[${Thread.currentThread().name}] 코루틴 실행")
  }
  launch(CoroutineName("Coroutine2") + supervisorJob) {
    delay(100L)
    println("[${Thread.currentThread().name}] 코루틴 실행")
  }
  supervisorJob.complete() // supervisorJob 완료 처리
}
```

이 코드에서는 this.coroutineContext[Job]을 사용해 runBlocking이 호출돼 만들어진 Job 객체를 가져오며, SupervisorJob 생성 함수의 인자로 이 Job 객체를 넘긴다. 또한 마지막에 supervisorJob.complete()을 실행해 supervisorJob에 대해 명시적으로 완료 처리를 한다.

> SupervisorJob()을 통해 생성된 Job 객체는 Job()을 통해 생성된 Job 객체와 같이 자동으로 완료 처리되지 않는다.

그러면 코루틴이 그림 8-9와 같이 구조화된다. SupervisorJob 객체는 자식 코

루틴으로부터 예외를 전파받아도 다른 자식 코루틴에게 예외를 전파하지 않으며,
runBlocking 코루틴과의 구조화를 깨지도 않는 것을 볼 수 있다.

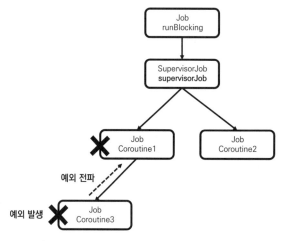

그림 8-9 구조화를 깨지 않고 SupervisorJob 사용하기

```
/*
// 결과:
Exception in thread "main" java.lang.Exception: 예외 발생
  at chapter8.code5.Code8_5Kt$main$1$1$1.invokeSuspend(Code8-5.kt:9)
  at kotlin.coroutines.jvm.internal.BaseContinuationImpl.
resumeWith(ContinuationImpl.kt:33)
  ...
[main @Coroutine2#3] 코루틴 실행


Process finished with exit code 0
*/
```

8.2.2.3. SupervisorJob을 CoroutineScope와 함께 사용하기

이번에는 SupervisorJob을 CoroutineScope와 함께 사용하는 방법에 대해 알
아보자. 만약 CoroutineScope의 CoroutineContext에 SupervisorJob 객체
가 설정된다면 CoroutineScope의 자식 코루틴에서 발생하는 예외가 다른 자
식 코루틴으로 전파되지 않는다. CoroutineScope의 CoroutineContext에

SupervisorJob 객체를 설정하기 위해서는 다음과 같이 CoroutineScope 생성 함수의 인자로 SupervisorJob()을 입력하면 된다.

```kotlin
코드 위치: src/main/chapter8/code6/Code8-6.kt
fun main() = runBlocking<Unit> {
  val coroutineScope = CoroutineScope(SupervisorJob())
  coroutineScope.apply {
    launch(CoroutineName("Coroutine1")) {
      launch(CoroutineName("Coroutine3")) {
        throw Exception("예외 발생")
      }
      delay(100L)
      println("[${Thread.currentThread().name}] 코루틴 실행")
    }
    launch(CoroutineName("Coroutine2")) {
      delay(100L)
      println("[${Thread.currentThread().name}] 코루틴 실행")
    }
  }
  delay(1000L)
}
```

이 코드에서는 CoroutineScope 생성 함수의 인자로 SupervisorJob()이 들어가 SupervisorJob 객체를 가진 CoroutineScope 객체가 생성되는데 coroutineScope는 이 객체를 가리킨다. 따라서 coroutineScope를 사용해 실행되는 Coroutine1 코루틴과 Coroutine2 코루틴은 SupervisorJob 객체를 부모로 가져 그림 8-10과 같이 구조화된다.

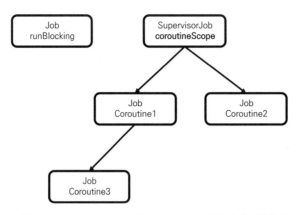

그림 8-10 CoroutineScope와 SupervisorJob을 함께 사용하기

따라서 Coroutine3 코루틴이 Coroutine1 코루틴으로 예외를 전파하더라도 Coroutine1 코루틴은 coroutineScope의 SupervisorJob으로 예외를 전파하지 않으므로 Coroutine2 코루틴은 정상 실행된다.

코드를 실행해 보면 예외가 발생했음에도 Coroutine2 코루틴이 정상 실행되는 것을 볼 수 있다.

```
/*
// 결과:
Exception in thread "DefaultDispatcher-worker-1" java.lang.Exception: 예외 발
생
  at chapter8.code6.Code8_6Kt$main$1$1$1$1.invokeSuspend(Code8-6.kt:10)
  at kotlin.coroutines.jvm.internal.BaseContinuationImpl.
resumeWith(ContinuationImpl.kt:33)
  ...
[DefaultDispatcher-worker-1 @Coroutine2#3] 코루틴 실행

Process finished with exit code 0
*/
```

8.2.2.4. SupervisorJob을 사용할 때 흔히 하는 실수

SupervisorJob 사용 시 흔히 하는 실수는 예외 전파 방지를 위해 코루틴 빌더 함수의 context 인자에 SupervisorJob()을 넘기고, 코루틴 빌더 함수가 호출돼 생성

되는 코루틴의 하위에 자식 코루틴들을 생성하는 것이다. 다음 코드를 살펴보자.

```kotlin
코드 위치: src/main/chapter8/code7/Code8-7.kt
fun main() = runBlocking<Unit> {
  launch(CoroutineName("Parent Coroutine") + SupervisorJob()) {
    launch(CoroutineName("Coroutine1")) {
      launch(CoroutineName("Coroutine3")) {
        throw Exception("예외 발생")
      }
      delay(100L)
      println("[${Thread.currentThread().name}] 코루틴 실행")
    }
    launch(CoroutineName("Coroutine2")) {
      delay(100L)
      println("[${Thread.currentThread().name}] 코루틴 실행")
    }
  }
  delay(1000L)
}
```

이 코드에서는 Parent Coroutine 코루틴을 생성하는 launch 함수를 호출하고 launch 함수의 context 인자로 SupervisorJob()을 넘긴다. 이후 이 코루틴의 자식 코루틴으로 Coroutine1 코루틴과 Coroutine2 코루틴을 생성한다. 이 코드는 얼핏 보기에는 문제가 없어 보이지만 아주 큰 문제를 내포하고 있다.

문제가 생기는 이유는 launch 함수는 context 인자에 Job 객체가 입력될 경우 해당 Job 객체를 부모로 하는 새로운 Job 객체를 만들기 때문이다. 즉, launch 함수에 SupervisorJob()을 인자로 넘기면 SupervisorJob()을 통해 만들어지는 SupervisorJob 객체를 부모로 하는 새로운 Job 객체가 만들어져 그림 8-11과 같은 구조가 된다.

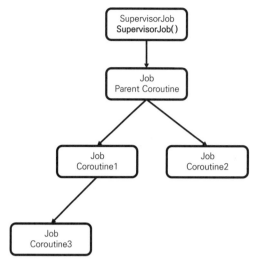

그림 8-11 잘못 사용된 SupervisorJob

만약 이런 구조에서 Coroutine3 코루틴에 예외가 발생하면 예외가 그림 8-12와 같이 전파된다. Coroutine3 코루틴에서 발생한 예외가 Coroutine1 코루틴을 통해 Parent Coroutine 코루틴까지 전파돼 Parent Coroutine 코루틴이 취소되며, 동시에 Coroutine2 코루틴도 취소된다. Parent Coroutine 코루틴의 예외가 SupervisorJob 객체로 전파되지는 않지만 이는 아무런 역할을 하지 못한다.

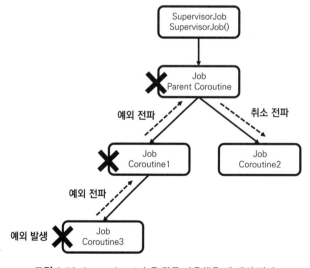

그림 8-12 SupervisorJob을 잘못 사용했을 때 예외 전파

따라서 코드를 실행해 보면 Coroutine2 코루틴도 취소돼 예외 로그만 출력되는 것을 볼 수 있다.

```
/*
// 결과:
Exception in thread "main" java.lang.Exception: 예외 발생
  at chapter8.code7.Code8_7Kt$main$1$1$1$1.invokeSuspend(Code8-7.kt:9)
  at kotlin.coroutines.jvm.internal.BaseContinuationImpl.
resumeWith(ContinuationImpl.kt:33)
  ...

Process finished with exit code 0
*/
```

SupervisorJob 객체는 강력한 예외 전파 방지 도구이지만 잘못 사용하면 그 기능을 제대로 수행하지 못할 수 있다. 따라서 SupervisorJob 객체를 생성할 때 SupervisorJob 객체가 Job 계층 구조의 어떤 위치에 있어야 하는지 충분히 고민하고 사용해야 한다.

8.2.3. supervisorScope를 사용한 예외 전파 제한

코루틴의 예외 전파를 제한하기 위한 세 번째 방법은 SupervisorJob() 대안으로 supervisorScope 함수를 사용하는 것이다. supervisorScope 함수는 SupervisorJob 객체를 가진 CoroutineScope 객체를 생성하며, 이 SupervisorJob 객체는 supervisorScope 함수를 호출한 코루틴의 Job 객체를 부모로 가진다. 즉, supervisorScope를 사용하면 복잡한 설정 없이도 구조화를 깨지 않고 예외 전파를 제한할 수 있다. 또한 supervisorScope 내부에서 실행되는 코루틴은 SupervisorJob과 부모-자식 관계로 구조화되는데 supervisorScope의 SupervisorJob 객체는 코드가 모두 실행되고 자식 코루틴도 모두 실행 완료되면 자동으로 완료 처리된다. 다음 코드를 통해 supervisorScope가 어떻게 동작하는지 살펴보자.

```
코드 위치: src/main/chapter8/code8/Code8-8.kt
fun main() = runBlocking<Unit> {
  supervisorScope {
    launch(CoroutineName("Coroutine1")) {
      launch(CoroutineName("Coroutine3")) {
        throw Exception("예외 발생")
      }
      delay(100L)
      println("[${Thread.currentThread().name}] 코루틴 실행")
    }
    launch(CoroutineName("Coroutine2")) {
      delay(100L)
      println("[${Thread.currentThread().name}] 코루틴 실행")
    }
  }
}
```

이 코드에서는 runBlocking 함수에 의해 Job 객체가 생성되고, Job 객체는 자식 코루틴으로 supervisorScope 함수에 의해 생성된 SupervisorJob 객체를 가진다. SupervisorJob 객체는 다시 Coroutine1 코루틴의 Job과 Coroutine2 코루틴의 Job을 자식 코루틴으로 가지며, Coroutine1 코루틴은 Coroutine3 코루틴을 자식 코루틴으로 가진다. 따라서 그림 8-13과 같은 구조가 된다.

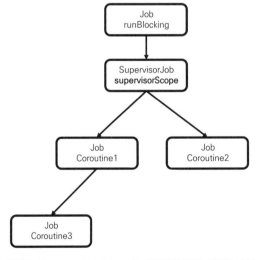

그림 8-13 supervisorScope를 사용했을 때의 코루틴 구조

만약 Coroutine3 코루틴에서 예외가 발생하면 이 예외는 그림 8-14에서 볼 수 있듯이 Coroutine1 코루틴까지만 전파되고 supervisorScope의 SupervisorJob 객체로는 전파되지 않는다.

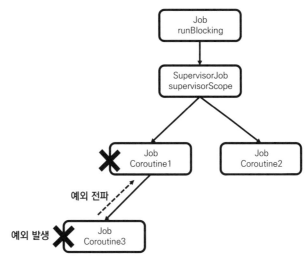

그림 8-14 supervisorScope를 사용한 예외 전파 제한

따라서 코드를 실행해 보면 Coroutine2 코루틴이 정상적으로 실행되는 것을 볼 수 있다.

```
/*
// 결과:
Exception in thread "main" java.lang.Exception: 예외 발생
  at chapter8.code8.Code8_8Kt$main$1$1$1$1.invokeSuspend(Code8-8.kt:9)
  at kotlin.coroutines.jvm.internal.BaseContinuationImpl.
resumeWith(ContinuationImpl.kt:33)
  ...
[main @Coroutine2#3] 코루틴 실행

Process finished with exit code 0
*/
```

이처럼 supervisorScope를 사용하면 구조화도 깨지 않으면서 자식 코루틴의 예외

전파도 제한할 수 있다.

지금까지 코루틴의 예외 전파를 제한할 수 있는 세 가지 방법을 알아봤다. 이 세 가지 방법 중 완벽한 정답은 없다. 특정 방법에 부족함이 있더라도 그 방법 나름대로 장점이 있으므로 각자의 상황에 맞춰 고민하고 사용해야 한다.

예외 전파를 제한하는 방법에 대해 알아봤으면, 이제는 예외를 처리하는 방법에 대해 알아볼 차례이다. 다음으로는 CoroutineExceptionHandler 객체를 사용해 예외를 처리하는 방법에 대해 살펴보자.

8.3. CoroutineExceptionHandler를 사용한 예외 처리

구조화된 코루틴들에 공통적인 예외 처리기를 설정해야 할 경우도 있다. 코루틴은 이를 위해 CoroutineContext 구성 요소로 CoroutineExceptionHandler라고 하는 예외 처리기를 지원한다. 지금부터 CoroutineExceptionHandler 객체에 대해 알아보자.

8.3.1. CoroutineExceptionHandler 생성

CoroutineExceptionHandler 객체는 CoroutineExceptionHandler 함수를 통해 생성할 수 있다.

```
public inline fun CoroutineExceptionHandler(crossinline handler:
(CoroutineContext, Throwable) -> Unit): CoroutineExceptionHandler
```

CoroutineExceptionHandler 함수는 예외를 처리하는 람다식인 handler를 매개변수로 가진다. handler는 CoroutineContext와 Throwable 타입의 매개변수를 갖는 람다식으로 이 람다식에 예외가 발생했을 때 어떤 동작을 할지 입력해 예외를 처리할 수 있다.

CoroutineExceptionHandler 함수를 사용해 예외 발생 시 어떤 예외가 발생했는지 출력하는 간단한 CoroutineExceptionHandler 객체를 다음과 같이 만들어 보자.

```
val exceptionHandler = CoroutineExceptionHandler { coroutineContext,
throwable ->
  println("[예외 발생] ${throwable}")
}
```

8.3.2. CoroutineExceptionHandler 사용

생성된 CoroutineExceptionHandler 객체는 CoroutineContext 객체의 구성
요소로 포함될 수 있다. 다음과 같이 사용해 보자.

```
코드 위치: src/main/chapter8/code9/Code8-9.kt
fun main() = runBlocking<Unit> {
  val exceptionHandler = CoroutineExceptionHandler { coroutineContext,
throwable ->
    println("[예외 발생] ${throwable}")
  }
  CoroutineScope(exceptionHandler).launch(CoroutineName("Coroutine1")) {
    launch(CoroutineName("Coroutine2")) {
      throw Exception("Coroutine2에 예외가 발생했습니다")
    }
  }
  delay(1000L)
}
```

이 코드에서는 CoroutineScope 함수의 인자로 앞서 만든 exceptionHandler
가 들어가며, 이를 통해 생성된 CoroutineScope를 사용해 launch 함수가 호
출돼 Coroutine1 코루틴이 실행된다. CoroutineScope 함수가 호출되면 기
본적으로 Job 객체가 새로 생성되므로, runBlocking이 호출돼 만들어지는 Job
객체와의 구조화가 깨지며, Coroutine1 코루틴은 CoroutineScope 객체로
부터 CoroutineContext를 상속받아 exceptionHandler가 상속된다. 또한
Coroutine2 코루틴도 Coroutine1 코루틴으로부터 exceptionHandler을 상속
받아 그림 8-15 와 같은 구조가 된다.

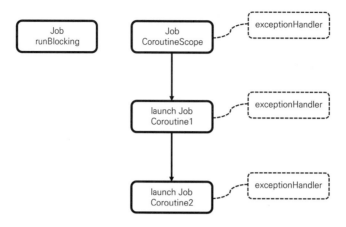

그림 8-15 CoroutineExceptionHandler 설정하기

코드를 실행해 보면 Coroutine2에서 발생한 예외가 exceptionHandler에 의해 처리돼 예외 정보가 출력된 것을 확인할 수 있다.

```
/*
// 결과:
[예외 발생] java.lang.Exception: Coroutine2에 예외가 발생했습니다
*/
```

그림 8-15에서 볼 수 있듯이 exceptionHandler는 CoroutineScope 객체에도 설정돼 있고, Coroutine1 코루틴과 Coroutine2 코루틴에도 설정돼 있다. 그렇다면 셋 중 어디에 설정된 exceptionHandler가 예외를 처리한 것일까? 지금부터 이에 대해 알아보자.

8.3.3. 처리되지 않은 예외만 처리하는 CoroutineExceptionHandler

CoroutineExceptionHandler 객체는 처리되지 않은 예외만 처리한다. 만약 자식 코루틴이 부모 코루틴으로 예외를 전파하면, 자식 코루틴에서는 예외가 처리된 것으로 보아 자식 코루틴에 설정된 CoroutineExceptionHandler 객체는 동작하지 않는다. 이를 확인하기 위해 다음 코드를 살펴보자.

```
코드 위치: src/main/chapter8/code10/Code8-10.kt
fun main() = runBlocking<Unit> {
  val exceptionHandler = CoroutineExceptionHandler { coroutineContext,
throwable ->
    println("[예외 발생] ${throwable}")
  }
  CoroutineScope(Dispatchers.IO).launch(CoroutineName("Coroutine1")) {
    launch(CoroutineName("Coroutine2") + exceptionHandler) {
      throw Exception("Coroutine2에 예외가 발생했습니다")
    }
  }
  delay(1000L)
}
```

이 코드에서는 exceptionHandler를 CoroutineScope에 설정하는 대신
Coroutine2에 설정한다. 따라서 그림 8-16과 같은 구조가 된다.

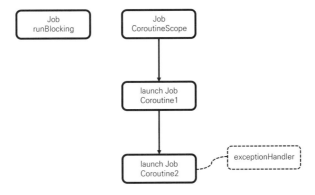

그림 8-16 자식 코루틴에만 설정된 CoroutineExceptionHandler

그림 8-16을 보면 Coroutine2 코루틴에서 예외가 발생하므로, Coroutine2 코루
틴에 설정된 exceptionHandler가 예외를 처리할 것처럼 보인다. 하지만 코드를
실행해 보면 오류 로그를 제외한 어떠한 로그도 나오지 않는다.

```
/*
// 결과:
Exception in thread "DefaultDispatcher-worker-3" java.lang.Exception:
```

```
Coroutine2에 예외가 발생했습니다
  at chapter8.code10.Code8_10Kt$main$1$1$1.invokeSuspend(Code8-10.kt:11)
  at kotlin.coroutines.jvm.internal.BaseContinuationImpl.
resumeWith(ContinuationImpl.kt:33)
  ...
*/
```

그 이유는 Coroutine2 코루틴이 Coroutine1 코루틴으로 예외를 전파했기 때문이다. launch 코루틴은 다른 launch 코루틴으로 예외를 전파하면 예외를 처리한 것으로 보며, CoroutineExceptionHandler 객체는 이미 처리된 예외에 대해서는 동작하지 않는다. 따라서 구조화된 코루틴 상에 여러 CoroutineExceptionHandler 객체가 설정돼 있더라도, 예외를 마지막으로 처리하는 위치에 설정된 CoroutineExceptionHandler 객체만 예외를 처리한다. 이런 특징으로 인해 CoroutineExceptionHandler 객체는 '공통 예외 처리기'로서 동작할 수 있다.

그렇다면 예외를 마지막으로 처리하는 위치는 어디일까? 바로 launch 함수로 생성된 코루틴 중 최상위에 있는 코루틴이다. 이어서 이에 대해 알아보자.

8.3.4. CoroutineExceptionHandler의 예외 처리 위치

"8.3.2. CoroutineExceptionHandler 사용"에서 다뤘던 CoroutineException Handler가 동작했던 코드를 다시 한 번 살펴보자.

```
코드 위치: src/main/chapter8/code9/Code8-9.kt
fun main() = runBlocking<Unit> {
  val exceptionHandler = CoroutineExceptionHandler { coroutineContext,
throwable ->
    println("[예외 발생] ${throwable}")
  }
  CoroutineScope(exceptionHandler).launch(CoroutineName("Coroutine1")) {
    launch(CoroutineName("Coroutine2")) {
      throw Exception("Coroutine2에 예외가 발생했습니다")
    }
  }
  delay(1000L)
}
```

이곳에 설정된 CoroutineExceptionHandler 객체가 동작할 수 있었던 이유는 launch 함수로 생성된 코루틴 중 최상위에 있는 Coroutine1 코루틴에 CoroutineExceptionHandler가 설정돼 있기 때문이다.

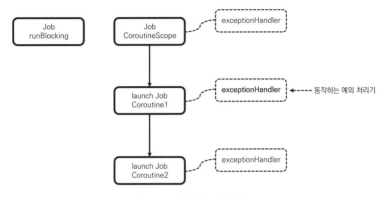

그림 8-17 동작하는 예외 처리기

즉, 그림 8-17에서 화살표로 표시된 launch 코루틴 중 최상위에 있는 Coroutine1 코루틴에 설정된 CoroutineExceptionHandler 객체만 동작해 예외가 출력된다. 이를 확인하기 위해 위의 코드를 다음과 같이 변경해 보자.

```
코드 위치: src/main/chapter8/code11/Code8-11.kt
fun main() = runBlocking<Unit> {
  val exceptionHandler = CoroutineExceptionHandler { coroutineContext,
throwable ->
    println("[예외 발생] ${throwable}")
  }
  val exceptionHandler2 = CoroutineExceptionHandler { coroutineContext,
throwable ->
    println("[예외 발생2] ${throwable}")
  }

  CoroutineScope(Dispatchers.IO + exceptionHandler)
    .launch(CoroutineName("Coroutine1") + exceptionHandler2) {
      launch(CoroutineName("Coroutine2")) {
        throw Exception("Coroutine2에 예외가 발생했습니다")
      }
    }
  delay(1000L)
}
```

이 코드에서는 예외 발생 시 [예외 발생2]로 시작하는 문구를 출력하는 exceptionHandler2를 추가로 만든 후 Coroutine1과 함께 exceptionHandler2를 설정했다. 즉 다음과 같은 구조가 된다.

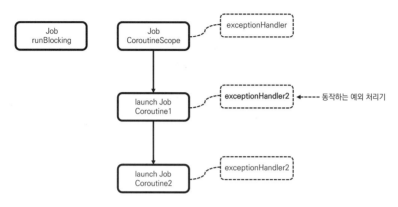

그림 8-18 최상위 launch 코루틴의 예외 처리기

이런 구조에서는 Coroutine1이나 Coroutine2에서 예외 발생 시, launch 코루틴 중 최상위에 있는 Coroutine1 코루틴에 설정된 exceptionHandler2가 동작한다. 따라서 코드를 실행해 보면 다음과 같은 결과가 나온다.

```
/*
// 결과:
[예외 발생2] java.lang.Exception: Coroutine2에 예외가 발생했습니다
*/
```

최상위 launch 코루틴인 Coroutine1에 설정된 exceptionHandler2가 예외를 처리한 것을 볼 수 있다.

8.3.5. CoroutineExceptionHandler를 사용해야 하는 경우

CoroutineExceptionHandler의 handleException 함수가 호출될 때는 이미 해당 예외로 인해 코루틴이 완료된 상태이기 때문에 CoroutineExceptionHandler을 사용해 예외를 복구할 수는 없다.

그렇다면 CoroutineExceptionHandler는 언제 사용될까? 바로 예외를 로깅하거나, 오류 메시지를 표시하기 위해 구조화된 코루틴들에 공통으로 동작하는 예외 처리기를 설정해야 하는 경우 사용된다.

예를 들어 다음과 같은 코드를 살펴보자.

```kotlin
코드 위치: src/main/chapter8/code12/Code8-12.kt
fun main() = runBlocking<Unit> {
  val exceptionHandler = CoroutineExceptionHandler { coroutineContext,
throwable ->
    println("[예외 로깅] ${throwable}")
  }

  CoroutineScope(Dispatchers.IO)
    .launch(CoroutineName("Coroutine1") + exceptionHandler) {
      launch(CoroutineName("Coroutine2")) {
        throw Exception("Coroutine2에 예외가 발생했습니다")
      }
      launch(CoroutineName("Coroutine3")) {
        // 다른 작업
      }
    }

  delay(1000L)
}
```

이 코드에서는 Coroutine1 코루틴이 작업의 시작점 역할을 하고, Coroutine2 코루틴과 Coroutine3을 자식으로 가진다. 이런 경우 Coroutine1 코루틴 하위의 코루틴에 뭔가 문제가 생겼을 경우 로깅이 필요하다면 Coroutine1에 예외를 로깅하는 CoroutineExceptionHandler을 설정하면 된다.

따라서 위 코드는 그림 8-19와 같은 구조가 된다.

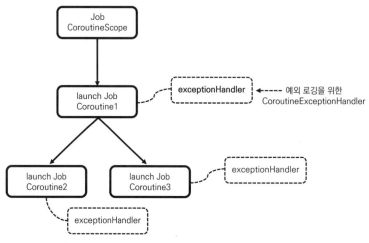

그림 8-19 CoroutineExceptionHandler을 사용해야 하는 경우

이제 코드를 실행해 보면 Coroutine2에서 발생한 예외가 Coroutine1에 설정된 exceptionHandler에 의해 처리돼 다음과 같은 결과가 나오는 것을 볼 수 있다.

```
/*
// 결과:
[예외 로깅] java.lang.Exception: Coroutine2에 예외가 발생했습니다
*/
```

8.3.6. CoroutineExceptionHandler는 예외 전파를 제한하지 않는다

CoroutineExceptionHandler 사용 시 많이 하는 실수는 CoroutineException Handler가 try catch문처럼 동작해 예외 전파를 제한한다고 생각하는 것이다. 하지만 CoroutineExceptionHandler는 예외가 마지막으로 처리되는 위치에서 예외를 처리할 뿐, 예외 전파를 제한하지 않는다. 다음 코드를 살펴보자.

```
코드 위치: src/main/chapter8/code13/Code8-13.kt
fun main() = runBlocking<Unit> {
  val exceptionHandler = CoroutineExceptionHandler { coroutineContext,
throwable ->
    println("[예외 발생] ${throwable}")
  }
```

```
  launch(CoroutineName("Coroutine1") + exceptionHandler) {
    throw Exception("Coroutine1에 예외가 발생했습니다")
  }
}
```

이 코드에서는 Coroutine1 코루틴에 CoroutineExceptionHandler 객체가 설정된 상태에서 Coroutine1 코루틴에 예외가 발생한다. 하지만 Coroutine1 코루틴에서 발생한 예외는 그림 8-20과 같이 runBlocking 코루틴으로 전파된다. 즉, CoroutineExceptionHandler 객체는 예외 전파를 제한하지 않는다.

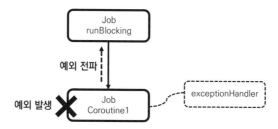

그림 8-20 예외 전파를 제한하지 않는 CoroutineExceptionHandler

따라서 코드를 실행해 보면 예외가 전파돼 프로세스가 비정상 종료된다. 그 이유는 CoroutineExceptionHandler 객체에는 예외 전파를 제한하는 기능이 없기 때문이다.

```
/*
// 결과:
Exception in thread "main" java.lang.Exception: Coroutine1에 예외가 발생했습니다
  at chapter8.code13.Main8_13Kt$main$1$1.invokeSuspend(Main8-13.kt:10)
  ...
*/
```

지금까지 특정 범위의 코루틴에서 발생한 예외를 공통으로 처리하는 데 사용되는 CoroutineExceptionHandler 객체에 대해 살펴봤다. 다음으로는 try catch문을

사용해 예외를 처리하는 방법을 살펴보자.

8.4. try catch문을 사용한 예외 처리

8.4.1. try catch문을 사용해 코루틴 예외 처리하기

코루틴에서 예외가 발생했을 때 코틀린에서 일반적으로 예외를 처리하는 방식과 같이 try catch문을 통해 예외를 처리할 수 있다. 다음 코드를 살펴보자.

```kotlin
코드 위치: src/main/chapter8/code14/Code8-14.kt
fun main() = runBlocking<Unit> {
  launch(CoroutineName("Coroutine1")) {
    try {
      throw Exception("Coroutine1에 예외가 발생했습니다")
    } catch (e: Exception) {
      println(e.message)
    }
  }
  launch(CoroutineName("Coroutine2")) {
    delay(100L)
    println("Coroutine2 실행 완료")
  }
}
/*
// 결과:
Coroutine1에 예외가 발생했습니다
Coroutine2 실행 완료
*/
```

이 코드에서는 Coroutine1 코루틴에서 예외가 발생하지만 예외가 try catch문을 통해 처리되고 있기 때문에 부모 코루틴인 runBlocking 코루틴으로 예외가 전파되지 않는다. 따라서 코드의 실행 결과를 보면 catch문에서 예외가 처리돼 예외 메시지가 출력되는 것을 확인할 수 있다. 또한 그림 8-21과 같이 runBlocking 코루틴으로 예외가 전파되지 않아 Coroutine2 코루틴도 정상적으로 실행되는 것을 볼 수 있다.

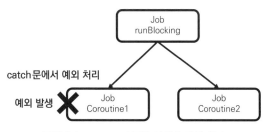

그림 8-21 try catch문을 사용한 예외 처리

8.4.2. 코루틴 빌더 함수에 대한 try catch문은 코루틴의 예외를 잡지 못한다

try catch문 사용 시 많이 하는 실수는 try catch문을 코루틴 빌더 함수에 사용하는 것이다. 코루틴 빌더 함수에 try catch문을 사용하면 코루틴에서 발생한 예외가 잡히지 않는다. 다음과 같이 try catch문을 사용해 보자.

```
코드 위치: src/main/chapter8/code15/Code8-15.kt
fun main() = runBlocking<Unit> {
  try {
    launch(CoroutineName("Coroutine1")) {
      throw Exception("Coroutine1에 예외가 발생했습니다")
    }
  } catch (e: Exception) {
    println(e.message)
  }
  launch(CoroutineName("Coroutine2")) {
    delay(100L)
    println("Coroutine2 실행 완료")
  }
}
```

이 코드에서는 Coroutine1 코루틴을 만드는 launch 코루틴 빌더 함수를 try catch문으로 감싸지만 이 try catch문은 Coroutine1 코루틴에서 발생하는 예외를 잡지 못한다. launch는 코루틴을 생성하는 데 사용되는 함수일 뿐으로 람다식의 실행은 생성된 코루틴이 CoroutineDispatcher에 의해 스레드로 분배되는 시점에 일어나기 때문이다. 즉, 이 try catch문은 launch 코루틴 빌더 함수 자체의 실행만 체크하며, 람다식은 예외 처리 대상이 아니다.

따라서 코드를 실행해 보면 Coroutine1 코루틴에서 발생하는 예외가 runBlocking 코루틴으로 전파되며, 이는 Coroutine2 코루틴까지 취소시키고 프로세스가 비정상 종료되는 것을 볼 수 있다.

```
/*
// 결과:
Exception in thread "main" java.lang.Exception: Coroutine1에 예외가 발생했습니다
  at chapter8.code15.Main8_15Kt$main$1$1.invokeSuspend(Main8-15.kt:8)
  at kotlin.coroutines.jvm.internal.BaseContinuationImpl.
resumeWith(ContinuationImpl.kt:33)
  ...

Process finished with exit code 1
*/
```

코루틴에 대한 예외 처리를 위해서는 코루틴 빌더 함수의 람다식 내부에서 try catch문을 사용해야 한다는 것을 명심하고, 코루틴 빌더 함수에 try catch문을 사용하지 않도록 주의하자.

8.5. async의 예외 처리

8.5.1. async의 예외 노출

async 코루틴 빌더 함수는 다른 코루틴 빌더 함수와 달리 결괏값을 Deferred 객체로 감싸고 await 호출 시점에 결괏값을 노출한다. 이런 특성 때문에 코루틴 실행 도중 예외가 발생해 결괏값이 없다면 Deferred에 대한 await 호출 시 예외가 노출된다. 다음 코드를 통해 확인해 보자.

```
코드 위치: src/main/chapter8/code16/Code8-16.kt
fun main() = runBlocking<Unit> {
  supervisorScope {
    val deferred: Deferred<String> = async(CoroutineName("Coroutine1")) {
      throw Exception("Coroutine1에 예외가 발생했습니다")
    }
```

```
    try {
        deferred.await()
    } catch (e: Exception) {
        println("[노출된 예외] ${e.message}")
    }
  }
}
```

이 코드에서는 supervisorScope를 사용해 예외가 전파되지 않도록 만들며, 내부에서 async 코루틴 빌더 함수를 통해 Coroutine1 코루틴을 실행하고, 그로부터 생성되는 Deferred〈String〉 타입의 객체를 deferred로 참조한다. Coroutine1 코루틴에서는 예외가 발생하므로 deferred에 대해 await 함수를 호출하면 코루틴에서 발생한 예외가 외부로 노출되는데 이의 처리를 위해 try catch문으로 deferred.await()를 감싼다.

코드를 실행해 보면 Coroutine1 코루틴에서 발생한 예외가 await 호출 시점에 노출돼 try catch문에 의해 처리되는 것을 볼 수 있다.

```
/*
// 결과:
[노출된 예외] Coroutine1에 예외가 발생했습니다
*/
```

이처럼 async 코루틴 빌더를 호출해 만들어진 코루틴에서 예외가 발생할 경우에는 await 호출부에서 예외 처리가 될 수 있도록 해야 한다.

8.5.2. async의 예외 전파

async 코루틴 빌더 함수 사용 시 많이 하는 실수 중 하나는 await 함수 호출부에서만 예외 처리를 하는 것이다. async 코루틴 빌더 함수도 예외가 발생하면 부모 코루틴으로 예외를 전파하는데 이를 적절하게 처리해야 한다. 다음 코드를 통해 예외 전파를 처리하지 않으면 어떤 일이 일어나는지 확인해 보자.

```
코드 위치: src/main/chapter8/code17/Code8-17.kt
fun main() = runBlocking<Unit> {
  async(CoroutineName("Coroutine1")) {
    throw Exception("Coroutine1에 예외가 발생했습니다")
  }
  launch(CoroutineName("Coroutine2")) {
    delay(100L)
    println("[${Thread.currentThread().name}] 코루틴 실행")
  }
}
```

이 코드에서는 runBlocking 코루틴의 자식 코루틴으로 Coroutine1 코루틴과 Coroutine2 코루틴이 만들어지며, async를 사용해 만들어진 Coroutine1 코루틴이 예외를 발생시킨다. 코드를 실행해 보면 Coroutine1 코루틴에 await를 호출하는 부분이 없음에도 예외 로그가 나오는 것을 볼 수 있다.

```
/*
// 결과:
Exception in thread "main" java.lang.Exception: Coroutine1에 예외가 발생했습니다
  at chapter8.code17.Main8_17Kt$main$1$1.invokeSuspend(Main8-17.kt:7)
  at kotlin.coroutines.jvm.internal.BaseContinuationImpl.
resumeWith(ContinuationImpl.kt:33)
  ...

Process finished with exit code 1
*/
```

그 이유는 그림 8-22와 같이 Coroutine1 코루틴에서 발생한 예외가 부모 코루틴으로 전파돼 부모 코루틴을 취소시키기 때문이다. 따라서 나머지 자식 코루틴인 Coroutine2 코루틴 또한 자동으로 취소된다.

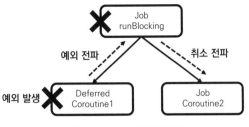

그림 8-22 async의 예외 전파

이를 해결하기 위해서는 Coroutine1 코루틴에서 발생한 예외가 부모 코루틴으로 전파되지 않도록 만들어야 한다. 다음과 같이 supervisorScope를 사용해 예외 전파를 제한시킴으로써 예외가 전파되지 않도록 만들 수 있다.

```kotlin
코드 위치: src/main/chapter8/code18/Code8-18.kt
fun main() = runBlocking<Unit> {
  supervisorScope {
    async(CoroutineName("Coroutine1")) {
      throw Exception("Coroutine1에 예외가 발생했습니다")
    }
    launch(CoroutineName("Coroutine2")) {
      delay(100L)
      println("[${Thread.currentThread().name}] 코루틴 실행")
    }
  }
}
/*
// 결과:
[main @Coroutine2#3] 코루틴 실행
*/
```

코드의 실행 결과를 보면 Coroutine1 코루틴이 예외를 전파하지 않아 Coroutine2 코루틴이 정상 실행되는 것을 확인할 수 있다. async 코루틴 빌더를 사용할 때는 전파되는 예외와 await 호출 시 노출되는 예외를 모두 처리해 줘야 함을 명심하자.

8.6. 전파되지 않는 예외

8.6.1. 전파되지 않는 CancellationException

코루틴은 CancellationException 예외가 발생해도 부모 코루틴으로 전파되지 않는다. 다음 코드를 통해 CancellationException이 부모 코루틴으로 전파되지 않는 것을 확인해 보자.

```
코드 위치: src/main/chapter8/code19/Code8-19.kt
fun main() = runBlocking<Unit>(CoroutineName("runBlocking 코루틴")) {
  launch(CoroutineName("Coroutine1")) {
    launch(CoroutineName("Coroutine2")) {
      throw CancellationException()
    }
    delay(100L)
    println("[${Thread.currentThread().name}] 코루틴 실행")
  }
  delay(100L)
  println("[${Thread.currentThread().name}] 코루틴 실행")
}
/*
// 결과:
[main @runBlocking 코루틴#1] 코루틴 실행
[main @Coroutine1#2] 코루틴 실행
*/
```

이 코드에서 Coroutine2 코루틴은 CancellationException을 발생시키고, 부모 코루틴으로 Coroutine1 코루틴을 가지며, Coroutine1 코루틴은 runBlocking 코루틴을 부모로 가진다. 만약 Coroutine2 코루틴에서 발생하는 예외가 일반적인 예외였다면 루트 코루틴까지 예외가 전파돼 모든 코루틴들이 취소됐겠지만 CancellationException은 그림 8-23과 같이 Coroutine2 코루틴만 취소시키고 전파되지 않는다. 따라서 코드 실행 결과를 보면 runBlocking 코루틴과 Coroutine1 코루틴이 정상 실행되는 것을 확인할 수 있다.

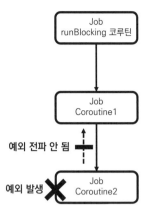

그림 8-23 전파되지 않는 CancellationException

8.6.2. 코루틴 취소 시 사용되는 JobCancellationException

그렇다면 코루틴은 왜 CancellationException을 부모 코루틴으로 전파하지 않는 것일까? 바로 CancellationException은 코루틴의 취소에 사용되는 특별한 예외이기 때문이다. Job 객체에 대해 cancel 함수를 호출하면 CancellationException의 서브 클래스인 JobCancellationException을 발생시켜 코루틴을 취소시킨다. 이의 확인을 위해 다음과 같이 코드를 만들어 보자.

```
코드 위치: src/main/chapter8/code20/Code8-20.kt
fun main() = runBlocking<Unit> {
  val job = launch {
    delay(1000L) // 1초간 지속
  }
  job.invokeOnCompletion { exception ->
    println(exception) // 발생한 예외 출력
  }
  job.cancel() // job 취소
}
/*
// 결과:
kotlinx.coroutines.JobCancellationException: StandaloneCoroutine was
cancelled; job=StandaloneCoroutine{Cancelled}@7494e528
*/
```

이 코드에서는 1초간 지속되는 job을 만들고, invokeOnCompletion 함수를 통해 job에 발생한 예외를 출력하는 콜백을 등록한다. 이후 job.cancel()을 호출해 어떤 예외가 job을 취소시켰는지 확인한다.

코드의 실행 결과를 보면 JobCancellationException이 발생해 코루틴이 취소되는 것을 확인할 수 있다. 이처럼 CancellationException은 특정 코루틴만 취소하는 데 사용되며, 코루틴 코드상에서 다양하게 응용돼 사용된다. 이제 Cancellation Exception을 사용하는 대표적 함수인 withTimeOut을 살펴보자.

8.6.3. withTimeOut 사용해 코루틴의 실행 시간 제한하기

코루틴 라이브러리는 제한 시간을 두고 작업을 실행할 수 있도록 만드는 withTime Out 함수를 제공한다.

```
public suspend fun <T> withTimeout(timeMillis: Long, block: suspend
CoroutineScope.() -> T): T
```

withTimeOut 함수는 매개변수로 실행 제한 시간을 밀리초 단위로 표현하는 timeMillis와 해당 시간 내에 실행돼야 할 작업인 block을 가진다. withTime Out 함수는 작업(block)이 주어진 시간(timeMillis) 내에 완료되지 않으면 Timeout CancellationException을 발생시키는데 TimeoutCancellationException 은 CancellationException의 서브 클래스이다. 따라서 TimeoutCancellation Exception이 발생되더라도 예외가 부모 코루틴으로 전파되지 않고 해당 예외가 발생한 코루틴만 취소시킨다. 사용 방법은 다음과 같다.

```
코드 위치: src/main/chapter8/code21/Code8-21.kt
fun main() = runBlocking<Unit>(CoroutineName("Parent Coroutine")) {
  launch(CoroutineName("Child Coroutine")) {
    withTimeout(1000L) { // 실행 시간을 1초로 제한
      delay(2000L) // 2초의 시간이 걸리는 작업
      println("[${Thread.currentThread().name}] 코루틴 실행")
    }
  }
  delay(2000L)
```

```
    println("[${Thread.currentThread().name}] 코루틴 실행")
}
/*
// 결과:
[main @Parent Coroutine#1] 코루틴 실행
*/
```

이 코드에서는 Child Coroutine 코루틴의 실행 시간을 1초로 제한시키고, 내부에서 2초의 시간이 걸리는 작업을 실행한다. 작업의 실행 시간이 1초로 제한됐음에도 작업에 2초의 시간이 걸리므로 withTimeOut은 TimeoutCancellationException을 발생시켜 Child Coroutine 코루틴을 취소시키지만 이 예외는 Parent Coroutine 코루틴으로는 전파되지 않는다. 따라서 Parent Coroutine 코루틴의 작업은 취소되지 않는다. 코드의 실행 결과를 보면 Parent Coroutine 코루틴이 정상적으로 실행된 것을 확인할 수 있다.

withTimeOut 함수는 실행 시간이 제한돼야 할 필요가 있는 다양한 작업에 사용되며, 대표적으로 네트워크 호출의 실행 시간을 제한하는 데 사용할 수 있다.

withTimeOut 함수에서 발생한 TimeoutCancellationException은 다음과 같이 try catch문을 통해 처리될 수도 있다.

```kotlin
// 코드 위치: src/main/chapter8/code22/Code8-22.kt
fun main() = runBlocking<Unit>(CoroutineName("Parent Coroutine")) {
  try {
    withTimeout(1000L) { // 실행 시간을 1초로 제한
      delay(2000L) // 2초의 시간이 걸리는 작업
      println("[${Thread.currentThread().name}] 코루틴 실행")
    }
  } catch (e: Exception) {
    println(e)
  }
}
/*
// 결과:
kotlinx.coroutines.TimeoutCancellationException: Timed out waiting for
1000 ms
*/
```

코드의 실행 결과를 보면 withTimeOut에서 발생한 예외가 catch문에서 잡혀 로그가 출력되는 것을 확인할 수 있다.

추가 자료. withTimeOutOrNull 사용해 실행 시간 초과 시 null 반환 받기

앞서 withTimeOut 함수를 사용하면, 실행 시간 초과 시 TimeoutCancellationException이 발생해 코루틴이 취소되는 것을 보았다. 하지만, 실행 시간을 초과하더라도 코루틴이 취소되지 않고 결과가 반환돼야 하는 경우가 있다.

이런 경우를 위해 withTimeOutOrNull 함수를 사용할 수 있다. withTimeOutOrNull 함수를 사용하면, 실행 시간을 초과하면 코루틴이 취소되지 않고 null이 반환된다. 다음 코드를 살펴보자.

```kotlin
// 코드 위치: src/main/chapter8/code22/Code8-23.kt
fun main() = runBlocking<Unit>(CoroutineName("Parent Coroutine")) {
  launch(CoroutineName("Child Coroutine")) {
    val result = withTimeoutOrNull(1000L) { // 실행 시간을 1초로 제한
      delay(2000L) // 2초의 시간이 걸리는 작업
      return@withTimeoutOrNull "결과"
```

```
    }
    println(result)
  }
}
```

이 코드에서는 Child Coroutine 코루틴 내부에서 withTimeOutOrNull(1000L)을 사용해 작업의 실행 시간을 1초로 제한하며, 내부에서는 2초의 시간이 걸리는 작업을 실행한다. 따라서 제한 시간이 초과되지만, 제한 시간이 초과됐을 때 TimeOutCancellationException을 외부로 전파하는 대신 내부적으로 해당 예외를 처리하고 null을 반환한다. 따라서 위 코드의 실행 결과는 다음과 같다.

```
/*
// 결과:
null
*/
```

8.7. 요약

1. 애플리케이션은 다양한 예외 상황에 노출되며, 예외를 적절히 처리해 애플리케이션의 안정성을 확보할 수 있다.

2. 코루틴은 비동기 작업을 실행할 때 사용되기 때문에 애플리케이션의 안정성을 위해 예외 처리가 필수적이다.

3. 코루틴에서 발생한 예외는 부모 코루틴으로 전파되며, 적절히 처리되지 않으면 최상위 루트 코루틴까지 전파된다.

4. 예외를 전파받은 코루틴이 취소되면 해당 코루틴의 모든 자식 코루틴에 취소가 전파된다. 즉, 루트 코루틴이 예외로 취소되면 구조화된 모든 코루틴이 취소된다.

5. 새로운 루트 Job 객체를 통해 코루틴의 구조화를 깨서 코루틴의 예외 전파를 제한할 수 있다.

6. SupervisorJob 객체를 사용해 예외 전파를 제한할 수 있다. SupervisorJob

객체는 예외를 전파받지 않는 특수한 Job 객체이다.

7. SupervisorJob 객체는 예외를 전파받지 않지만 예외 정보는 전달받는다.

8. 예외가 전파되거나 예외 정보가 전달된 경우 해당 코루틴에서 예외가 처리된 것으로 본다.

9. CoroutineExceptionHandler 객체는 공통 예외 처리기로서 동작하며, 이미 처리된 예외에 대해서는 동작하지 않는다. 즉, 예외가 마지막으로 전파되는 또는 전달되는 위치에 설정되지 않으면 동작하지 않는다.

10. CoroutineExceptionHandler 객체는 예외 전파를 제한하지 않는다.

11. 코루틴 내부에서 try catch문을 사용해 예외를 처리할 수 있다.

12. 코루틴 빌더 함수에 대한 try catch문은 코루틴이 실행될 때 발생하는 예외를 잡지 못한다.

13. async 함수로 생성된 코루틴에서 발생한 예외는 await 호출 시 노출된다.

14. async 코루틴에서 발생한 예외 또한 부모 코루틴으로 전파된다.

15. CancellationException은 다른 예외와 달리 부모 코루틴으로 전파되지 않는다.

16. CancellationException이 전파되지 않는 이유는 CancellationException은 코루틴을 취소하기 위한 특별한 예외이기 때문이다. Job 객체에 cancel 함수를 호출하면 CancellcationException의 서브 클래스인 JobCancellation Exception이 발생해 코루틴이 취소된다.

17. withTimeOut 함수를 사용해 코루틴의 실행 시간을 제한할 수 있다. withTime Out 함수는 실행 시간 초과 시 CancellationException의 서브 클래스인 TimeoutCancellationException을 발생시켜 해당 코루틴만 취소한다.

18. withTimeOutOrNull을 사용하면 실행 시간 초과 시 null이 반환되도록 할 수 있다.

Chapter 9

일시 중단 함수

9장에서는 코루틴의 일시 중단 함수에 대해 다룬다.

9장에서 다루는 내용

- 일시 중단 함수의 개념
- 일시 중단 함수 사용법
- 일시 중단 함수에서 코루틴을 실행하는 방법
- 일시 중단 함수의 호출 지점

9.1. 일시 중단 함수와 코루틴

9.1.1. 일시 중단 함수란 무엇인가?

일시 중단 함수는 suspend fun 키워드로 선언되는 함수로 함수 내에 일시 중단 지점을 포함할 수 있는 특별한 기능을 한다. 일시 중단 함수는 주로 코루틴의 비동기 작업과 관련된 복잡한 코드들을 구조화하고 재사용할 수 있는 코드의 집합으로 만드는 데 사용된다.

다음 코드를 통해 일시 중단 함수가 어떻게 사용될 수 있는지 살펴보자.

```kotlin
fun main() = runBlocking<Unit> {
  delay(1000L)
  println("Hello World")
  delay(1000L)
  println("Hello World")
}
```

이 코드에서 runBlocking 코루틴은 delay(1000L)과 println("Hello World")의 실행을 두 번 반복한다. 따라서 delay(1000L)과 println("Hello World") 2개의 코드가 포함된 코드 블록을 함수로 만들면 코드의 중복을 피할 수 있다. 코드 블록에는 일시 중단 지점을 포함하는 delay 함수가 포함돼 있으므로 일반 함수로는 만들 수 없다. 대신 다음과 같이 일시 중단 함수로 만들 수 있다.

```kotlin
suspend fun delayAndPrintHelloWorld() {
  delay(1000L)
  println("Hello World")
}
```

이렇게 만들어진 delayAndPrintHelloWorld 일시 중단 함수를 사용하면 runBlocking 코루틴의 중복된 코드를 대체할 수 있다. runBlocking 코루틴의 반복된 코드를 다음과 같이 delayAndPrintHelloWorld 일시 중단 함수로 대체해 보자.

```kotlin
fun main() = runBlocking<Unit> {
  delayAndPrintHelloWorld()
  delayAndPrintHelloWorld()
}
```

이처럼 일시 중단 함수는 일시 중단 지점이 포함된 코드를 재사용이 가능한 단위로 추출하는 데 사용된다. 즉, 일시 중단 함수는 일반 함수와 용도가 같은데 다른 점은 일시 중단 지점을 포함하고 있다는 것이다.

9.1.2. 일시 중단 함수는 코루틴이 아니다

일시 중단 함수 사용 시 많이 하는 실수 중 하나는 일시 중단 함수를 코루틴과 동일하게 생각하는 것이다. 분명한 것은 일시 중단 함수는 코루틴 내부에서 실행되는 코드의 집합일 뿐, 코루틴이 아니다. 다음 코드를 통해 알아보자.

```kotlin
코드 위치: src/main/chapter9/code3/Code9-3.kt
fun main() = runBlocking<Unit> {
  val startTime = System.currentTimeMillis()
  delayAndPrintHelloWorld()
  delayAndPrintHelloWorld()
  println(getElapsedTime(startTime))
}

suspend fun delayAndPrintHelloWorld() {
  delay(1000L)
  println("Hello World")
}
```

이 코드는 실행 후에 startTime을 통해 시작 시간을 기록하며, 실행에 1초 정도가 걸리는 delayAndPrintHelloWorld 일시 중단 함수를 두 번 실행하고 마지막에 getElapsedTime 함수를 통해 지난 시간을 출력한다.

코드를 실행하기 전에 코드를 실행했을 때 생성되는 코루틴의 수와 이 코드가 실행되는 데 걸리는 시간에 대해 생각해 보자. 몇 개의 코루틴이 생성될까? 생성되는 코루틴은 runBlocking 코루틴 한 개이며, 이 코루틴 내부에서 2개의 delayAndPrintHelloWorld 함수가 순차적으로 실행된다. 따라서 코드를 실행해 보면 실행에 2초 정도가 소요되는 것을 확인할 수 있다.

```
/*
// 결과:
Hello World
Hello World
지난 시간: 2017ms
*/
```

일시 중단 함수가 어떻게 동작하는지 쉽게 파악하는 방법은 일시 중단 함수 호출
부를 일시 중단 함수 내부의 코드로 풀어 쓰는 것이다. 앞 코드의 delayAndPrint
HelloWorld()를 delayAndPrintHelloWorld 일시 중단 함수의 코드 블록으로 대
체하면 다음 코드와 같아진다.

코드 위치: src/main/chapter9/code4/Code9-4.kt
```
fun main() = runBlocking<Unit> {
  val startTime = System.currentTimeMillis()
  delay(1000L)
  println("Hello World")
  delay(1000L)
  println("Hello World")
  println(getElapsedTime(startTime))
}
```

그러면 코드가 어떻게 동작하는지 한눈에 파악할 수 있다. runBlocking 코루틴 빌
더 함수를 호출하는 부분을 제외하고는 이 코드의 어느 부분에서도 코루틴을 생성하
는 부분이 없다. 즉, 일시 중단 함수는 코루틴이 아니다. 일시 중단 함수는 기존의 함
수와 똑같은 재사용이 가능한 코드 블록이다. 만약 일시 중단 함수를 코루틴처럼 사
용하고 싶다면 일시 중단 함수를 코루틴 빌더로 감싸야 한다. 이에 대해 알아보자.

매개변수가 있는 일시 중단 함수 풀어 쓰기

매개변수가 있는 일시 중단 함수를 풀어 쓸 때는 매개변수를 입력된 값으로 대체해 풀어 쓰면 된다. 예를 들어 다음 코드를 살펴보자.

```
코드 위치: src/main/chapter9/code5/Code9-5.kt
fun main() = runBlocking<Unit> {
  val startTime = System.currentTimeMillis()
  delayAndPrint(keyword = "Hello")
  delayAndPrint(keyword = "World")
  println(getElapsedTime(startTime))
}

suspend fun delayAndPrint(keyword: String) {
  delay(1000L)
  println(keyword)
}
```

이 코드에서 delayAndPrint 일시 중단 함수는 매개변수로 keyword를 가지며, 입력된 keyword는 println 함수의 인자로 사용된다. 따라서 이를 풀어 쓰면 다음과 같다.

```
코드 위치: src/main/chapter9/code6/Code9-6.kt
fun main() = runBlocking<Unit> {
  val startTime = System.currentTimeMillis()
  delay(1000L)
  println("Hello")
  delay(1000L)
  println("World")
  println(getElapsedTime(startTime))
}
```

9.1.3. 일시 중단 함수를 별도의 코루틴상에서 실행하기

일시 중단 함수를 새로운 코루틴에서 실행하고 싶다면 일시 중단 함수를 코루틴 빌더 함수로 감싸면 된다. 앞서 다룬 코드에서 delayAndPrintHelloWorld 일시 중단 함수 호출부를 launch 코루틴 빌더 함수로 감싸보자.

```
코드 위치: src/main/chapter9/code7/Code9-7.kt
fun main() = runBlocking<Unit> {
  val startTime = System.currentTimeMillis()
  launch {
    delayAndPrintHelloWorld()
  }
  launch {
    delayAndPrintHelloWorld()
  }
  println(getElapsedTime(startTime))
}
/*
// 결과:
지난 시간: 3ms
Hello World
Hello World
*/
```

이 코드에서 launch 함수가 호출돼 생성된 코루틴들은 실행되자마자 delayAnd
PrintHelloWorld 함수의 호출로 1초간 스레드 사용 권한을 양보한다. 자유로워진
스레드는 다른 코루틴인 runBlocking 코루틴에 의해 사용될 수 있으므로 곧바로
마지막 줄의 getElapsedTime이 실행된다. 따라서 코드의 실행 결과를 보면 지난
시간이 0초에 가까운 것을 확인할 수 있다. 이후 1초 정도가 지나고 나서 재개된 코
루틴들에 의해 Hello World 문자열이 두 번 출력된다.

이처럼 각 일시 중단 함수를 서로 다른 코루틴에서 실행되도록 하고 싶다면 코루틴
빌더 함수로 감싸면 된다.

여기서도 마찬가지로 delayAndPrintHelloWorld 함수의 호출부를 delayAndPrintHelloWorld 일시 중단 함수의 코드 블록으로 대체하면 이 코드가 어떻게 실행될지 직관적으로 이해할 수 있다.

```kotlin
코드 위치: src/main/chapter9/code8/Code9-8.kt
fun main() = runBlocking<Unit> {
  val startTime = System.currentTimeMillis()
  launch {
    delay(1000L)
    println("Hello World")
  }
  launch {
    delay(1000L)
    println("Hello World")
  }
  println(getElapsedTime(startTime))
}
```

9.2. 일시 중단 함수의 사용

9.2.1. 일시 중단 함수의 호출 가능 지점

일시 중단 함수는 내부에 일시 중단 가능 지점을 포함할 수 있기 때문에 일시 중단을 할 수 있는 곳에서만 호출할 수 있다. 코틀린에서 일시 중단이 가능한 지점은 다음 두 가지이다.

1. 코루틴 내부

2. 일시 중단 함수

각 지점에서 일시 중단 함수가 어떻게 호출될 수 있는지 살펴보자.

9.2.1.1 코루틴 내부에서 일시 중단 함수 호출하기

일시 중단 함수는 코루틴의 일시 중단이 가능한 작업을 재사용이 가능한 블록으로

구조화할 수 있도록 만들어진 함수로 코루틴은 언제든지 일시 중단 함수를 호출할 수 있다. 다음 코드를 통해 코루틴에서 일시 중단 함수를 호출하는 예시를 살펴보자.

```kotlin
코드 위치: src/main/chapter9/code9/Code9-9.kt
fun main() = runBlocking<Unit> {
  delayAndPrint(keyword = "I'm Parent Coroutine")
  launch {
    delayAndPrint(keyword = "I'm Child Coroutine")
  }
}

suspend fun delayAndPrint(keyword: String) {
  delay(1000L)
  println(keyword)
}
/*
// 결과:
I'm Parent Coroutine
I'm Child Coroutine
*/
```

이 코드에서는 runBlocking 코루틴이 delayAndPrint(keyword = "I'm Parent Coroutine")을 호출하고, launch 코루틴은 delayAndPrint(keyword = "I'm Child Coroutine")을 호출한다. 코드의 실행 결과를 보면 각 코루틴이 일시 중단 함수를 정상적으로 실행한 것을 확인할 수 있다. 이처럼 일시 중단 함수는 코루틴에서 호출될 수 있다.

9.2.1.2 일시 중단 함수에서 다른 일시 중단 함수 호출하기

일시 중단 함수는 또 다른 일시 중단 함수에서 호출될 수 있으며, 데이터베이스와 서버에서 키워드로 검색을 실행해 결과를 가져오는 searchByKeyword 일시 중단 함수를 다음과 같이 만들 수 있다.

```kotlin
코드 위치: src/main/chapter9/code10/Code9-10.kt
suspend fun searchByKeyword(keyword: String): Array<String> {
  val dbResults = searchFromDB(keyword)
  val serverResults = searchFromServer(keyword)
```

```
    return arrayOf(*dbResults, *serverResults)
}

suspend fun searchFromDB(keyword: String): Array<String> {
  delay(1000L)
  return arrayOf("[DB]${keyword}1", "[DB]${keyword}2")
}

suspend fun searchFromServer(keyword: String): Array<String> {
  delay(1000L)
  return arrayOf("[Server]${keyword}1", "[Server]${keyword}2")
}
```

검색을 실행하는 searchByKeyword 일시 중단 함수는 데이터베이스에 키워드로 검색을 요청하는 일시 중단 함수인 searchFromDB와 서버에 키워드로 검색을 요청하는 일시 중단 함수인 searchFromServer를 호출하며, 결과로 받은 값들을 합쳐 반환한다. searchFromDB 일시 중단 함수와 searchFromServer 일시 중단 함수는 내부의 delay(1000L)로 인해 1초간 일시 중단돼 결괏값을 반환하는 데 1초 정도가 걸린다. 이처럼 일시 중단 함수 내부에서 일시 중단 함수를 호출할 수 있다.

9.2.2. 일시 중단 함수에서 코루틴 실행하기

9.2.2.1. 일시 중단 함수에서 코루틴 빌더 호출 시 생기는 문제

앞서 다룬 searchByKeyword 일시 중단 함수를 다시 한 번 살펴보자. searchByKeyword 일시 중단 함수가 호출되면 2개의 독립적인 작업인 searchFromDB, searchFromServer가 하나의 코루틴에서 실행되기 때문에 다음과 같이 두 작업이 순차적으로 실행된다.

코드 위치: src/main/chapter9/code10/Code9-10.kt
```
suspend fun searchByKeyword(keyword: String): Array<String> {
  val dbResults = searchFromDB(keyword)
  val serverResults = searchFromServer(keyword)
  return arrayOf(*dbResults, *serverResults)
}
```

searchFromDB 일시 중단 함수와 searchFromServer 일시 중단 함수가 순차적으로 실행되지 않도록 하기 위해서는 다음과 같이 searchFromDB와 searchFromServer의 실행부를 async 코루틴 빌더 함수로 감싸 서로 다른 코루틴에서 실행되도록 해야 한다.

```kotlin
코드 위치: src/main/chapter9/code11/Code9-11.kt
suspend fun searchByKeyword(keyword: String): Array<String> {
  val dbResultsDeferred = async {
    searchFromDB(keyword)
  }
  val serverResultsDeferred = async {
    searchFromServer(keyword)
  }
  return arrayOf(*dbResultsDeferred.await(), *serverResultsDeferred.
await())
}
```

하지만 launch나 async 같은 코루틴 빌더 함수는 CoroutineScope의 확장 함수로 선언돼 있기 때문에 이렇게 코드를 작성하면 그림 9-1과 같은 오류가 발생한다. 그 이유는 일시 중단 함수 내부에서는 일시 중단 함수를 호출한 코루틴의 CoroutineScope 객체에 접근할 수 없기 때문이다.

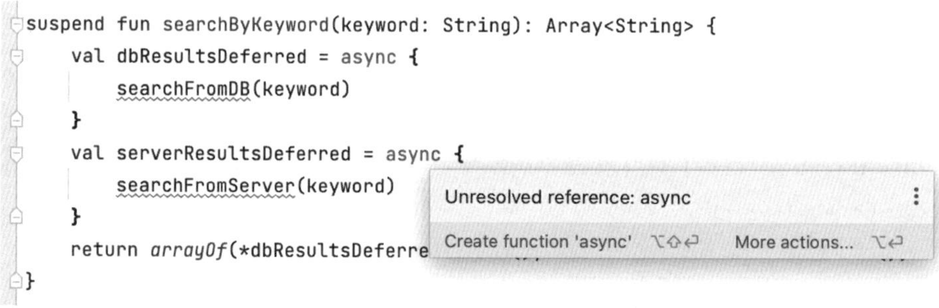

```kotlin
suspend fun searchByKeyword(keyword: String): Array<String> {
    val dbResultsDeferred = async {
        searchFromDB(keyword)
    }
    val serverResultsDeferred = async {
        searchFromServer(keyword)
    }
    return arrayOf(*dbResultsDeferre
}
```

Unresolved reference: async

Create function 'async'   ⌥⇧↵   More actions...   ⌥↵

그림 9-1 일시 중단 함수에서 코루틴 빌더 함수 호출 불가

일시 중단 함수에서 launch나 async 같은 코루틴 빌더 함수를 호출하기 위해서는 일시 중단 함수 내부에서 CoroutineScope 객체에 접근할 수 있도록 해야 한다. 이 방법에 대해 알아보자.

9.2.2.2. coroutineScope 사용해 일시 중단 함수에서 코루틴 실행하기

coroutineScope 일시 중단 함수를 사용하면 일시 중단 함수 내부에 새로운 CoroutineScope 객체를 생성할 수 있다. coroutineScope는 구조화를 깨지 않는 CoroutineScope 객체를 생성하며, 생성된 CoroutineScope 객체는 coroutineScope의 block 람다식에서 수신 객체(this)로 접근할 수 있다.

```
public suspend fun <R> coroutineScope(block: suspend CoroutineScope.() -> R):
R
```

따라서 coroutineScope의 람다식에서는 코루틴 빌더 함수를 호출할 수 있다. 앞서 다룬 코드를 다음과 같이 바꿔보자.

```
코드 위치: src/main/chapter9/code12/Code9-12.kt
suspend fun searchByKeyword(keyword: String): Array<String> = coroutineScope
{ // this: CoroutineScope
  val dbResultsDeferred = async {
    searchFromDB(keyword)
  }
  val serverResultsDeferred = async {
    searchFromServer(keyword)
  }

  return@coroutineScope arrayOf(*dbResultsDeferred.await(),
*serverResultsDeferred.await())
}
```

이 코드에서는 async 코루틴 빌더를 사용해 searchFromDB를 실행하는 코루틴인 dbResultsDeferred와 searchFromServer를 실행하는 코루틴인 serverResults Deferred를 생성하고, 결과가 반환되는 부분에서 await를 호출해 searchFromDB 와 searchFromServer 작업이 함께 실행될 수 있도록 한다. 다음 코드를 통해 바뀐 searchByKeyword 함수가 어떻게 동작하는지 살펴보자.

```
코드 위치: src/main/chapter9/code12/Code9-12.kt
fun main() = runBlocking<Unit> {
```

```
    val startTime = System.currentTimeMillis() // 1. 시작 시간 기록
    val results = searchByKeyword("Keyword") // 2. 검색 실행 및 결괏값 반환받기
    println("[결과] ${results.toList()}") // 3. 결괏값 출력
    println(getElapsedTime(startTime)) // 4. 지난 시간 표시
}
```

이 코드는 startTime으로 시작 시간을 기록하며, searchByKeyword를 호출해 검색을 실행하고 결괏값을 반환받는다. 이후 결괏값을 출력하고 지난 시간을 표시한다.

여기서 중요한 것은 searchByKeyword 일시 중단 함수가 호출됐을 때 코루틴이 어떻게 구조화되는지 아는 것이다. runBlocking 코루틴에서 searchByKeyword 일시 중단 함수를 호출하면 내부에서 coroutineScope 함수를 통해 새로운 Job 객체를 가진 CoroutineScope 객체가 생성되고, 그 자식으로 데이터베이스와 서버로부터 데이터를 가져오는 코루틴이 각각 생성된다. 즉, 코루틴이 그림 9-2와 같이 구조화된다.

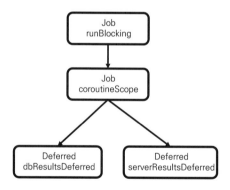

그림 9-2 coroutineScope 호출 시 코루틴의 구조화

따라서 코드를 실행해 보면 searchFromDB 작업과 searchFromServer 작업이 서로 다른 코루틴에서 실행돼 1초 정도 만에 실행 완료되는 것을 볼 수 있다.

```
/*
// 결과:
[결과] [[DB]Keyword1, [DB]Keyword2, [Server]Keyword1, [Server]Keyword2]
```

```
지난 시간: 1039ms
*/
```

하지만 여기에는 문제가 하나 있다. 만약 그림 9-3과 같이 데이터베이스에서 데이터를 조회하는 코루틴이 오류를 발생시키면 부모 코루틴으로 오류를 전파해 서버에서 데이터를 조회하는 코루틴까지 취소된다는 점이다. 심지어 일시 중단 함수를 호출한 코루틴에까지 예외가 전파돼 호출부의 코루틴까지 모두 취소돼 버린다.

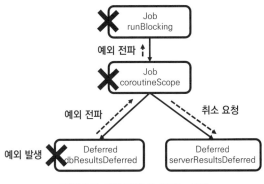

그림 9-3 예외 발생 시 생기는 문제

이 문제 해결을 위해 coroutineScope 일시 중단 함수 대신 "8.2. 예외 전파 제한"에서 다뤘던 supervisorScope 일시 중단 함수를 사용할 수 있다. 이에 대해 알아보자.

9.2.2.3. supervisorScope 사용해 일시 중단 함수에서 코루틴 실행하기

앞서 supervisorScope 일시 중단 함수를 사용해 예외 전파를 제한하면서 구조화를 깨지 않는 CoroutineScope 객체를 생성할 수 있다는 것을 살펴봤다. supervisorScope 일시 중단 함수는 Job 대신 SupervisorJob 객체를 생성한다는 점을 제외하고는 coroutineScope 일시 중단 함수와 같이 동작한다.

```
public suspend fun <R> supervisorScope(block: suspend CoroutineScope.() ->
R): R
```

따라서 searchByKeyword 일시 중단 함수 내부에서 다음과 같이 coroutine Scope를 supervisorScope로 변경하면 dbResultsDeferred나 serverResultsDeferred에서 예외가 발생하더라도 부모 코루틴으로 예외가 전파되지 않는다. 참고로 Deferred 객체는 await 함수 호출 시 추가로 예외를 노출하므로 try catch문을 통해 감싸 예외 발생 시 빈 결과가 반환되도록 한다.

```kotlin
코드 위치: src/main/chapter9/code13/Code9-13.kt
suspend fun searchByKeyword(keyword: String): Array<String> =
supervisorScope { // this: CoroutineScope
  val dbResultsDeferred = async {
    throw Exception("dbResultsDeferred에서 예외가 발생했습니다")
    searchFromDB(keyword)
  }
  val serverResultsDeferred = async {
    searchFromServer(keyword)
  }

  val dbResults = try {
    dbResultsDeferred.await()
  } catch (e: Exception) {
    arrayOf() // 예외 발생 시 빈 결과 반환
  }

  val serverResults = try {
    serverResultsDeferred.await()
  } catch (e: Exception) {
    arrayOf() // 애러 발생 시 빈 결과 반환
  }

  return@supervisorScope arrayOf(*dbResults, *serverResults)
}
```

새로운 searchByKeyword 일시 중단 함수의 동작 확인을 위해 다음 코드를 통해 searchByKeyword 일시 중단 함수를 실행하고 결과를 출력해 보자.

```kotlin
fun main() = runBlocking<Unit> {
  println("[결과] ${searchByKeyword("Keyword").toList()}")
}
/*
```

```
// 결과:
[결과] [[Server]Keyword1, [Server]Keyword2]
*/
```

코드의 실행 결과를 보면 서버 검색만 정상적으로 실행된 것을 확인할 수 있다. 그 이유는 데이터베이스 검색을 실행하는 dbResultsDeferred 코루틴에서 예외가 발생해 해당 코루틴이 취소됐기 때문이다. dbResultsDeferred는 부모로 supervisorScope를 통해 생성되는 SupervisorJob 객체를 가지므로 dbResults Deferred에서 발생한 예외는 부모 코루틴으로 전파되지 않는다. 따라서 그림 9-14 와 같이 서버 검색을 실행하는 serverResultsDeferred는 취소되지 않고 정상적으로 실행되는 것이다.

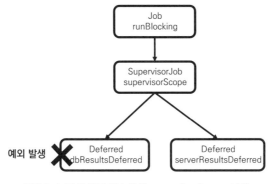

그림 9-4 일시 중단 함수에서 supervisorScope 사용

이처럼 supervisorScope 일시 중단 함수를 일시 중단 함수 내부에서 사용하면 구조화를 깨지 않는 새로운 CoroutineScope 객체도 만들 수 있고, 이 Coroutine Scope 객체 하위에서 실행되는 코루틴들의 예외 전파도 방지할 수 있다.

9.3. 요약

1. 일시 중단 함수는 suspend fun 키워드로 선언되며, 일시 중단 지점이 포함된

코드를 재사용이 가능한 단위로 만들어 구조화하는 데 사용된다.

2. 일시 중단 함수는 코루틴이 아니며, 일시 중단 지점을 포함할 수 있는 코드의 집합일 뿐이다.

3. 일시 중단 함수가 일반 함수와 다른 점은 일시 중단 지점을 포함한다는 것이다.

4. 일시 중단 함수는 코루틴이나 다른 일시 중단 함수 내부 등 일시 중단이 가능한 지점에서만 호출될 수 있다.

5. 일시 중단 함수 내부에서 coroutineScope 함수를 사용해 코루틴의 구조화를 깨지 않는 새로운 CoroutineScope 객체를 생성할 수 있다.

6. coroutineScope 함수를 사용해 만든 CoroutineScope 객체를 사용해 launch나 async 같은 코루틴 빌더를 호출할 수 있다. 이를 사용하면 일시 중단 함수 내부에서 비동기 작업을 병렬로 실행할 수 있다.

7. coroutineScope 함수 대신 supervisorScope 함수를 사용해 일시 중단 함수 내부에서 생성된 코루틴의 예외 전파를 제한할 수 있다.

Chapter 10

코루틴의 이해

지금까지 코루틴을 사용하는 다양한 방법에 대해 다뤘다. 10장에서는 지금까지 다룬 내용을 바탕으로 코루틴에 대한 이해를 높이기 위한 여러 주제를 다룬다. 코루틴이 무엇이고, 코루틴을 다루면서 마주치는 많은 상황에서 코루틴이 어떻게 동작하는지 이해할 수 있도록 할 것이다.

10장에서 다루는 내용

- 루틴, 서브루틴, 코루틴의 이해
- 코루틴의 스레드 양보
- 고정적이지 않은 코루틴의 실행 스레드

10.1. 서브루틴과 코루틴

10.1.1. 루틴과 서브루틴

우리는 종종 운동루틴 또는 생활루틴이라는 단어를 사용한다. 이 단어들에서 루틴^{Routine}

은 '특정한 일을 하기 위한 일련의 처리 과정'이라는 뜻이다. 이와 비슷하게 프로그래밍에서는 루틴을 '특정한 일을 처리하기 위한 일련의 명령'이라는 뜻으로 사용하고 있는데 이런 일련의 명령을 함수 또는 메서드라고 부른다.

그렇다면 서브루틴이란 무엇일까? 바로 함수 내에서 함수가 호출될 경우 호출된 함수를 서브루틴이라고 부른다. 다음 코드를 통해 서브루틴을 이해해 보자.

```kotlin
코드 위치: src/main/chapter10/code1/Code10-1.kt
fun routine() {
  routineA() // routineA는 routine의 서브루틴이다.
  routineB() // routineB는 routine의 서브루틴이다.
}

fun routineA() {
  // ...
}

fun routineB() {
  // ...
}
```

이 코드에서는 routine 함수 내부에서 routineA, routineB 함수가 실행된다. 이때 routineA 함수와 routineB 함수를 routine의 서브루틴이라고 한다. 마찬가지로 routine 함수가 main 함수 내부에서 호출되면 routine 함수는 main 함수의 서브루틴이 된다. 간단하게 설명하면 서브루틴이란 함수의 하위sub에서 실행되는 함수를 말한다.

그러면 루틴 속에서 서브루틴이 어떻게 실행되는지 그림 10-1을 통해 살펴보자.

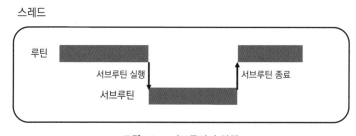

그림 10-1 서브루틴의 실행

318

서브루틴은 한 번 호출되면 끝까지 실행된다. 따라서 루틴에 의해 서브루틴이 호출되면 루틴을 실행하던 스레드는 서브루틴을 실행하는 데 사용돼 서브루틴의 실행이 완료될 때까지 루틴은 다른 작업을 할 수 없다.

10.1.2. 서브루틴과 코루틴의 차이

루틴에서 서브루틴이 호출되면 서브루틴이 완료될 때까지 루틴이 아무런 작업을 할 수 없는 것과 다르게 코루틴은 함께(Co) 실행되는 루틴으로 서로 간에 스레드 사용을 양보하며 함께 실행된다. 함께 실행된다는 것이 무슨 뜻인지 다음 코드를 통해 알아보자.

```kotlin
코드 위치: src/main/chapter10/code2/Code10-2.kt
fun main() = runBlocking<Unit> {
  launch {
    while(true) {
      println("자식 코루틴에서 작업 실행 중")
      yield() // 스레드 사용 권한 양보
    }
  }

  while(true) {
    println("부모 코루틴에서 작업 실행 중")
    yield() // 스레드 사용 권한 양보
  }
}
```

이 코드에는 runBlocking으로 만들어지는 부모 코루틴과 launch로 만들어지는 자식 코루틴이 있으며, 이 코루틴들은 메인 스레드 하나만 사용한다. 부모 코루틴은 while문을 통해 "부모 코루틴에서 작업 실행 중"을 출력하고 스레드 사용 권한을 양보하는 yield 함수를 호출하는 동작을 무한 반복하고, 자식 코루틴도 while문을 통해 "자식 코루틴에서 작업 실행 중"을 출력하고 yield 함수를 호출해 스레드 사용 권한을 양보하는 동작을 무한 반복한다. 각 코루틴이 스레드 사용 권한을 양보할 때마다 스레드가 필요한 다른 코루틴이 스레드 사용 권한을 가져가 실행된다. 따라서 이 코드의 실행 과정을 시각화하면 그림 10-2와 같다.

스레드

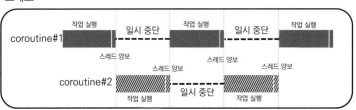

그림 10-2 코루틴이 실행되는 방법

그림 10-2를 보면 runBlocking 코루틴(coroutine#1)과 launch 코루틴(coroutine#2)이 자신의 작업을 실행하고 스레드를 양보하는 작업을 반복하는 것을 볼 수 있다. 따라서 코드를 실행해 보면 "부모 코루틴에서 작업 실행 중"과 "자식 코루틴에서 작업 실행 중"이 번갈아가며 출력된다.

```
/*
// 결과:
...
부모 코루틴에서 작업 실행 중
자식 코루틴에서 작업 실행 중
부모 코루틴에서 작업 실행 중
자식 코루틴에서 작업 실행 중
부모 코루틴에서 작업 실행 중
자식 코루틴에서 작업 실행 중
...
*/
```

한 번 실행되면 실행이 완료될 때까지 스레드를 사용하는 서브루틴과 다르게 코루틴은 스레드 사용 권한을 양보하며 함께 실행된다. 이 때문에 코루틴은 서로 간에 협력적으로 동작한다고도 한다.

앞의 코드에서는 각 코루틴이 자신의 작업을 실행하고 yield 함수를 호출해 스레드를 양보함으로써 다른 작업이 스레드를 사용할 수 있도록 만들었다. 이처럼 코루틴이 협력적으로 동작하기 위해서는 코루틴이 작업을 하지 않는 시점에 스레드 사용 권한을 양보하고 일시 중단해야 한다. 이제 코루틴의 스레드 양보에 대해 좀 더 깊게 다뤄보자.

10.2. 코루틴의 스레드 양보

코루틴은 작업 중간에 스레드의 사용이 필요 없어지면 스레드를 양보하며, 양보된 스레드는 다른 코루틴을 실행하는 데 사용할 수 있다. 그렇다면 스레드를 양보하는 주체는 누구일까? 스레드를 양보하는 주체는 코루틴이다. 스레드에 코루틴을 할당해 실행되도록 만드는 주체는 CoroutineDispatcher 객체이지만 스레드를 양보하는 주체는 코루틴으로 CoroutineDispatcher는 코루틴이 스레드를 양보하도록 강제하지 못한다.

코루틴이 스레드를 양보하려면 코루틴에서 직접 스레드 양보를 위한 함수를 호출해야 한다. 만약 코루틴에서 스레드 양보를 위한 함수가 호출되지 않는다면 코루틴은 실행 완료될 때까지 스레드를 점유한다. 이런 특성 때문에 코루틴의 스레드 양보는 작업의 실행 흐름에서 중요한 역할을 한다.

지금부터 코루틴에서 스레드 양보를 일으키는 대표적인 일시 중단 함수들인 delay, join, await, yield와 함께 세 가지 주제에 대해 다루면서 코루틴을 더욱 깊게 이해해 보자.

1. delay 일시 중단 함수를 통해 알아보는 스레드 양보

2. join과 await의 동작 방식 자세히 알아보기

3. yield 함수 호출해 스레드 양보하기

10.2.1. delay 일시 중단 함수를 통해 알아보는 스레드 양보

작업을 일정 시간 동안 일시 중단할 경우 delay 일시 중단 함수를 사용할 수 있다. 코루틴이 delay 함수를 호출하면 코루틴은 사용하던 스레드를 양보하고 설정된 시간 동안 코루틴을 일시 중단시킨다. 다음 코드를 실행해 확인해 보자.

```
코드 위치: src/main/chapter10/code3/Code10-3.kt
fun main() = runBlocking<Unit> {
  val startTime = System.currentTimeMillis()
  launch {
```

```
    delay(1000L) // 1초 동안 코루틴 일시 중단
    println("[${getElapsedTime(startTime)}] 코루틴 실행 완료") // 지난 시간과 함께 "
코루틴 실행 완료" 출력
  }
}

fun getElapsedTime(startTime: Long): String = "지난 시간: ${System.
currentTimeMillis() - startTime}ms"
/*
// 결과:
[지난 시간: 1012ms] 코루틴 실행 완료
*/
```

이 코드에서 launch 코루틴은 메인 스레드상에서 실행되며 delay(1000L)로 인해
1초 동안 일시 중단된 후 "코루틴 실행 완료"가 출력된다.

코루틴의 스레드 양보는 스레드를 효율적으로 사용하게 만들어 강력하지만 이 동작
은 너무 간단해 코루틴의 스레드 양보의 강력함이 드러나지 않는다. 코루틴 스레드
양보의 강력함은 코루틴이 여러 개 실행되는 환경에서 드러난다. 다음과 같이 메인
스레드상에서 앞서와 똑같은 코루틴을 10번 실행하는 코드를 만들고, 각 코루틴이
언제 완료되는지 확인해 보자.

```
코드 위치: src/main/chapter10/code4/Code10-4.kt
fun main() = runBlocking<Unit> {
  val startTime = System.currentTimeMillis()
  repeat(10) { repeatTime ->
    launch {
      delay(1000L) // 1초 동안 코루틴 일시 중단
      println("[${getElapsedTime(startTime)}] 코루틴${repeatTime} 실행 완료") //
지난 시간과 함께 "코루틴 실행 완료" 출력
    }
  }
}

/*
// 결과:
[지난 시간: 1014ms] 코루틴0 실행 완료
[지난 시간: 1015ms] 코루틴1 실행 완료
[지난 시간: 1015ms] 코루틴2 실행 완료
```

```
[지난 시간: 1015ms] 코루틴3 실행 완료
[지난 시간: 1015ms] 코루틴4 실행 완료
[지난 시간: 1015ms] 코루틴5 실행 완료
[지난 시간: 1015ms] 코루틴6 실행 완료
[지난 시간: 1016ms] 코루틴7 실행 완료
[지난 시간: 1016ms] 코루틴8 실행 완료
[지난 시간: 1016ms] 코루틴9 실행 완료
*/
```

각 코루틴은 메인 스레드상에서 실행되지만 시작하자마자 delay 함수로 1초 동안 메인 스레드 사용을 양보한다. 이 때문에 하나의 코루틴이 실행된 후 바로 다음 코루틴이 실행될 수 있으며, 10개의 코루틴이 거의 동시에 시작된다. 이후 각 코루틴은 "코루틴 실행 완료"를 출력할 때만 메인 스레드를 잠시 점유하므로 10개의 코루틴이 거의 동시에 완료된다. 따라서 10개의 코루틴을 모두 실행하는 데 걸린 시간이 1초 정도밖에 안 되는 것을 확인할 수 있다.

만약 delay 함수를 호출했을 때 스레드 양보가 일어나지 않았다면 작업을 모두 실행하는 데 10초가 걸렸을 것이다. 스레드 양보가 일어나지 않으면 어떤 일이 생기는지 확인을 위해 delay(1000L) 대신 스레드를 양보하지 않는 Thread.sleep(1000L)을 사용해 보자.

코드 위치: src/main/chapter10/code5/Code10-5.kt
```
fun main() = runBlocking<Unit> {
  val startTime = System.currentTimeMillis()
  repeat(10) { repeatTime ->
    launch {
      Thread.sleep(1000L) // 1초 동안 스레드 블로킹(코루틴의 스레드 점유 유지)
      println("[${getElapsedTime(startTime)}] 코루틴${repeatTime} 실행 완료") //
지난 시간과 함께 "코루틴 실행 완료" 출력
    }
  }
}
/*
// 결과:
[지난 시간: 1007ms] 코루틴0 실행 완료
[지난 시간: 2014ms] 코루틴1 실행 완료
[지난 시간: 3016ms] 코루틴2 실행 완료
```

```
[지난 시간: 4019ms] 코루틴3 실행 완료
[지난 시간: 5024ms] 코루틴4 실행 완료
[지난 시간: 6030ms] 코루틴5 실행 완료
[지난 시간: 7036ms] 코루틴6 실행 완료
[지난 시간: 8041ms] 코루틴7 실행 완료
[지난 시간: 9045ms] 코루틴8 실행 완료
[지난 시간: 10051ms] 코루틴9 실행 완료
*/
```

이 코드에서는 이전 코드와 마찬가지로 코루틴이 10번 실행되지만 코루틴 내부에서 delay(1000L) 대신 Thread.sleep(1000L)이 호출된다. Thread.sleep 함수는 delay 함수와 유사하게 일정 시간 동안 대기하는 데 사용되지만 대기 시간 동안 스레드를 블로킹시킨다. 스레드가 블로킹된다는 것은 각 코루틴이 대기 시간 동안 스레드를 계속해서 점유한다는 뜻이며, 점유된 스레드는 다른 코루틴을 실행하는 데 사용할 수 없다. 따라서 하나의 코루틴이 끝나고 나서야 다음 코루틴이 실행되기 때문에 모든 코루틴이 실행되는 데 걸리는 시간은 10초가량이다. 이는 delay 함수를 사용했을 때와 10배 정도의 성능 차이를 보이며, 스레드를 양보하는 것이 성능에 얼마나 중요하게 작용하는지 확인할 수 있다.

10.2.2. join과 await의 동작 방식 자세히 알아보기

Job의 join 함수나 Deferred의 await 함수가 호출되면 해당 함수를 호출한 코루틴은 스레드를 양보하고 join 또는 await의 대상이 된 코루틴 내부의 코드가 실행 완료될 때까지 일시 중단된다. 이 동작이 어떻게 일어나는지 다음 코드를 통해 살펴보자.

코드 위치: src/main/chapter10/code6/Code10-6.kt
```kotlin
fun main() = runBlocking<Unit> {
  val job = launch {
    println("1. launch 코루틴 작업이 시작됐습니다")
    delay(1000L) // 1초간 대기
    println("2. launch 코루틴 작업이 완료됐습니다")
  }
  println("3. runBlocking 코루틴이 곧 일시 중단 되고 메인 스레드가 양보됩니다")
  job.join() // job 내부의 코드가 모두 실행될 때까지 메인 스레드 일시 중단
```

```
    println("4. runBlocking이 메인 스레드에 분배돼 작업이 다시 재개됩니다")
}
```

이 코드는 1부터 4까지의 번호가 붙은 4개의 로그를 출력한다. runBlocking 코루틴은 내부에서 launch 함수를 호출해 launch 코루틴을 생성하는데 1번과 2번 로그는 launch 코루틴에서 출력되고, 3번과 4번 로그는 runBlocking 코루틴에서 출력된다. 코드를 실행하기 전에 코드가 어떤 결과를 출력할지 한 번 예상해 보고, 예상이 완료됐으면 실행해 보자. 그러면 다음과 같은 결과가 나오는 것을 볼 수 있다.

```
/*
// 결과:
3. runBlocking 코루틴이 곧 일시 중단 되고 메인 스레드가 양보됩니다
1. launch 코루틴 작업이 시작됐습니다
2. launch 코루틴 작업이 완료됐습니다
4. runBlocking이 메인 스레드에 분배돼 작업이 다시 재개됩니다
*/
```

몇 번을 실행해도 로그를 출력하는 이 순서는 바뀌지 않는다. 코루틴은 비동기적으로 실행되므로 launch 코루틴에서 출력되는 1번 로그가 runBlocking 코루틴에서 출력되는 3번 로그보다 먼저 출력될 것 같지만 1번 로그가 먼저 출력되는 일은 절대로 일어나지 않는다. 항상 3번 로그가 먼저 출력되는 이유를 그림 10-3을 통해 알아보자.

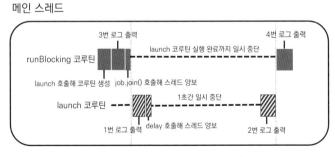

그림 10-3 join 호출 시 스레드 양보 후 일시 중단

이 코드에서 runBlocking 코루틴과 launch 코루틴은 단일 스레드인 메인 스레드에서 실행되기 때문에 하나의 코루틴이 스레드를 양보하지 않으면 다른 코루틴이 실행되지 못한다. 따라서 각 코루틴은 다음 순서로 동작한다.

1. 처음 메인 스레드를 점유하는 것은 runBlocking 코루틴이다. runBlocking 코루틴은 launch 함수를 호출해 launch 코루틴을 생성하지만 launch 코루틴 생성 후에도 runBlocking 코루틴이 계속해서 메인 스레드를 점유하기 때문에 launch 코루틴은 실행 대기 상태에 머문다. 이후 runBlocking 코루틴이 3번 로그를 출력하고 job.join()을 실행하면 비로소 메인 스레드가 양보된다.

2. 이때 자유로워진 메인 스레드에 launch 코루틴이 보내져 실행된다. launch 코루틴은 1번 로그를 출력하고 이어서 delay 일시 중단 함수를 호출해 메인 스레드를 양보한다. 하지만 runBlocking 코루틴은 job.join()에 의해 launch 코루틴이 실행 완료될 때까지 재개되지 못하므로 실행되지 못한다.

3. launch 코루틴은 delay에 의한 일시 중단 시간 1초가 끝나고 재개되며, 2번 로그가 출력되고 실행이 완료된다.

4. launch 코루틴의 실행이 완료되면 runBlocking 코루틴은 재개돼 4번 로그를 출력한다.

이처럼 join이나 await가 호출되면 호출부의 코루틴은 스레드를 양보하고 일시 중단하며, join이나 await의 대상이 된 코루틴이 실행 완료될 때까지 재개되지 않는다. 그사이 양보된 스레드는 다른 코루틴을 실행하는 데 사용될 수 있다.

이처럼 코루틴은 개발자가 직접 스레드 양보를 호출하지 않아도 스레드 양보를 자동으로 처리한다. 하지만 종종 스레드 양보를 직접 호출해야 하는 경우가 있다. 이어서 스레드 양보를 직접 호출하는 방법에 대해 알아보자.

10.2.3. yield 함수 호출해 스레드 양보하기

앞서 다룬 delay나 join 같은 일시 중단 함수들은 스레드 양보를 직접 호출하지 않아도 작업을 위해 내부적으로 스레드 양보를 일으킨다. 코루틴 라이브러리에서 제공하는 많은 함수는 delay나 join 같이 내부적으로 스레드 양보를 일으키며, 스레드 양보를 개발자가 직접 세세하게 조정할 필요가 없게 한다.

하지만 몇 가지 특수한 상황에서는 스레드 양보를 직접 호출해야 할 필요가 있다. 이를 위해 코루틴 라이브러리는 yield 함수를 통해 직접 스레드 양보를 실행하는 방법을 제공한다. yield 함수가 필요한 상황을 다음 코드를 통해 알아보자.

```
코드 위치: src/main/chapter10/code7/Code10-7.kt
fun main() = runBlocking<Unit> {
  val job = launch {
    while (this.isActive) {
      println("작업 중")
    }
  }
  delay(100L) // 100밀리초 대기(스레드 양보)
  job.cancel() // 코루틴 취소
}
```

이 코드에서는 runBlocking 코루틴 하위에 launch 코루틴이 실행되고 있으며, launch 코루틴의 while문에서는 실행 때마다 코루틴이 활성화돼 있는지를 this.isActive를 통해 체크하고 있다. launch 코루틴을 생성한 runBlocking 코루틴은 delay(100L)을 통해 100밀리초간 대기 후 job.cancel()을 호출해 코루틴을 취소시킨다.

이 코드는 어떻게 실행될 것인가? launch 코루틴의 while문 내부에서 this.isActive를 통해 코루틴에 취소가 요청됐는지 체크하고 있기 때문에 코드가 실행되면 100밀리초 후에 코루틴이 취소될 것으로 예상할 수 있다. 하지만 코드를 실행해 보면 launch 코루틴이 취소되지 않고 "작업 중"이 무한하게 출력되는 것을 볼 수 있다.

```
/*
// 결과:
...
작업 중
작업 중
작업 중
```

```
...
*/
```

이런 결과가 나오는 이유는 runBlocking 코루틴이 delay 일시 중단 함수를 호출해 메인 스레드를 양보하면 launch 코루틴이 메인 스레드를 점유하고 양보하지 않기 때문이다. 따라서 그림 10-4와 같이 메인 스레드는 launch 코루틴이 계속 점유하고, 결과적으로 runBlocking 코루틴의 나머지 코드인 job.cancel()은 실행되지 못한다.

그림 10-4 스레드를 양보하지 않는 while문

job.cancel() 자체가 실행되지 못하므로 while문에서 this.isActive로 코루틴이 취소됐는지 체크하더라도 취소가 요청된 적이 없으므로 계속해서 실행된다.

이 문제를 해결하기 위해서는 다음과 같이 launch 코루틴이 while문 내부에서 직접 스레드 양보를 위해 yield 함수를 호출해야 한다.

코드 위치: src/main/chapter10/code8/Code10-8.kt
```kotlin
fun main() = runBlocking<Unit> {
  val job = launch {
    while (this.isActive) {
      println("작업 중")
      yield() // 스레드 양보
    }
  }
  delay(100L)
  job.cancel()
```

328

```
    }
```

이 코드에서 launch 코루틴은 while문 내부에서 yield()를 호출해 명시적으로 스레드를 양보한다. launch 코루틴이 양보한 메인 스레드는 runBlocking 코루틴의 나머지 코드를 실행하는 데 사용돼 job.cancel()이 호출된다. 따라서 코드의 실행 결과를 보면 다음과 같이 나온다.

스레드를 양보하는 부분이 생기므로 this.isActive를 true로 바꿔도 launch 코루틴이 정상적으로 취소된다.

```
/*
// 결과:
...
작업 중
작업 중
작업 중
*/
```

즉, 작업이 100밀리초 후에 정상적으로 취소되는 것을 확인할 수 있다. 이처럼 코루틴이 사용하던 스레드를 명시적으로 양보해야 할 때 yield 함수를 사용할 수 있다.

지금까지 코루틴이 스레드 양보를 통해 스레드를 어떻게 효율적으로 사용하는지 살펴봤다. 여기서는 스레드 양보가 어떻게 동작하는지 쉽게 이해할 수 있도록 단일 스레드만 사용했지만 실제 애플리케이션에서는 멀티 스레드상에서 코루틴이 동작한다. 이제 멀티 스레드 환경에서 코루틴이 스레드를 양보한 후 실행이 재개될 때 실행 스레드에 어떤 변화가 일어날 수 있는지 알아보자.

10.3. 코루틴의 실행 스레드

10.3.1. 코루틴의 실행 스레드는 고정이 아니다

코루틴이 일시 중단 후 재개되면 CoroutineDispatcher 객체는 재개된 코루틴을 다시 스레드에 할당한다. 이때 CoroutineDispatcher 객체는 코루틴을 자신이 사용할 수 있는 스레드 중 하나에 할당하는데 이 스레드는 코루틴이 일시 중단 전에 실행되던 스레드와 다를 수 있다.

예를 들어 Thread-1 스레드와 Thread-2 스레드를 사용하는 Coroutine Dispatcher 객체가 있고, 이 CoroutineDispatcher 객체에 실행 요청된 코루틴이 그림 10-5와 같이 Thread-1 스레드에 분배돼 실행되는 상황을 가정해 보자.

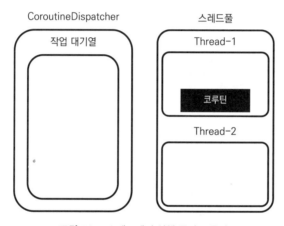

그림 10-5 스레드에서 실행 중인 코루틴

만약 Thread-1 스레드에서 실행되고 있던 코루틴이 일시 중단되면 코루틴은 그림 10-6과 같이 실행 중이던 스레드에서 그대로 일시 중단된다.

330

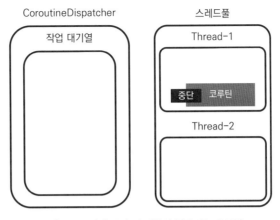

그림 10-6 일시 중단 시 작업이 중단되는 코루틴

이렇게 코루틴이 일시 중단되면 해당 스레드는 다른 코루틴에 의해 점유될 수 있다. 예를 들어 그림 10-7과 같이 새로운 코루틴이 CoroutineDispatcher 객체에 실행 요청될 경우 CoroutineDispatcher 객체는 새로운 코루틴을 Thread-1 스레드에 보내 실행할 수 있다.

> 새로운 코루틴은 비어 있는 스레드 중 하나에 보내지므로 Thread-2 스레드에도 할당될 수 있다. 하지만 여기서는 Thread-1 스레드에 할당돼 실행되는 상황을 가정한다.

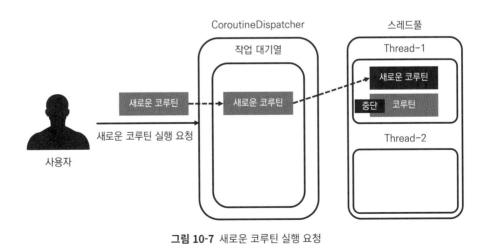

그림 10-7 새로운 코루틴 실행 요청

이제 일시 중단됐던 코루틴이 재개되면 어떤 일이 일어나는지 그림 10-8을 통해 살펴보자. 일시 중단된 코루틴이 재개되면 다시 CoroutineDispatcher 객체의 작업 대기열로 이동하며, CoroutineDispatcher 객체에 의해 스레드로 보내져 실행된다. Thread-1 스레드에서는 이미 새로운 코루틴이 실행되고 있으므로 재개된 코루틴은 남는 스레드인 Thread-2 스레드에 보내진다.

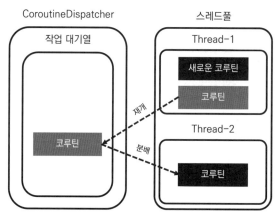

그림 10-8 코루틴의 재개

이처럼 CoroutineDispatcher 객체는 쉬고 있는 스레드에 코루틴을 할당해 실행하기 때문에 코루틴은 일시 중단 전 실행되던 스레드와 재개 후 실행되는 스레드가 다를 수 있다. 즉, 코루틴의 실행 스레드는 고정이 아니라 바뀔 수 있다.

다음 코드를 통해 실행 스레드가 바뀌는 것을 확인해 보자.

코드 위치: src/main/chapter10/code9/Code10-9.kt
```kotlin
fun main() = runBlocking<Unit> {
  val dispatcher = newFixedThreadPoolContext(2, "MyThread")
  launch(dispatcher) {
    repeat(5) {
      println("[${Thread.currentThread().name}] 코루틴 실행이 일시 중단 됩니다") //
launch 코루틴을 실행 중인 스레드를 출력한다.
      delay(100L) // delay 함수를 통해 launch 코루틴을 100밀리초간 일시 중단한다.
      println("[${Thread.currentThread().name}] 코루틴 실행이 재개 됩니다") //
launch 코루틴이 재개되면 코루틴을 실행 중인 스레드를 출력한다.
```

```
      }
    }
  }
}
/*
// 결과:
[MyThread-1 @coroutine#2] 코루틴 실행이 일시 중단 됩니다
[MyThread-2 @coroutine#2] 코루틴 실행이 재개 됩니다
[MyThread-2 @coroutine#2] 코루틴 실행이 일시 중단 됩니다
[MyThread-1 @coroutine#2] 코루틴 실행이 재개 됩니다
[MyThread-1 @coroutine#2] 코루틴 실행이 일시 중단 됩니다
[MyThread-1 @coroutine#2] 코루틴 실행이 재개 됩니다
[MyThread-1 @coroutine#2] 코루틴 실행이 일시 중단 됩니다
[MyThread-1 @coroutine#2] 코루틴 실행이 재개 됩니다
[MyThread-1 @coroutine#2] 코루틴 실행이 일시 중단 됩니다
[MyThread-2 @coroutine#2] 코루틴 실행이 재개 됩니다
*/
```

이 코드에서는 newFixedThreadPoolContext 함수를 통해 MyThread-1, MyThread-2 스레드로 구성된 스레드풀을 사용하는 CoroutineDispatcher 객체를 만든다. 이 CoroutineDispatcher를 사용해 launch 코루틴을 실행하고, launch 코루틴 내부에서는 다음 동작을 다섯 번 반복한다.

1. launch 코루틴을 실행 중인 스레드를 출력한다.

2. delay 함수를 통해 launch 코루틴을 100밀리초간 일시 중단한다.

3. launch 코루틴이 재개되면 코루틴을 실행 중인 스레드를 출력한다.

코드의 실행 결과를 보면 모든 출력은 coroutine#2에서 발생하고 있다. 하지만 coroutine#2는 MyThread-1 스레드에서 실행될 때도 있고, MyThread-2 스레드에서 실행될 때도 있는 것을 확인할 수 있다. coroutine#2의 실행 스레드가 바뀌는 이유는 coroutine#2가 재개될 때 CoroutineDispatcher 객체가 자신이 사용할 수 있는 스레드 중 하나에 coroutine#2를 보내기 때문이다. 실제로 실행 결과를 자세히 보면 코루틴의 실행 스레드가 바뀌는 시점은 재개 시점뿐임을 알 수 있다.

10.3.2. 스레드를 양보하지 않으면 실행 스레드가 바뀌지 않는다

코루틴의 실행 스레드가 바뀌는 시점은 코루틴이 재개될 때이다. 즉, 코루틴이 스레드 양보를 하지 않아 일시 중단될 일이 없다면 실행 스레드가 바뀌지 않는다. 따라서 다음과 같이 delay 함수 대신 Thread.sleep 함수를 사용하면 코루틴은 대기 시간 동안 스레드를 양보하지 않아 실행 스레드가 바뀌지 않는다.

```
코드 위치: src/main/chapter10/code10/Code10-10.kt
fun main() = runBlocking<Unit> {
  val dispatcher = newFixedThreadPoolContext(2, "MyThread")
  launch(dispatcher) {
    repeat(5) {
      println("[${Thread.currentThread().name}] 스레드를 점유한채로 100밀리초간 대기
합니다")
      Thread.sleep(100L) // 스레드를 점유한 채로 100 밀리초 동안 대기
      println("[${Thread.currentThread().name}] 점유한 스레드에서 마저 실행됩니다")
    }
  }
}
/*
// 결과:
[MyThread-1 @coroutine#2] 스레드를 점유한채로 100밀리초간 대기합니다
[MyThread-1 @coroutine#2] 점유한 스레드에서 마저 실행됩니다
[MyThread-1 @coroutine#2] 스레드를 점유한채로 100밀리초간 대기합니다
[MyThread-1 @coroutine#2] 점유한 스레드에서 마저 실행됩니다
[MyThread-1 @coroutine#2] 스레드를 점유한채로 100밀리초간 대기합니다
[MyThread-1 @coroutine#2] 점유한 스레드에서 마저 실행됩니다
[MyThread-1 @coroutine#2] 스레드를 점유한채로 100밀리초간 대기합니다
[MyThread-1 @coroutine#2] 점유한 스레드에서 마저 실행됩니다
[MyThread-1 @coroutine#2] 스레드를 점유한채로 100밀리초간 대기합니다
[MyThread-1 @coroutine#2] 점유한 스레드에서 마저 실행됩니다
*/
```

코드의 실행 결과를 보면 coroutine#2가 모두 같은 스레드(MyThread-1)에서 실행되는 것을 확인할 수 있다. coroutine#2가 모두 같은 스레드에서 실행되는 이유는

Thread.sleep은 코루틴이 스레드를 양보하지 않고 블로킹시키도록 만들기 때문이다. 즉, 코루틴에 재개 시점이 없어 CoroutineDispatcher 객체가 coroutine#2를 스레드에 다시 할당할 일이 없으므로 처음 할당된 스레드에서 계속 실행되는 것이다. 이처럼 코루틴이 스레드를 양보하지 않으면 스레드가 바뀌지 않지만 코루틴이 스레드를 양보하지 않으면 코루틴을 사용하는 이점이 모두 사라지게 되므로 이렇게 코드를 만드는 것은 지양해야 한다.

지금까지 코루틴의 동작 방식에 대해 알아봤다. 11장부터는 좀 더 깊게 들어가 코루틴에 대한 심화 내용을 살펴볼 것이다.

10.4. 요약

1. 프로그래밍에서는 루틴을 '특정한 일을 처리하기 위한 일련의 명령'이라는 뜻으로 사용하고 있으며, 이런 일련의 명령을 함수 또는 메서드라고 한다.

2. 서브루틴은 루틴의 하위에서 실행되는 루틴이다. 즉, 함수 내부에서 호출되는 함수를 서브루틴이라고 한다.

3. 서브루틴은 한 번 실행되면 끝까지 실행되는 반면에 코루틴은 서로 간에 스레드 사용 권한을 양보하며 함께 실행된다.

4. delay 함수는 스레드를 양보하고 일정 시간 동안 코루틴을 일시 중단시킨다.

5. join과 await 함수를 호출한 코루틴은 join이나 await의 대상이 된 코루틴의 작업이 완료될 때까지 스레드를 양보하고 일시 중단한다.

6. yield 함수는 스레드 사용 권한을 명시적으로 양보하고자 할 때 사용한다.

7. 코루틴은 협력적으로 동작한다. 코루틴은 스레드 사용 권한을 양보함으로써 스레드가 실제로 사용되지 않는 동안 다른 코루틴이 스레드를 사용할 수 있도록 한다.

8. 코루틴이 스레드를 양보하면 코루틴은 일시 중단되며, 재개될 때 Coroutine

Dispatcher 객체를 통해 다시 스레드에 보내진다. CoroutineDispatcher 객체는 코루틴을 쉬고 있는 스레드 중 하나에 보내므로 일시 중단 전의 스레드와 다른 스레드에서 재개될 수 있다.

9. 코루틴이 스레드를 양보하지 않으면 실행 스레드가 바뀌지 않는다.

10. 코루틴 내부에서 Thread.sleep 함수를 사용하면 코루틴이 대기하는 시간 동안 스레드를 양보하지 않고 블로킹한다.

Chapter 11

코루틴 심화

11장에서는 코루틴의 심화 내용을 다룬다.

11장에서 다루는 내용

- 코루틴이 공유 상태를 사용할 때의 문제와 다양한 데이터 동기화 방식들
- 코루틴에 다양한 실행 옵션 부여하기
- 무제한 디스패처의 동작 방식
- 코루틴에서 일시 중단과 재개가 일어나는 원리

11.1. 공유 상태를 사용하는 코루틴의 문제와 데이터 동기화

11.1.1. 가변 변수를 사용할 때의 문제점

코드의 안정성을 높이기 위해서는 가변 변수 대신 불변 변수를 사용해야 한다. 하지만 스레드 간에 데이터를 전달하거나 공유된 자원을 사용하는 경우에는 가변 변수를 사용해 상태를 공유하고 업데이트해야 한다. 이런 경우 여러 스레드에서 가변 변

수에 동시에 접근해 값을 변경하면 데이터의 손실이나 불일치로 인해 심각한 버그가 발생할 수 있다.

코루틴은 주로 멀티 스레드 환경에서 실행되기 때문에 코루틴을 사용할 때도 동일한 문제가 발생할 수 있다. 다음 코드를 통해 멀티 스레드 환경에서 복수의 코루틴이 가변 변수를 공유하고 변경하는 경우 어떤 문제가 생길 수 있는지 살펴보자.

```
코드 위치: src/main/chapter11/code1/Code11-1.kt
var count = 0

fun main() = runBlocking<Unit> {
  withContext(Dispatchers.Default) {
    repeat(10_000) {
      launch {
        count += 1
      }
    }
  }
  println("count = ${count}")
}
```

이 코드는 가변 변수 count를 0으로 초기화한 후 runBlocking 코루틴 내부에서 withContext(Dispatchers.Default)를 사용해 count의 값을 1씩 증가시키는 launch 코루틴을 1만 개 실행하고 실행 완료될 때까지 대기하도록 만든다. Dispatchers.Default 객체는 멀티 스레드를 사용하기 때문에 1만 개의 코루틴이 count의 값에 접근하고 변경하는 작업은 병렬적으로 실행되며, 1만 개의 코루틴이 모두 완료되면 count의 값이 출력되고 종료된다.

코드를 실행해 보면 어떤 결과가 나올까? count에 1을 더하는 작업이 1만 번 반복되므로 count = 10000이 출력될 것 같지만 count의 값은 10000이 되지 않는다. 코드를 실행할 때마다 다른 결과가 나오는데 다음은 코드를 3번 정도 실행한 결과이다.

```
/*
// 결과1:
count = 9062 // 매번 다른 값이 나온다.
// 결과2:
```

```
count = 9019 // 매번 다른 값이 나온다.
// 결과3:
count = 8644 // 매번 다른 값이 나온다.
*/
```

같은 코드를 실행할 때마다 다른 결과가 나오는 것이 마치 난수 발생기 같다. 왜 이런 문제가 발생할까? 원인은 크게 두 가지로 요약될 수 있다.

첫째는 메모리 가시성^{Memory Visibility} 문제이다. 메모리 가시성 문제란 스레드가 변수를 읽는 메모리 공간에 관한 문제로 CPU 캐시^{CPU Cache}와 메인 메모리^{Main Memory} 등으로 이뤄지는 하드웨어의 메모리 구조와 연관돼 있다. 스레드가 변수를 변경시킬 때 메인 메모리가 아닌 CPU 캐시를 사용할 경우 CPU 캐시의 값이 메인 메모리에 전파되는 데 약간의 시간이 걸려 CPU 캐시와 메인 메모리 간에 데이터 불일치 문제가 생긴다. 따라서 다른 스레드에서 해당 변수를 읽을 때 변수가 변경된 것을 확인하지 못할 수 있다. 예를 들어 하나의 스레드에서 count 변수의 값을 1000에서 1001로 변경시켰는데 변경이 CPU 캐시에만 반영되고 메인 메모리로 전파되지 않았다면 다른 스레드가 count 변수에 접근했을 때 count 변수의 이전 값인 1000을 읽게 된다.

둘째는 경쟁 상태^{Race Condition} 문제이다. 2개의 스레드가 동시에 값을 읽고 업데이트 시키면 같은 연산이 두 번 일어난다. 예를 들어 count 변수에 저장된 값이 1000일 때 2개의 스레드가 동시에 count 변수를 읽고 업데이트한다면 count 변수가 1000에서 1001이 되는 연산이 두 번 일어난다. 즉, 2개의 코루틴이 값을 1만큼만 증가시키므로 하나의 연산은 손실된다.

이 두 가지 문제는 멀티 스레드 환경에서 공유 상태를 사용할 때 데이터 동기화 문제를 일으키는 주범이다. 이 문제들에 대해 자세히 알아보도록 하자.

11.1.2. JVM의 메모리 공간이 하드웨어 메모리 구조와 연결되는 방식

멀티 스레드에서 공유 상태를 사용할 때의 데이터 동기화 문제를 이해하기 위해서는 하드웨어상에서 동작하는 가상 머신인 JVM의 메모리 공간이 하드웨어의 메모리 공간과 어떻게 연결되는지 알아야 한다.

JVM은 그림 11-1과 같이 스레드마다 스택 영역^{Stack Area}이라고 불리는 메모리 공간을 갖고 있고, 이 스택 영역에는 원시 타입^{Primitive Type}의 데이터가 저장되거나 힙 영역^{Heap Area}에 저장된 객체에 대한 참조(주소 값)가 저장된다. 힙 영역은 JVM 스레드에서 공통으로 사용되는 메모리 공간으로 객체나 배열 같은 크고 복잡한 데이터가 저장된다.

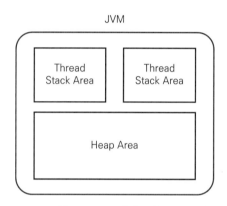

그림 11-1 JVM의 메모리 구조

이번에는 JVM이 실행되는 컴퓨터(하드웨어)의 메모리 구조에 대해 알아보자. 컴퓨터는 그림 11-2와 같이 CPU 레지스터^{CPU Register}, CPU 캐시 메모리^{CPU Cache Memory}, 메인 메모리^{Main Memory} 영역으로 구성된다. 각 CPU는 CPU 캐시 메모리를 두며, 데이터 조회 시 공통 영역인 메인 메모리까지 가지 않고 CPU 캐시 메모리에서 데이터를 조회할 수 있도록 만들어 메모리 액세스^{Memory Access} 속도를 향상시킨다.

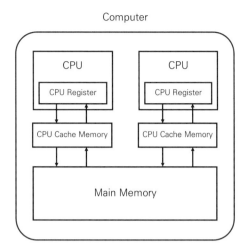

그림 11-2 하드웨어 메모리 아키텍처

이제 JVM의 메모리 공간인 스택 영역과 힙 영역을 하드웨어 메모리의 구조와 연결해 보자. 연결한 모습은 그림 11-3과 같다.

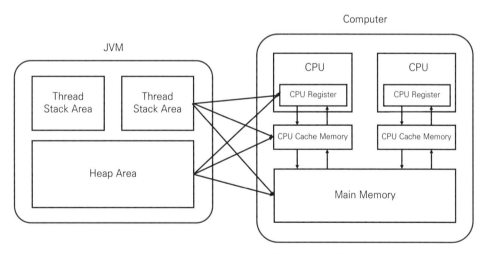

그림 11-3 JVM의 메모리 구조와 하드웨어 메모리 모델의 연결

하드웨어 메모리 구조는 JVM의 스택 영역과 힙 영역을 구분하지 않는다. 따라서 JVM의 스택 영역에 저장된 데이터들은 CPU 레지스터, CPU 캐시 메모리, 메인 메

모리 모두에 나타날 수 있으며, 힙 영역도 마찬가지다. 이런 구조로 인해 멀티 스레드 환경에서 공유 상태를 사용할 때 두 가지 문제가 발생한다.

1. 공유 상태에 대한 메모리 가시성 문제
2. 공유 상태에 대한 경쟁 상태 문제

이들 문제와 해결책에 대해 알아보자.

11.1.3. 공유 상태에 대한 메모리 가시성 문제와 해결 방법

11.1.3.1. 공유 상태에 대한 메모리 가시성 문제

공유 상태에 대한 메모리 가시성 문제란 하나의 스레드가 다른 스레드가 변경된 상태를 확인하지 못하는 것으로 서로 다른 CPU에서 실행되는 스레드들에서 공유 상태를 조회하고 업데이트할 때 생기는 문제이다. 가시성 문제가 어떻게 일어나는지 알아보자.

공유 상태는 처음에는 메인 메모리상에 저장돼 있다. 이때 하나의 스레드가 이 공유 상태를 읽어오면 해당 스레드를 실행 중인 CPU는 공유 상태를 CPU 캐시 메모리에 저장한다. 예를 들어 그림 11-4와 같이 메인 메모리에 count = 1000이라는 상태가 있다고 해보자.

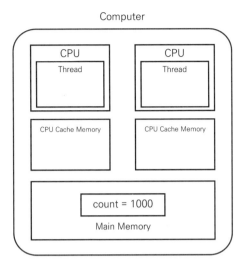

그림 11-4 공유 상태

스레드가 count값을 증가시키는 연산을 실행하려고 그림 11-5와 같이 메인 메모리에서 count값을 읽어오면 CPU 캐시 메모리에는 count = 1000이라는 정보가 저장되며, 스레드는 이 값을 사용해 count값을 증가시키는 연산을 실행한다.

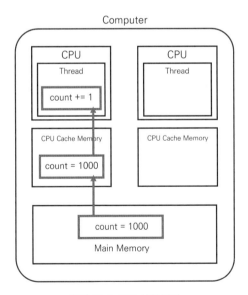

그림 11-5 공유 상태 읽기

연산이 완료되면 count = 1001이 되지만 스레드는 이 정보를 메인 메모리에 쓰지 않고 CPU 캐시 메모리에 쓴다. CPU 캐시 메모리의 변경된 count값은 플러시가 일어나지 않으면 메인 메모리로 전파되지 않는다. 따라서 그림 11-6과 같은 상태가 된다.

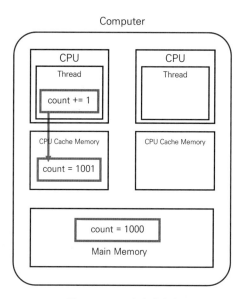

그림 11-6 공유 상태 업데이트

만약 CPU 캐시 메모리의 데이터가 메인 메모리로 전파되지 않은 상태에서 그림 11-7과 같이 다른 CPU에서 실행되는 스레드에서 count 변수의 값을 읽는 상황을 가정해 보자. 그러면 이 스레드는 count의 값을 1000으로 인식하게 되며, 이에 대해 count += 1 연산을 실행해 count = 1001을 자신의 CPU 캐시 메모리에 쓰게 된다.

344

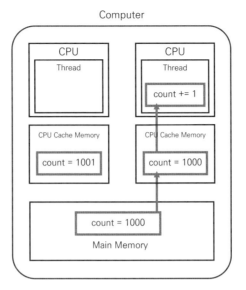

그림 11-7 공유 상태에 대한 가시성 문제

이후 각 CPU 캐시 메모리의 값이 메인 메모리로 플러시가 일어나면 연산은 두 번 일어나지만 그림 11-8과 같이 count 변수의 값은 하나만 증가하게 된다.

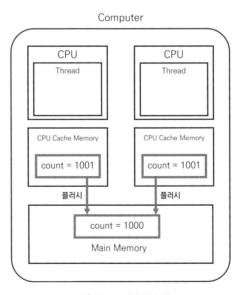

그림 11-8 연산의 손실

이렇게 하나의 스레드에서 변경한 변수의 상태 값을 다른 스레드가 알지 못해 생기는 메모리 동기화 문제를 메모리 가시성 문제라고 한다.

11.1.3.2. @Volatile 사용해 공유 상태에 대한 메모리 가시성 문제 해결하기

코틀린에서 메모리 가시성 문제를 해결하기 위해서는 다음 코드와 같이 @Volatile 어노테이션을 사용하면 된다.

```
코드 위치: src/main/chapter11/code2/Code11-2.kt
@Volatile
var count = 0

fun main() = runBlocking<Unit> {
  withContext(Dispatchers.Default) {
    repeat(10_000) {
      launch {
        count += 1
      }
    }
  }
  println("count = ${count}")
}
```

@Volatile 어노테이션이 설정된 변수를 읽고 쓸 때는 CPU 캐시 메모리를 사용하지 않는다. 즉, 각 스레드는 count 변수의 값을 변경시키는 데 CPU 캐시 메모리를 사용하지 않고 메인 메모리를 사용한다.

따라서 스레드에서는 count 변수의 값을 1 증가시키는 연산을 위해 그림 11-9와 같이 메인 메모리에서 곧바로 count 변수의 값을 조회해 오며, 값에 대한 변경 연산도 메인 메모리에서 직접 수행한다.

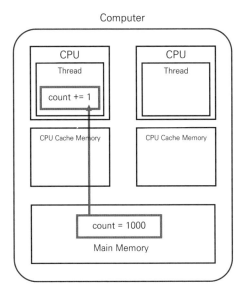

그림 11-9 @Volatile을 사용한 공유 상태 가시성 문제 해결

@Volatile 어노테이션을 사용해 문제를 해결할 수 있는지 확인을 위해 코드를 실행해 보자. 그러면 다음과 같은 결과를 얻을 수 있다.

```
/*
// 결과:
count = 9122
*/
```

@Volatile 어노테이션을 사용해 메모리 가시성 문제를 해결했지만 여전히 count 변수의 값이 10000이 나오지 않는 것을 볼 수 있다. 메인 메모리에서만 count 변수의 데이터를 변경하더라도 여전히 여러 스레드가 메인 메모리의 count 변수에 동시에 접근할 수 있기 때문이다. 이어서 여러 스레드가 count 변수에 동시에 접근하는 문제와 해결 방법에 대해 알아보자.

11.1.4. 공유 상태에 대한 경쟁 상태 문제와 해결 방법

11.1.4.1. 공유 상태에 대한 경쟁 상태 문제

변수가 @Volatile로 선언돼 메인 메모리에만 저장되더라도 문제가 해결되지 않는 이유는 여전히 여러 스레드가 동시에 메인 메모리에 저장된 값에 접근할 수 있기 때문이다. 여러 스레드가 동시에 하나의 값에 접근하면서 발생하는 문제를 경쟁 상태 Race Condition 문제라고 하는데 경쟁 상태 문제가 왜 일어나는지 확인을 위해 앞서 만든 코드를 다시 한 번 살펴보자.

```kotlin
코드 위치: src/main/chapter11/code2/Code11-2.kt
@Volatile
var count = 0

fun main() = runBlocking<Unit> {
  withContext(Dispatchers.Default) {
    repeat(10_000) {
      launch {
        count += 1
      }
    }
  }
  println("count = ${count}")
}
```

이 코드에서는 각 launch 코루틴이 Dispatchers.Default 객체를 사용해 실행되므로 병렬로 실행되는 코루틴들이 count 변수의 값을 증가시킨다. 즉, 각 스레드에서 실행 중인 코루틴들이 count 변수에 동시에 접근할 수 있으므로 같은 연산이 중복으로 실행될 수 있다.

예를 들어 그림 11-10과 같이 count 변수의 값이 1000일 때 2개의 스레드에서 동시에 접근해 count += 1 연산을 실행할 수 있다.

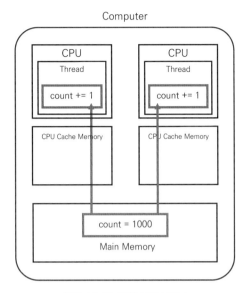

그림 11-10 경쟁 상태 문제 1

이렇게 연산이 일어나면 실제로는 연산이 두 번 일어나지만 그림 11-11과 같이 count 변수의 값은 하나만 증가한다. 즉, 연산이 중복돼 실행된다.

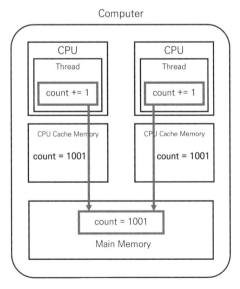

그림 11-11 경쟁 상태 문제 2

이런 경쟁 상태 문제를 해결하기 위해서는 하나의 변수에 스레드가 동시에 접근할 수 없도록 만들어야 한다. 지금부터 그 방법들에 대해 알아보자.

11.1.4.2. Mutex 사용해 동시 접근 제한하기

동시 접근을 제한하는 간단한 방법은 공유 변수의 변경 가능 지점을 임계 영역^{Critical} ^{Section}으로 만들어 동시 접근을 제한하는 것이다. 코틀린에서는 코루틴에 대한 임계 영역을 만들기 위한 Mutex 객체를 제공한다. Mutex 객체의 lock 일시 중단 함수가 호출되면 락이 획득되며, 이후 해당 Mutex 객체에 대해 unlock이 호출돼 락이 해제될 때까지 다른 코루틴이 해당 임계 영역에 진입할 수 없다.

예를 들어 다음과 같이 Mutex 객체에 대해 lock과 unlock을 사용해 count += 1 을 실행하는 부분을 임계 영역으로 만들면 해당 영역에 둘 이상의 코루틴이 접근할 수 없도록 만들 수 있다.

```
코드 위치: src/main/chapter11/code3/Code11-3.kt
var count = 0
val mutex = Mutex()

fun main() = runBlocking<Unit> {
  withContext(Dispatchers.Default) {
    repeat(10_000) {
      launch {
        mutex.lock() // 임계 영역 시작 지점
        count += 1
        mutex.unlock() // 임계 영역 종료 지점
      }
    }
  }
  println("count = ${count}")
}
```

따라서 코드를 실행해 보면 경쟁 상태 문제가 해결돼 count 변수의 값이 10000이 나오는 것을 볼 수 있다.

```
/*
// 결과:
count = 10000
*/
```

Mutex 객체를 사용해 락을 획득한 후에는 꼭 해제해야 한다. 만약 해제하지 않으면 해당 임계 영역은 다른 스레드에서 접근이 불가능하게 돼 문제를 일으킬 수 있다. 처음 코드를 작성할 때는 간단한 lock-unlock 쌍만 있기 때문에 문제가 되지 않을 수 있지만 코드가 복잡해질수록 lock-unlock 쌍을 사용하면 개발자의 실수로 문제를 일으킬 가능성이 커진다.

이런 문제 때문에 Mutex 객체를 사용해 임계 영역을 만들 때는 lock-unlock 쌍을 직접 호출하기보다는 withLock 일시 중단 함수를 사용하는 것이 안전하다. withLock을 사용하면 withLock의 람다식 실행 이전에 lock이 호출되고, 람다식이 모두 실행되면 unlock이 호출돼 안전하게 Mutex 객체를 사용할 수 있다. 앞의 코드를 withLock을 사용해 바꾸면 다음과 같다.

코드 위치: src/main/chapter11/code4/Code11-4.kt
```kotlin
var count = 0
val mutex = Mutex()

fun main() = runBlocking<Unit> {
  withContext(Dispatchers.Default) {
    repeat(10_000) {
      launch {
        mutex.withLock {
          count += 1
        }
      }
    }
  }
  println("count = ${count}")
}
/*
// 결과:
count = 10000
*/
```

그렇다면 왜 코루틴에서 사용할 때는 같은 뮤텍스^{Mutex} 기능을 하는 ReetrantLock 객체 대신 Mutex 객체를 사용하는 것일까? 여기서 Mutex 객체의 lock이 일시 중단 함수란 점에 주목하자. 코루틴이 Mutex 객체의 lock 함수를 호출했는데 이미 다른 코루틴에 의해 Mutex 객체에 락이 걸려 있으면 코루틴은 기존의 락이 해제될 때까지 스레드를 양보하고 일시 중단한다. 그리고 이를 통해 코루틴이 일시 중단되는 동안 스레드가 블로킹되지 않도록 해서 스레드에서 다른 작업이 실행될 수 있도록 한다. 이후 기존의 락이 해제되면 코루틴이 재개돼 Mutex 객체의 락을 획득한다.

반면에 코루틴에서 ReentrantLock 객체에 대해 lock을 호출했을 때 이미 다른 스레드에서 락을 획득했다면 코루틴은 락이 해제될 때까지 lock을 호출한 스레드를 블로킹하고 기다린다. 즉, 락이 해제될 때까지 lock을 호출한 스레드를 다른 코루틴이 사용할 수 없다. 이런 특성 때문에 코루틴에서는 ReentrantLock 객체 대신 Mutex 객체를 사용하는 것이 권장된다.

물론, ReetrantLock 객체를 사용하더라도 안전한 임계 영역을 만들 수 있는 것은 동일하다. 다음 코드를 통해 Mutex 객체 대신 ReentrantLock 객체를 사용했을 때 어떻게 동작하는지 살펴보자.

```kotlin
코드 위치: src/main/chapter11/code5/Code11-5.kt
var count = 0
val reentrantLock = ReentrantLock()

fun main() = runBlocking<Unit> {
  withContext(Dispatchers.Default) {
    repeat(10_000) {
      launch {
        reentrantLock.lock() // 스레드를 블록하고 기존의 락이 해제될 때까지 기다림
        count += 1
        reentrantLock.unlock()
      }
    }
  }
  println("count = ${count}")
}
/*
// 결과:
```

```
count = 10000
*/
```

코드의 실행 결과를 보면 count 변수의 값은 10000이 돼 단 하나의 연산도 손실되지 않았음을 확인할 수 있다.

11.1.4.3. 공유 상태 변경을 위해 전용 스레드 사용하기

스레드 간에 공유 상태를 사용해 생기는 문제점은 복수의 스레드가 공유 상태에 동시에 접근할 수 있기 때문에 일어난다. 따라서 공유 상태에 접근할 때 하나의 전용 스레드만 사용하도록 강제하면 공유 상태에 동시에 접근하는 문제를 해결할 수 있다.

하나의 전용 스레드만 사용할 수 있도록 만드는 방법은 간단하다. newSingleThreadContext 함수를 사용해 단일 스레드로 구성된 CoroutineDispatcher 객체를 생성해 특정 연산을 위해 사용되도록 만들면 된다. 예를 들어 다음과 같이 count 변수의 값을 읽고 변경시킬 때 전용 스레드를 사용하도록 만들 수 있다.

```
코드 위치: src/main/chapter11/code6/Code11-6.kt
var count = 0
val countChangeDispatcher = newSingleThreadContext("CountChangeThread")

fun main() = runBlocking<Unit> {
  withContext(Dispatchers.Default) {
    repeat(10_000) {
      launch { // count값을 변경시킬 때만 사용
        increaseCount()
      }
    }
  }
  println("count = ${count}")
}

suspend fun increaseCount() = coroutineScope {
  withContext(countChangeDispatcher) {
    count += 1
  }
}
```

이 코드에서는 newSingleThreadContext 함수를 호출해 count 변수의 값을 증가시키기 위한 전용 스레드인 CountChangeThread를 사용하는 Coroutine Dispatcher 객체를 만들어 countChangeDispatcher 변수를 통해 참조한다. 이 countChangeDispatcher는 increaseCount 일시 중단 함수 내부의 with Context 인자로 넘어가 count 변수의 값을 증가시킬 때 코루틴의 실행 스레드가 CountChangeThread로 전환되도록 강제한다.

따라서 launch 코루틴이 Dispatchers.Default를 통해 백그라운드 스레드에서 실행되더라도 increaseCount 일시 중단 함수가 호출되면 launch 코루틴의 실행 스레드가 CountChangeThread로 전환돼 count 변수에 대한 동시 접근이 일어나지 않는다. count 변수에 더 이상 동시 접근이 일어나지 않으므로 손실되는 연산이 없어져 코드 실행 결과에 count = 10000이 나오는 것을 볼 수 있다.

```
/*
// 결과:
count = 10000
*/
```

> 단일 스레드를 사용하기 위해 newSingleThreadContext 대신 Dispatchers.IO.limitedParallelism(1)이나 Dispatchers.Default.limitedParallelism(1)을 사용할 수도 있다. 이에 대해서는 '3장 Coroutine Dispatcher'에서 다뤘다.

지금까지 복수의 스레드에서 공유 상태를 읽고 쓸 때 생길 수 있는 메모리 가시성 문제와 경쟁 상태 문제를 알아보고, 이 문제들을 해결할 수 있는 다양한 방법에 대해 살펴봤다. 멀티 스레드 환경에서 데이터 동기화 문제는 매우 중요한 주제이므로 각각의 해결 방법이 어떤 장단점을 갖는지 제대로 이해하고 넘어가자.

> **추가 자료. 원자성 있는 데이터 구조를 사용한 경쟁 상태 문제 해결**
>
> **원자성 있는 객체 사용해 경쟁 상태 문제 해결하기**
> 경쟁 상태 문제 해결을 위해 원자성 있는 객체를 사용할 수 있다. 예를 들어 다음과 같이 AtomicInteger 객체를 사용할 수 있다.

```
코드 위치: src/main/chapter11/code7/Code11-7.kt
var count = AtomicInteger(0)

fun main() = runBlocking<Unit> {
  withContext(Dispatchers.Default) {
    repeat(10_000) {
      launch {
        count.getAndUpdate {
          it + 1 // count값 1 더하기
        }
      }
    }
  }
  println("count = ${count}")
}
```

이 코드에서는 Dispatchers.Default 상에서 동작하는 launch 코루틴을 1만 개 만들며, 각 코루틴은 AtomicInteger 객체에 대해 1을 더하는 동작을 실행한다. AtomicInteger 객체와 같이 원자성 있는 객체는 여러 스레드가 동시에 접근해도 한 번에 하나의 스레드만 접근할 수 있도록 제한한다. 따라서 복수의 코루틴이 병렬로 실행되더라도 특정 시점에 count에 대한 getAndUpdate 연산을 실행하는 코루틴은 하나뿐이다. 코드를 실행해 보면 다음과 같은 결과가 나온다.

```
/*
// 결과:
count = 10000
*/
```

AtomicInteger 클래스 외에도 AtomicLong, AtomicBoolean 등의 클래스를 사용하면 Long, Boolean 등의 간단한 타입에 대해 원자성 있는 객체를 만들 수 있다. 하지만 종종 복잡한 객체에 대해 원자적인 연산이 필요한 경우가 있다. 복잡한 객체의 참조에 대해 원자성을 부여하는 방법을 살펴보자.

객체의 참조에 원자성 부여하기

AtomicReference 클래스를 사용하면 복잡한 객체의 참조에 대해 원자성을 부여할 수 있다. 다음과 같이 데이터 클래스로 Counter를 선언하고, AtomicReference 로 Counter 객체를 감싸 원자성을 부여한 atomicCounter를 만들어 보자.

```kotlin
data class Counter(val name: String, val count: Int)
val atomicCounter = AtomicReference(Counter("MyCounter", 0)) // 원자성 있
는 Counter 만들기

fun main() = runBlocking<Unit> {
  withContext(Dispatchers.Default) {
    repeat(10_000) {
      launch {
        atomicCounter.getAndUpdate {
          it.copy(count = it.count + 1) // MyCounter의 count값 1 더하기
        }
      }
    }
  }
  println(atomicCounter.get())
}
```

이 코드에서는 Dispatchers.Default 상에서 동작하는 launch 코루틴을 1만 개 만들며, 각 코루틴은 atomicCounter에 대해 읽기와 쓰기를 수행하는 getAndUpdate 함수를 사용해 count 프로퍼티에 1을 더한다. atomicCounter는 원자성이 있기 때문에 getAndUpdate 연산에 한 번에 하나의 스레드만 접근할 수 있다. 따라서 코드를 실행해 보면 1만 개의 코루틴이 안전하게 count 값을 증가시켜 다음과 같은 결과가 나온다.

```
/*
// 결과:
Counter(name=MyCounter, count=10000)
*/
```

원자성 있는 객체를 코루틴에서 사용할 때의 한계

코루틴이 원자성 있는 객체에 접근할 때 이미 다른 스레드의 코루틴이 해당 객체에 대한 연산을 실행 중인 경우 코루틴은 스레드를 블로킹하고 연산 중인 스레드가 연산을 모두 수행할 때까지 기다린다. 이는 코루틴에서 ReentrantLock 객체에 대해 lock을 사용하는 것과 비슷하다. 따라서 원자성 있는 객체를 코루틴에서 사용할 때는 원자성 있는 객체가 스레드를 블로킹시킬 수 있다는 점을 고려해 사용해야 한다.

```kotlin
var count = AtomicInteger(0)
```

```
fun main() = runBlocking<Unit> {
  withContext(Dispatchers.Default) {
    repeat(10_000) {
      launch {
        count.getAndUpdate { // 만약 다른 스레드가 연산을 실행 중이면 코루틴은 스레드
를 블로킹시키고 대기한다.
          it + 1
        }
      }
    }
  }
  println("count = ${count}")
}
/*
// 결과:
count = 10000
*/
```

원자성 있는 객체를 사용할 때 많이 하는 실수

원자성 있는 객체를 사용할 때 많이 하는 실수 중 하나는 원자성 있는 객체의 읽기와 쓰기를 따로 실행하는 것이다. 다음 코드를 살펴보자.

```
코드 위치: src/main/chapter11/code10/Code11-10.kt
var count = AtomicInteger(0)

fun main() = runBlocking<Unit> {
  withContext(Dispatchers.Default) {
    repeat(10_000) {
      launch {
        val currentCount = count.get()
        // 위 코드와 아래 코드의 실행 사이에 다른 스레드가 count의 값을 읽거나 변경할 수
있다.
        count.set(currentCount + 1)
      }
    }
  }
  println("count = ${count}")
}
```

이 코드에서는 count에 대한 get 함수를 실행해 count 값을 가져온 후 count에 대해 set 함수를 실행해 get을 통해 가져온 값에 1을 더하고 있다. 이때 get 함수가 실행되고 나서 set 함수 실행 전에 다른 스레드에서 count에 대한 읽기 연산 또는 쓰기 연산을 실행할 수 있으므로 경쟁 상태 문제가 생긴다. 따라서 코드를 실행해 보면 다음과 같은 결과가 나온다.

```
/*
// 결과:
count = 8399
*/
```

즉, 원자성 있는 객체에 대한 읽기와 쓰기를 따로 사용하면 값이 변경되기 전에 다른 스레드에서 값에 대한 접근이 가능해진다. 이를 해결하기 위해서는 앞서 다룬 getAndUpdate와 같은 읽기와 쓰기를 함께 실행하는 함수를 사용해야 한다. 물론, 이외에도 읽기와 쓰기를 함께 실행하는 함수는 다양하게 제공되는데 대표적으로 AtomicInteger 객체의 값을 읽고 1을 더하는 작업을 실행하는 incrementAndGet이 있다. 다음 코드를 살펴보자.

코드 위치: src/main/chapter11/code11/Code11-11.kt
```kotlin
var count = AtomicInteger(0)

fun main() = runBlocking<Unit> {
  withContext(Dispatchers.Default) {
    repeat(10_000) {
      launch {
        count.incrementAndGet() // count값 1 더하기
      }
    }
  }
  println("count = ${count}")
}
/*
// 결과:
count = 10000
*/
```

이 코드에서 incrementAndGet은 count 값을 읽고 쓸 동안 다른 스레드의 접근을 허용하지 않는다. 따라서 모든 연산이 손실 없이 실행 돼 count의 값이 10000이 나오는 것을 볼 수 있다.

이처럼 원자성 있는 객체를 안전하게 사용하기 위해서는 하나의 스레드가 값을 읽고 쓸 동안 다른 스레드의 접근을 허용해서는 안된다.

11.2. CoroutineStart의 다양한 옵션들 살펴보기

코루틴에 실행 옵션을 주기 위해 launch나 async 등의 코루틴 빌더 함수의 start 인자로 CoroutineStart 옵션을 전달할 수 있다.

```
public fun CoroutineScope.launch(
  context: CoroutineContext = EmptyCoroutineContext,
  start: CoroutineStart = CoroutineStart.DEFAULT,
  block: suspend CoroutineScope.() -> Unit
): Job
```

우리는 이미 "4.3. CoroutineStart.LAZY 사용해 코루틴 지연 시작하기"에서 launch의 start 인자로 CoroutineStart.LAZY를 넘기면 코루틴을 지연 시작할 수 있는 것을 살펴봤다. 하지만 이외에도 다양한 옵션이 있으므로 여기서는 다음과 같이 나머지 옵션들도 다뤄본다.

- CoroutineStart.DEFAULT

- CoroutineStart.ATOMIC

- CoroutineStart.UNDISPATCHED

11.2.1. CoroutineStart.DEFAULT

launch의 start 인자로 아무런 값이 전달되지 않으면 기본 실행 옵션인 Coroutine Start.DEFAULT가 설정된다. 즉, 우리가 지금까지 다뤘던 많은 코루틴들은 CoroutineStart.DEFAULT로 실행됐다. 다음에서 CoroutineStart.DEFAULT로 실행된 코루틴이 어떤 특징을 갖는지 살펴보며 다시 정리해 보자.

코루틴 빌더의 start 인자로 CoroutineStart.DEFAULT를 사용하면 코루틴 빌더 함수를 호출한 즉시 생성된 코루틴의 실행을 CoroutineDispatcher 객체에 예약하며, 코루틴 빌더 함수를 호출한 코루틴은 계속해서 실행된다. 다음 코드를 살펴보자.

```
코드 위치: src/main/chapter11/code12/Code11-12.kt
fun main() = runBlocking<Unit> {
  launch {
    println("작업1")
  }
  println("작업2")
}
```

이 코드에서는 launch 함수의 start 인자로 아무 값도 넘어가지 않았으므로
CoroutineStart.DEFAULT가 적용된다. 따라서 메인 스레드에서 실행되는
runBlocking 코루틴에 의해 launch 함수가 호출되면 메인 스레드를 사용하는
CoroutineDispatcher 객체에 launch 코루틴의 실행이 즉시 예약된다. 하지만
runBlocking 코루틴이 메인 스레드를 양보하지 않고 계속해서 실행되므로 launch
코루틴은 실행되지 못하며, runBlocking 코루틴에 의해 작업2가 출력되고 나서야
메인 스레드가 자유로워져 launch 코루틴이 실행된다. 따라서 코드를 실행해 보면
다음과 같은 결과가 나온다.

```
/*
// 결과:
작업2
작업1
*/
```

이는 코루틴의 매우 일반적인 동작으로 스레드를 양보하기 전까지 스레드를 점유하
는 코루틴의 특성과 양보받은 스레드를 사용해 실행되는 코루틴의 특성을 잘 나타
내고 있다.

11.2.2. CoroutineStart.ATOMIC

코루틴이 실행 요청됐지만 CoroutineDispatcher 객체가 사용할 수 있는 스레드
가 모두 작업 중이어서 스레드로 보내지지 않는 경우 코루틴은 그림 11-12에서 볼
수 있듯이 생성 상태에 머무는데 이를 실행 대기 상태라고도 한다.

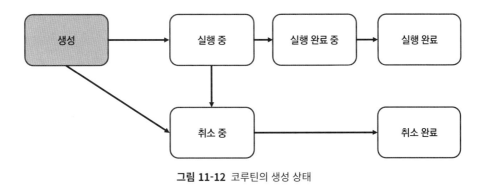

그림 11-12 코루틴의 생성 상태

만약 실행 대기 상태의 코루틴이 취소되면 어떤 일이 일어날까? 일반적인 코루틴은 실행되기 전에 취소되면 실행되지 않고 종료된다. 다음 코드를 살펴보자.

```
코드 위치: src/main/chapter11/code13/Code11-13.kt
fun main() = runBlocking<Unit> {
  val job = launch {
    println("작업1")
  }
  job.cancel() // 실행 대기 상태의 코루틴에 취소 요청
  println("작업2")
}
```

이 코드에서 launch 코루틴은 runBlocking 코루틴이 메인 스레드를 양보할 때까지 실행 대기 상태에 머문다. 따라서 runBlocking 코루틴을 완료하기 전에 job.cancel()을 호출하면 다음과 같이 launch 코루틴이 취소돼 작업1이 출력되지 않는다.

```
/*
// 결과:
작업2
*/
```

하지만 launch 함수의 start 인자로 CoroutineStart.ATOMIC 옵션을 적용하면 해당 옵션이 적용된 코루틴은 실행 대기 상태에서 취소되지 않는다. 다음과 같이

launch 코루틴에 CoroutineStart.ATOMIC을 적용한 후 launch 코루틴이 실행 대기 상태일 때 취소를 요청해도 해당 코루틴은 취소되지 않는다.

```kotlin
코드 위치: src/main/chapter11/code14/Code11-14.kt
fun main() = runBlocking<Unit> {
  val job = launch(start = CoroutineStart.ATOMIC) {
    println("작업1")
  }
  job.cancel() // 실행 대기 상태의 코루틴에 취소 요청
  println("작업2")
}
/*
// 결과:
작업2
작업1
*/
```

따라서 코드의 실행 결과를 보면 launch 코루틴이 취소되지 않아 작업2와 작업1이 모두 출력된 것을 확인할 수 있다. 정리하면 CoroutineStart.ATOMIC 옵션은 코루틴의 실행 대기 상태에서 취소를 방지하기 위한 옵션이다.

11.2.3. CoroutineStart.UNDISPATCHED

일반적인 코루틴은 실행이 요청되면 CoroutineDispatcher 객체의 작업 대기열에서 대기하다가 CoroutineDispatcher 객체에 의해 스레드에 할당돼 실행된다. 하지만 CoroutineStart.UNDISPATCHED 옵션이 적용된 코루틴은 CoroutineDispatcher 객체의 작업 대기열을 거치지 않고 호출자의 스레드에서 즉시 실행된다.

CoroutineStart.UNDISPATCHED 옵션이 적용된 코루틴이 CoroutineStart. DEFAULT 옵션이 적용된 코루틴과 무엇이 다른지 다음 코드를 통해 살펴보자.

```kotlin
코드 위치: src/main/chapter11/code12/Code11-12.kt
fun main() = runBlocking<Unit> {
  launch {
    println("작업1")
```

```
  }
  println("작업2")
}
/*
// 결과:
작업2
작업1
*/
```

이 코드를 실행해 보면 작업2, 작업1 순서로 실행된다. launch 함수가 호출되면 호출 즉시 그림 11-13과 같이 메인 스레드를 사용하는 CoroutineDispatcher 객체에 launch 코루틴의 실행이 예약되지만 runBlocking 코루틴 또한 메인 스레드를 사용하므로 runBlocking 코루틴의 코드가 모두 실행되고 나서야 launch 코루틴이 실행될 수 있기 때문이다.

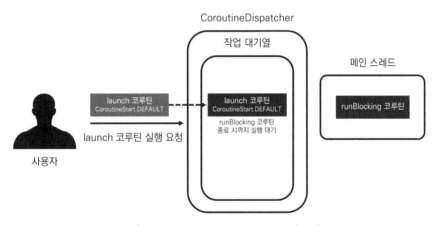

그림 11-13 CoroutineStart.DEFAULT의 동작

이번에는 다음과 같이 launch 코루틴을 CoroutineStart.UNDISPATCHED 옵션으로 실행해 보고 무엇이 다른지 살펴보자.

코드 위치: src/main/chapter11/code15/Code11-15.kt
```
fun main() = runBlocking<Unit> {
  launch(start = CoroutineStart.UNDISPATCHED) {
    println("작업1")
```

```
    }
    println("작업2")
}
/*
// 결과:
작업1
작업2
*/
```

CoroutineStart.UNDISPATCHED 옵션으로 launch 함수를 호출하면 launch 코루틴은 그림 11-14와 같이 즉시 호출자의 스레드인 메인 스레드에 할당돼 실행된다. 따라서 코드의 실행 결과를 보면 launch 함수를 호출한 즉시 launch 코루틴이 메인 스레드를 점유해 작업1이 먼저 실행되고, 이후 작업2가 실행되는 것을 확인할 수 있다.

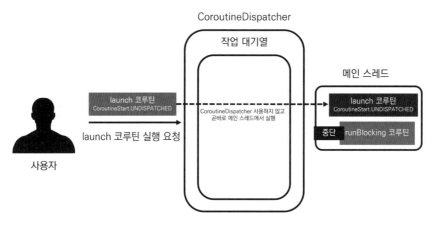

그림 11-14 CoroutineStart.UNDISPATCHED의 동작

정리하면 CoroutineStart.UNDISPATCHED가 적용된 코루틴은 Coroutine Dispatcher 객체의 작업 대기열을 거치지 않고 곧바로 호출자의 스레드에 할당돼 실행된다. 주의할 점은 처음 코루틴 빌더가 호출됐을 때만 CoroutineDispatcher 객체를 거치지 않고 실행된다는 것이다. 만약 코루틴 내부에서 일시 중단 후 재개되면 CoroutineDispatcher 객체를 거쳐 실행된다. 다음 코드를 살펴보자.

```
코드 위치: src/main/chapter11/code16/Code11-16.kt
fun main() = runBlocking<Unit> {
  launch(start = CoroutineStart.UNDISPATCHED) {
    println("일시 중단 전에는 CoroutineDispatcher을 거치지 않고 즉시 실행된다")
    delay(100L)
    println("일시 중단 후에는 CoroutineDispatcher을 거쳐 실행된다")
  }
}
```

이 코드에서 launch 코루틴은 CoroutineStart.UNDISPATCHED 옵션이 적용돼 CoroutineDispatcher 객체를 거치지 않고 곧바로 메인 스레드에서 실행되지만 delay(100L)을 통해 일시 중단된 후 재개될 때는 그림 11-15와 같이 메인 스레드를 사용하는 CoroutineDispatcher 객체에 다시 실행이 요청된다.

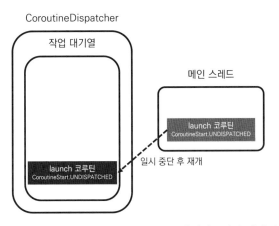

그림 11-15 CoroutineStart.UNDISPATCHED의 일시 중단 후 재개 시 동작

11.3. 무제한 디스패처

무제한 디스패처의 동작을 이해하기 위해서는 코루틴에 대한 충분한 이해가 필요하기 때문에 "3장 CoroutineDispatcher"에서는 다루지 않고 넘어갔다. 이제 지금까지 배운 내용을 바탕으로 무제한 디스패처에 대해 알아보자.

11.3.1. 무제한 디스패처란?

무제한 디스패처^{Unconfined Dispatcher}란 코루틴을 자신을 실행시킨 스레드에서 즉시 실행하도록 만드는 디스패처이다. 이때 호출된 스레드가 무엇이든지 상관없기 때문에 실행 스레드가 제한되지 않으므로 무제한 디스패처라는 이름이 붙었다. 무제한 디스패처가 어떻게 동작하는지 다음 코드를 통해 살펴보자.

```
코드 위치: src/main/chapter11/code17/Code11-17.kt
fun main() = runBlocking<Unit> {
  launch(Dispatchers.Unconfined) { // Dispatchers.Unconfined를 사용해 실행되는
코루틴
      println("launch 코루틴 실행 스레드: ${Thread.currentThread().name}") //
launch 코루틴이 실행되는 스레드 출력
  }
}
/*
// 결과:
launch 코루틴 실행 스레드: main @coroutine#2
*/
```

이 코드에서 runBlocking 코루틴은 메인 스레드에서 실행되며, runBlocking 코루틴에서 호출되는 launch 코루틴 빌더 함수는 코루틴을 Dispatchers.Unconfined를 사용해 실행한다. 이때 launch 코루틴 빌더 함수를 호출하는 스레드는 메인 스레드이므로 Dispatchers.Unconfined를 사용해 실행되는 launch 코루틴은 자신을 실행시킨 메인 스레드에서 실행된다. 코드를 실행해 보면 launch 코루틴이 메인 스레드에서 실행되는 것을 볼 수 있다.

이처럼 무제한 디스패처를 통해 실행된 코루틴은 자신을 실행시킨 스레드에서 즉시 실행된다. 이제 무제한 디스패처를 사용해 실행되는 코루틴들의 다양한 특징들을 살펴보자.

11.3.2. 무제한 디스패처의 특징

11.3.2.1. 코루틴이 자신을 생성한 스레드에서 즉시 실행된다

코루틴이 무제한 디스패처를 사용해 실행되는 것과 제한된 디스패처를 사용해 실행되는 것에는 무슨 차이가 있을까? 다음 코드를 통해 확인해 보자.

```
코드 위치: src/main/chapter11/code18/Code11-18.kt
fun main() = runBlocking<Unit>(Dispatchers.IO) {
  println("runBlocking 코루틴 실행 스레드: ${Thread.currentThread().name}") //
runBlocking 코루틴이 실행되는 스레드 출력
  launch(Dispatchers.Unconfined) { // Dispatchers.Unconfined를 사용해 실행되는
코루틴
    println("launch 코루틴 실행 스레드: ${Thread.currentThread().name}") //
launch 코루틴이 실행되는 스레드 출력
  }
}
```

이 코드에서는 runBlocking 코루틴이 실행될 때 Dispatchers.IO를 사용하도록 설정해 runBlocking 코루틴이 실행되는 스레드를 출력한다. 이후 launch 코루틴이 무제한 디스패처(Dispatchers.Unconfined)를 사용해 실행되도록 해서 launch 코루틴이 실행되는 스레드를 출력한다.

그러면 runBlocking 코루틴은 Dispatchers.IO의 공유 스레드풀의 스레드 중 하나를 사용해 실행되고, 그 내부에서 실행되는 launch 코루틴은 runBlocking 코루틴이 사용하던 스레드(launch 함수를 호출한 스레드)를 그대로 사용해 실행된다. 따라서 코드를 실행해 보면 다음과 같은 결과가 나온다.

```
/*
// 결과:
runBlocking 코루틴 실행 스레드: DefaultDispatcher-worker-1 @coroutine#1
launch 코루틴 실행 스레드: DefaultDispatcher-worker-1 @coroutine#2
*/
```

코드의 실행 결과를 보면 runBlocking 코루틴이 사용하는 스레드와 launch 코루틴이 사용하는 스레드가 DefaultDispatcher-worker-1으로 같은 것을 확

인할 수 있다. 이처럼 무제한 디스패처에서 코루틴이 실행되면 그림 11-16과 같이 코루틴 빌더를 호출한 스레드에서 즉시 코루틴이 실행된다. 이는 코루틴에 CoroutineStart.UNDISPATCHED 옵션을 적용했을 때의 동작과 매우 비슷하다.

> 무제한 디스패처의 동작과 CoroutineStart.UNDISPATCHED는 코루틴을 호출 스레드에서 즉시 실행시킨다는 점에서는 비슷하지만, 코루틴이 일시 중단 후 재개됐을 때 동작에 차이가 있다. 이에 대해서는 "추가 자료. CoroutineStart.UNDISPATCHED와 무제한 디스패처의 차이"에서 다룬다.

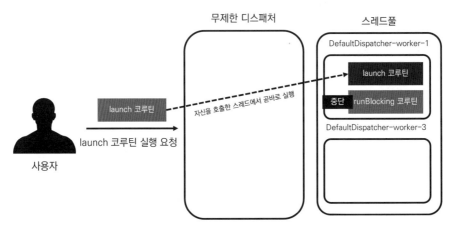

그림 11-16 무제한 디스패처의 동작

무제한 디스패처를 사용하는 코루틴은 현재 자신을 실행한 스레드를 즉시 점유해 실행되며, 이는 제한된 디스패처를 사용하는 코루틴의 동작과 대조된다.

제한된 디스패처는 코루틴의 실행을 요청받으면 작업 대기열에 적재한 후 해당 디스패처에서 사용할 수 있는 스레드 중 하나로 보내 실행되도록 한다. 앞서 살펴본 코드에서 launch 코루틴 빌더 함수의 Dispatchers.Unconfined를 빼고 실행해 launch 코루틴이 제한된 디스패처를 사용하도록 바꿔보자.

코드 위치: src/main/chapter11/code19/Code11-19.kt
```
fun main() = runBlocking<Unit>(Dispatchers.IO) {
  println("runBlocking 코루틴 실행 스레드: ${Thread.currentThread().name}") //
runBlocking 코루틴이 실행되는 스레드 출력
```

```
    launch { // Dispatchers.Unconfined를 사용해 실행되는 코루틴
        println("launch 코루틴 실행 스레드: ${Thread.currentThread().name}") //
launch 코루틴이 실행되는 스레드 출력
    }
}
/*
// 결과:
runBlocking 코루틴 실행 스레드: DefaultDispatcher-worker-1 @coroutine#1
launch 코루틴 실행 스레드: DefaultDispatcher-worker-3 @coroutine#2
*/
```

이 코드에서 launch 코루틴은 제한된 디스패처인 Dispatchers.IO를 사용해 실행된다. 따라서 runBlocking 코루틴을 실행한 스레드는 DefaultDispatcher-worker-1이지만, launch 코루틴을 실행한 스레드는 DefaultDispatcher-worker-3로 2개 코루틴의 실행 스레드에 차이가 생기게 된다. 이렇게 실행 스레드에 차이가 생기는 이유는 Dispatchers.IO에 launch 코루틴을 실행 요청하면 그림 11-17과 같이 CoroutineDispatcher 객체의 작업 대기열에 launch 코루틴이 들어간 후 Dispatchers.IO에 의해 사용할 수 있는 스레드로 보내지는 과정을 거치기 때문이다.

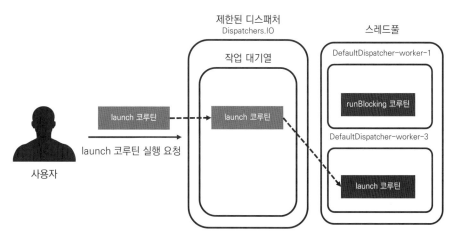

그림 11-17 제한된 디스패처의 동작

이는 launch 코루틴 실행을 위해 무제한 디스패처를 사용했을 때 runBlocking 코루틴과 launch 코루틴의 실행 스레드가 같았던 앞의 결과와 다르다. 즉, 무제한 디스패처를 사용해 실행되는 코루틴은 스레드 스위칭 없이 즉시 실행된다.

이제 무제한 디스패처를 사용해 실행된 코루틴이 일시 중단 후 재개될 때 어떻게 동작하는지 살펴보자.

무제한 디스패처를 사용해 실행되는 코루틴은 스레드 스위칭 없이 즉시 실행된다. 무제한 디스패처의 동작 이해를 위해 다음 코드를 살펴보자.

```
코드 위치: src/main/chapter11/code20/Code11-20.kt
fun main() = runBlocking<Unit> {
  println("작업1")
  launch(Dispatchers.Unconfined) { // Dispatchers.Unconfined를 사용해 실행
되는 코루틴
    println("작업2")
  }
  println("작업3")
}
```

이 코드에서는 launch 함수의 인자로 Dispatchers.Unconfined를 넘겨 launch 코루틴이 무제한 디스패처를 사용해 실행되도록 한다. 따라서 코드를 실행해 보면 launch 코루틴이 즉시 실행돼 작업1, 작업2, 작업3이 순차적으로 실행되는 것을 볼 수 있다.

```
/*
// 결과:
작업1
작업2
작업3
*/
```

11.3.2.2. 중단 시점 이후의 재개는 코루틴을 재개하는 스레드에서 한다

무제한 디스패처를 사용해 실행되는 코루틴은 자신을 실행시킨 스레드에서 스레드 스위칭 없이 즉시 실행되지만 일시 중단 전까지만 자신을 실행시킨 스레드에서 실행된다. 만약 무제한 디스패처를 사용하는 코루틴이 일시 중단 후 재개된다면 자신을

재개시키는 스레드에서 실행된다. 자신을 재개시키는 스레드에서 실행되는 것이 무엇인지 다음 코드를 통해 살펴보자.

```
코드 위치: src/main/chapter11/code21/Code11-21.kt
fun main() = runBlocking<Unit> {
  launch(Dispatchers.Unconfined) {
    println("일시 중단 전 실행 스레드: ${Thread.currentThread().name}")
    delay(100L)
    println("일시 중단 후 실행 스레드: ${Thread.currentThread().name}")
  }
}
```

이 코드에서 launch 코루틴은 무제한 디스패처를 사용해 실행되며, 일시 중단 전과 후에 스레드의 이름을 출력하는 동작을 한다. 코드를 실행해 보면 다음과 같은 결과가 나온다.

```
/*
// 결과:
일시 중단 전 실행 스레드: main
일시 중단 후 실행 스레드: kotlinx.coroutines.DefaultExecutor
*/
```

일시 중단 전에는 launch 함수를 호출한 메인 스레드에서 코루틴이 실행되는 것을 볼 수 있다. 하지만 일시 중단 후 재개될 때는 DefaultExecutor라고 불리는 생소한 스레드에서 실행되고 있다. DefaultExecutor 스레드는 delay 함수를 실행하는 스레드로 delay 함수가 일시 중단을 종료하고 코루틴을 재개할 때 사용하는 스레드이다. 즉, 재개 이후의 launch 코루틴은 자신을 재개시킨 스레드인 DefaultExecutor를 사용하게 된다.

이처럼 무제한 디스패처를 사용해 실행되는 코루틴은 기본적으로 자신을 호출한 스레드에서 실행되지만 일시 중단 이후에는 자신을 재개시킨 스레드에서 동작한다. 어떤 스레드가 코루틴을 재개시키는지 예측하기는 매우 어렵기 때문에 일반적인 상황에서 무제한 디스패처를 사용하면 비동기 작업이 불안정해진다. 따라서 일반적인 상황에서 무제한 디스패처를 사용하는 것은 권장되지 않으며, 테스트 등의 매우 특수한 상황에서만 무제한 디스패처를 사용하도록 한다.

추가 자료. CoroutineStart.UNDISPATCHED와 무제한 디스패처의 차이

CoroutineStart.UNDISPATCHED 옵션이 적용돼 실행되는 코루틴과 무제한 디스패처를 사용해 실행되는 코루틴은 모두 호출자의 스레드에서 즉시 실행된다. 이 둘의 차이는 일시 중단 후 재개 시 사용하는 스레드이다. CoroutineStart.UNDISPATCHED 옵션이 적용된 코루틴은 자신이 실행되는 CoroutineDispatcher 객체를 사용해 재개되고, 무제한 디스패처를 사용해 실행되는 코루틴은 자신을 재개시킨 스레드를 사용해 재개된다. 다음 코드를 통해 차이가 무엇인지 살펴보자.

코드 위치: src/main/chapter11/code22/Code11-22.kt

```kotlin
fun main() = runBlocking<Unit> {
  println("runBlocking 코루틴 실행 스레드: ${Thread.currentThread().name}")
// runBlocking 코루틴이 실행되는 스레드 출력
  launch(start = CoroutineStart.UNDISPATCHED) { // CoroutineStart.
UNDISPATCHED가 적용된 코루틴
    println("[CoroutineStart.UNDISPATCHED] 코루틴이 시작 시 사용하는 스레드:
${Thread.currentThread().name}")
    delay(100L)
    println("[CoroutineStart.UNDISPATCHED] 코루틴이 재개 시 사용하는 스레드:
${Thread.currentThread().name}")
  }.join()
  launch(context = Dispatchers.Unconfined) { // Dispatchers.Unconfined를
사용해 실행되는 코루틴
    println("[Dispatchers.Unconfined] 코루틴이 시작 시 사용하는 스레드:
${Thread.currentThread().name}")
    delay(100L)
    println("[Dispatchers.Unconfined] 코루틴이 재개 시 사용하는 스레드:
${Thread.currentThread().name}")
  }.join()
}
```

이 코드에서 runBlocking 코루틴은 메인 스레드에서 실행되며, 메인 스레드를 단일 스레드로 사용하는 제한된 디스패처를 자식 코루틴들에게 전달한다. 따라서 CoroutineStart.UNDISPATCHED 옵션이 적용된 코루틴과 무제한 디스패처를 사용해 실행되는 코루틴은 모두 메인 스레드에서 실행을 시작한다. 하지만 CoroutineStart.UNDISPATCHED 옵션이 적용된 코루틴은 runBlocking 코루틴으로부터 전달받은 디스패처를 사용해 재개되고, 무제한 디스패처를 사용하는 코루틴은 자신을 재개시킨 스레드에서 재개되므로 delay를 실행하는 데 사용하는 스레드에서 재개된다. 따라서 코드를 실행해 보면 다음과 같은 결과가 나온다.

```
/*
// 결과:
runBlocking 코루틴 실행 스레드: main @coroutine#1
[CoroutineStart.UNDISPATCHED] 코루틴이 시작 시 사용하는 스레드: main @
coroutine#2
[CoroutineStart.UNDISPATCHED] 코루틴이 재개 시 사용하는 스레드: main @
coroutine#2
[Dispatchers.Unconfined] 코루틴이 시작 시 사용하는 스레드: main @coroutine#3
[Dispatchers.Unconfined] 코루틴이 재개 시 사용하는 스레드: kotlinx.coroutines.
DefaultExecutor @coroutine#3
*/
```

CoroutineStart.UNDISPATCHED 옵션이 적용된 코루틴은 시작과 재개가 모두 메인 스레드에서 일어나고, Dispatchers.Unconfined를 사용해 실행된 코루틴은 시작은 메인 스레드에서 됐지만 재개는 delay를 실행하는 데 사용하는 DefaultExecutor 스레드에서 재개된 것을 볼 수 있다.

11.4. 코루틴의 동작 방식과 Continuation

11.4.1. Continuation Passing Style

일반적으로 코드가 실행될 때는 코드 라인이 순서대로 실행되는 방식으로 동작하지만 코루틴은 코드를 실행하는 도중 일시 중단하고 다른 작업으로 전환한 후 필요한 시점에 다시 실행을 재개하는 기능을 지원한다. 코루틴이 일시 중단을 하고 재개하기 위해서는 코루틴의 실행 정보가 어딘가에 저장돼 전달해야 한다.

코틀린은 코루틴의 실행 정보를 저장하고 전달하는 데 CPS$^{\text{Continuation Passing Style}}$라고 불리는 프로그래밍 방식을 채택하고 있다. CPS는 'Continuation을 전달하는 스타일'이라는 뜻으로 여기서 Continuation은 이어서^{Continue} 실행해야 하는 작업을 나타낸다.

CPS를 채택한 코틀린은 코루틴에서 이어서 실행해야 하는 작업 전달을 위해 Continuation 객체를 제공한다. 코틀린 문서에서 제공하는 Continuation 인터페이스에 대한 설명은 그림 11-18과 같다.

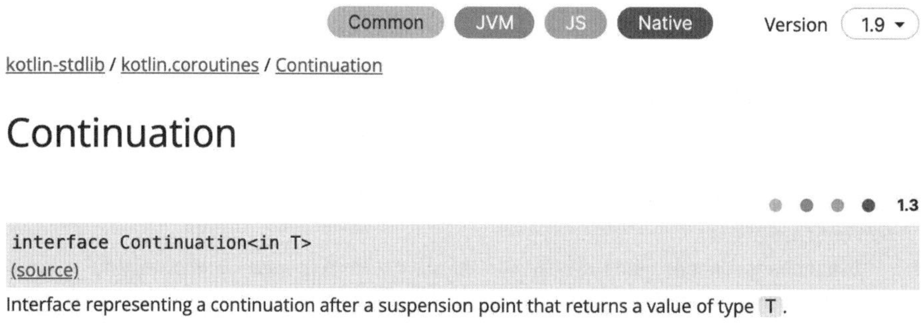

Continuation

● ● ● ● 1.3

```
interface Continuation<in T>
(source)
```

Interface representing a continuation after a suspension point that returns a value of type T .

그림 11-18 Continuation 인터페이스

Interface representing a continuation after a suspension point that returns a value of type T .

"일시 중단 지점 후에 이어서 실행해야 하는 작업을 나타내는 인터페이스로 T 타입의 값을 반환한다."

Continuation 객체는 코루틴의 일시 중단 시점에 코루틴의 실행 상태를 저장하며, 여기에는 다음에 실행해야 할 작업에 대한 정보가 포함된다. 따라서 Continuation 객체를 사용하면 코루틴 재개 시 코루틴의 상태를 복원하고 이어서 작업을 진행할 수 있다. 이처럼 Continuation 객체는 코루틴의 실행에 매우 핵심적인 역할을 한다.

하지만 "Continuation 객체는 코루틴의 실행에 매우 핵심적인 역할을 한다"는 표현이 조금 의아하다. Continuation 객체가 핵심적인 역할을 한다고 했는데 이 책에서 지금까지 수많은 코루틴을 일시 중단시키고 재개시켰지만 Continuation 객체를 직접 언급한 적은 없다. 그 이유는 우리가 지금까지 다룬 코루틴의 API는 모두 고수준 API이기 때문이다. 코루틴 라이브러리에서 제공하는 고수준 API는 Continuation 객체를 캡슐화해 사용자에게 노출하지 않지만 내부적으로는 코루틴의 일시 중단과 재개가 Continuation 객체를 통해 이뤄진다.

물론, 코루틴 라이브러리에서 제공하는 고수준 API를 통해 코루틴을 사용하는 것만으로도 충분하기 때문에 개발자가 코루틴을 실제로 다룰 때 Continuation 객체를

직접 다룰 일은 거의 없다. 하지만 코루틴이 일시 중단과 재개를 일으키는 방식을 좀 더 깊게 이해하기 위해서는 Continuation 객체가 어떻게 동작하는지 이해하는 것이 필요하다. 여기서는 코루틴 라이브러리에서 제공하는 저수준 API를 사용해 코틀린 언어 수준에서 제공되는 Continuation 객체에 대해 살펴보면서 코루틴이 어떻게 동작하는지 이해해 보자.

11.4.2. 코루틴의 일시 중단과 재개로 알아보는 Continuation

코루틴에서 일시 중단이 일어나면 Continuation 객체에 실행 정보가 저장되며, 일시 중단된 코루틴은 Continuation 객체에 대해 resume 함수가 호출돼야 재개된다. 이의 확인을 위해 코루틴의 일시 중단을 일으키고, 일시 중단 시점의 실행 정보를 저장하는 Continuation 객체를 CancellableContinuation 타입으로 제공하는 suspendCancellableCoroutine 함수를 사용해 보자.

```kotlin
코드 위치: src/main/chapter11/code23/Code11-23.kt
fun main() = runBlocking<Unit> {
  println("runBlocking 코루틴 일시 중단 호출")
  suspendCancellableCoroutine<Unit> { continuation:
CancellableContinuation<Unit> ->
    println("일시 중단 시점의 runBlocking 코루틴 실행 정보: ${continuation.
context}")
  }
  println("일시 중단된 코루틴이 재개되지 않아 실행되지 않는 코드")
}
```

이 코드에서 runBlocking 코루틴은 "일시 중단 호출"을 출력하고, suspend CancellableCoroutine 함수를 호출한다. suspendCancellableCoroutine 함수가 호출되면 runBlocking 코루틴은 일시 중단되며, 실행 정보가 Continuation 객체에 저장돼 suspendCancellableCoroutine 함수의 람다식에서 CancellableContinuation 타입의 수신 객체로 제공된다. 이 코드에서는 이 수신 객체를 활용해 Continuation 객체 정보를 출력한다. 코드를 실행해 보면 Continuation 객체에 저장된 runBlocking 코루틴의 실행 정보를 알 수 있다.

```
/*
// 결과:
runBlocking 코루틴 일시 중단 호출
일시 중단 시점의 runBlocking 코루틴 실행 정보: [CoroutineId(1), "coroutine#1":Blocki
ngCoroutine{Active}@51cdd8a, BlockingEventLoop@d44fc21]

// 프로세스가 종료되지 않는다.
*/
```

하지만 이 코드에는 한 가지 문제가 있다. 바로 실행이 종료되지 않는다는 점이다.
그 이유는 Continuation 객체에 대해 재개가 호출되지 않아 runBlocking 코루틴
이 재개되지 못했기 때문이다. runBlocking 코루틴을 재개시키기 위해서는 다음과
같이 Continuation 객체에 대해 resume 함수를 호출해야 한다.

코드 위치: src/main/chapter11/code24/Code11-24.kt
```kotlin
fun main() = runBlocking<Unit> {
  println("runBlocking 코루틴 일시 중단 호출")
  suspendCancellableCoroutine<Unit> { continuation:
CancellableContinuation<Unit> ->
    println("일시 중단 시점의 runBlocking 코루틴 실행 정보: ${continuation.
context}")
    continuation.resume(Unit) // 코루틴 재개 호출
  }
  println("runBlocking 코루틴 재개 후 실행되는 코드")
}
/*
// 결과:
runBlocking 코루틴 일시 중단 호출
일시 중단 시점의 runBlocking 코루틴 실행 정보: [BlockingCoroutine{Active}@551aa95a,
BlockingEventLoop@35d176f7]
runBlocking 코루틴 재개 후 실행되는 코드

Process finished with exit code 0
*/
```

그러면 runBlocking 코루틴이 재개돼 마지막 라인까지 실행되며, 코루틴이 정상적
으로 실행 완료되는 것을 볼 수 있다.

실제로 우리가 많이 사용하는 delay 일시 중단 함수에서도 이와 비슷하게 코루틴을 일시 중단하고 특정 시점 이후에 복구되도록 만든다. 다음은 delay 일시 중단 함수의 구현체이다.

```
public suspend fun delay(timeMillis: Long) {
  if (timeMillis <= 0) return // don't delay
  return suspendCancellableCoroutine sc@ { cont:
CancellableContinuation<Unit> ->
    // if timeMillis == Long.MAX_VALUE then just wait forever like
awaitCancellation, don't schedule.
    if (timeMillis < Long.MAX_VALUE) {
      cont.context.delay.scheduleResumeAfterDelay(timeMillis, cont) //
timeMillis 이후에 Continuation을 재개시키기
    }
  }
}
```

우리가 delay 함수를 호출하면 suspendCancellableCoroutine이 호출되며, scheduleResumeAfterDelay 함수를 통해 일정 시간 이후에 Continuation 객체를 재개시키는 방식으로 동작하는 것을 볼 수 있다. 이처럼 Continuation 객체는 코루틴의 일시 중단 시점에 코루틴의 실행 정보를 저장하며, 재개 시 Continuation 객체를 사용해 코루틴의 실행을 복구할 수 있다.

11.4.3. 다른 작업으로부터 결과 수신해 코루틴 재개하기

코루틴 재개 시 다른 작업으로부터 결과를 수신받아야 하는 경우에는 suspend CancellableCoroutine 함수의 타입 인자에 결과로 반환받는 타입을 입력하면 된다. 예를 들어 문자열 타입의 결과를 받아야 한다면 다음과 같이 suspendCancella bleCoroutine⟨String⟩을 사용하면 된다.

코드 위치: src/main/chapter11/code25/Code11-25.kt
```
fun main() = runBlocking<Unit> {
  val result = suspendCancellableCoroutine<String> { continuation:
CancellableContinuation<String> -> // runBlocking 코루틴 일시 중단 시작
    thread { // 새로운 스레드 생성
```

```
    Thread.sleep(1000L) // 1초간 대기
    continuation.resume("실행 결과") // runBlocking 코루틴 재개
  }
}
println(result) // 코루틴 재개 시 반환 받은 결과 출력
}
```

thread 함수가 새로운 스레드에서 코드 블록이 실행되도록 만들어 1초간 대기 후 continuation에 대한 resume을 "실행 결과"와 함께 호출하면 "실행 결과"는 result에 할당되고 runBlocking 코루틴이 재개된다. 따라서 코드를 실행해 보면 다음과 같은 결과가 나온다.

```
/*
// 결과:
실행 결과

Process finished with exit code 0
*/
```

지금까지 코루틴의 일시 중단과 재개에 핵심적인 역할을 하는 Continuation 객체에 대해 알아봤다.

11.5. 요약

1. 멀티 스레드 환경에서 실행되는 복수의 코루틴이 공유 상태를 사용하면 메모리 가시성 문제나 경쟁 상태 문제로 인해 데이터 정합성 문제가 발생할 수 있다.

2. 메모리 가시성 문제는 CPU 캐시와 메인 메모리 간의 데이터 불일치로 인해 일어난다.

3. 경쟁 상태 문제는 다수의 스레드가 동시에 데이터를 읽고 쓸 때 발생한다.

4. @Volatile 어노테이션을 사용해 메모리 가시성 문제를 해결할 수 있지만 경쟁

상태 문제는 해결할 수 없다.

5. Mutex 객체를 사용해 복수의 스레드가 특정 코드 블록에 동시에 접근하는 것을 막아 경쟁 상태 문제를 해결할 수 있다.

6. 여러 스레드가 동시에 접근하면 안 되는 코드 블록의 시작 지점에 Mutex 객체의 lock 함수를 사용하고, 종료 지점에 Mutex 객체의 unlock 함수를 사용하면 된다.

7. Mutex 객체의 withLock 함수를 사용하면 lock-unlock 쌍을 안전하게 관리할 수 있다.

8. 경쟁 상태 문제는 다수의 스레드가 공유 상태의 데이터를 읽고 쓸 때 발생하기 때문에 newSingleThreadContext 함수를 통해 공유 상태에 접근하기 위한 전용 스레드를 가진 CoroutineDispatcher 객체를 만들고, 이 CoroutineDispatcher 객체를 사용해 코루틴이 공유 상태에 접근하고 값을 변경하도록 하면 경쟁 상태 문제를 해결할 수 있다.

9. AtomicInteger 같은 원자성 있는 객체를 사용하면 경쟁 상태 문제를 해결할 수 있다.

10. launch나 async 코루틴 빌더 함수에 CoroutineStart 옵션을 지정함으로써 코루틴의 실행 방법을 지정할 수 있다. CoroutineStart 옵션의 종류에는 CoroutineStart.DEFAULT, CoroutineStart.LAZY, CoroutineStart. ATOMIC, CoroutineStart.UNDISPATCHED가 있다.

11. CoroutineStart.ATOMIC 옵션은 실행 대기 상태의 코루틴이 취소되지 않도록 한다.

12. CoroutineStart.UNDISPATCHED 옵션은 코루틴 빌더를 호출한 스레드에서 코루틴이 즉시 실행되도록 한다.

13. 무제한 디스패처는 코루틴을 자신을 실행시킨 스레드에서 즉시 실행되도록 한다.

14. 무제한 디스패처를 사용해 실행된 코루틴은 일시 중단 후 재개 시 자신을 재개시키는 스레드에서 실행된다. 이로 인해 무제한 디스패처를 사용해 실행된 코

루틴은 동작을 예측하기 어렵다.

15. 코틀린은 코루틴의 일시 중단과 재개를 위해 Continuation Passing Style^{CPS}이라고 불리는 방식을 채택했다. Continuation은 이어서 실행돼야 하는 작업을 나타내며, 일시 중단 시 이어서 해야 하는 작업을 전달함으로써 일시 중단과 재개가 가능해진다.

16. Continuation Passing Style을 채택한 코틀린은 코루틴의 실행 정보를 저장하는 데 Continuation 객체를 사용한다.

17. Continuation 객체를 사용해 코루틴의 일시 중단 시 실행 정보를 저장하고, 재개 시 저장된 정보를 사용해 코루틴을 다시 실행할 수 있다.

18. 코루틴 라이브러리의 고수준 API는 Continuation 객체를 외부로 노출하지 않기 때문에 프로덕션 코드를 만들 때는 Continuation 객체를 직접 사용할 일은 거의 없다.

19. 코루틴 라이브러리의 저수준 API인 suspendCancellableCoroutine 함수를 사용해 Continuation 객체를 직접 다루는 코드를 만들 수 있다.

Chapter 12

코루틴 단위 테스트

12장에서는 코루틴 단위 테스트^{Unit Test}를 만드는 방법에 대해 다룬다. 단위 테스트를 다루기 위해서는 단위 테스트가 무엇을 위해, 어떤 일을 하는지 알아야 한다. 따라서 먼저 테스트에 익숙하지 않은 개발자들을 위해 단위 테스트의 기초적인 내용과 단위 테스트를 위해 환경 설정하는 방법을 다루고, 이 내용을 바탕으로 코루틴 단위 테스트를 만들어 볼 것이다.

12장에서 다루는 내용

– 코틀린 단위 테스트 기초

– 테스트 더블을 사용한 다른 객체에 의존성 있는 객체 테스트

– 코루틴 테스트 라이브러리 사용법

– 코루틴 테스트 라이브러리 사용해 코루틴 테스트 작성하기

12.1. 단위 테스트 기초

여기서는 코틀린 단위 테스트의 기초적인 부분들을 다룬다. 다만, 이 책의 주제가

코루틴이기 때문에 코틀린 단위 테스트에 대한 것을 모두 다루지 않고 코루틴 테스트에 필요한 최소한만을 다룰 것이다. 따라서 단위 테스트 시 일반적으로 사용되는 Mokito나 MockK 같은 라이브러리들도 생략하고 테스트를 진행하는 데 필수적인 JUnit5만을 다룬다. 이를 통해 단위 테스트의 기초를 탄탄히 다져 이후 진행할 코루틴 단위 테스트의 핵심에 다가설 수 있을 것이다.

12.1.1. 단위 테스트란 무엇인가?

단위 테스트가 무엇인지 이해하기 위해서는 단위[Unit]의 의미부터 알아야 한다. 단위란 명확히 정의된 역할의 범위를 갖는 코드의 집합으로, 소프트웨어의 기능을 담는 코드 블록을 나타낸다. 즉, 정의된 동작을 실행하는 개별 함수나 클래스 또는 모듈이 모두 단위가 될 수 있다.

단위 테스트는 이런 '단위'에 대한 자동화된 테스트를 작성하고 실행하는 프로세스를 말하며, 단위에 대한 테스트를 작성한다는 것은 소프트웨어의 특정 기능이 제대로 동작하는지 확인하는 테스트를 작성하는 것을 뜻한다.

객체 지향 프로그래밍에서 단위는 좀 더 명확한 의미를 가진다. 객체 지향 프로그래밍이 무엇인지 떠올려보자. 객체 지향 프로그래밍이란 책임을 객체에 할당하고, 객체 간의 유연한 협력관계를 구축하는 것을 의미한다. 즉, 객체 지향 프로그래밍에서 책임을 할당받는, 다시 말해 소프트웨어의 기능을 담는 역할은 객체가 한다. 따라서 객체 지향 프로그래밍에서 테스트 대상이 되는 단위는 주로 객체가 된다.

객체가 주로 단위가 되지만 개별 함수나 클래스 또는 모듈이 모두 단위가 될 수 있다.

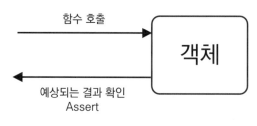

그림 12-1 코틀린의 단위 테스트

382

코틀린 또한 객체 지향 언어이기 때문에 코틀린에서는 일반적으로 객체가 테스트 대상이 된다. 테스트 대상이 객체인 경우 그림 12-1과 같이 객체의 함수를 호출하고 함수가 호출되면 객체가 예상한 대로 동작하는지 확인하는 과정을 통해 테스트를 진행할 수 있다. 객체가 예상한 대로 동작하는지 확인하는 방법은 다양하다. 단순히 결괏값이 제대로 반환되는지 확인할 수도 있지만 해당 객체가 가진 상태(변수 값)가 잘 변화하는지, 함수 호출 시 해당 객체가 의존성을 가진 다른 객체와 제대로 상호 작용하는지 등을 확인해 객체가 예상한 대로 동작하는지 확인할 수 있다.

지금까지 단위 테스트가 무엇인지 알아봤다. 이어서 테스트 환경을 설정하고, 간단한 테스트를 작성해 보도록 하자.

12.1.2. 테스트 환경 설정하기

코틀린에서 단위 테스트를 만들기 위해서는 테스트 라이브러리에 대한 의존성과 이 라이브러리를 사용하기 위한 설정을 추가해야 한다. build.gradle.kts 파일을 다음과 같이 수정하자.

```
dependencies {
  ...
  // JUnit5 테스트 프레임웍
  testImplementation("org.junit.jupiter:junit-jupiter-api:5.10.0")
  testRuntimeOnly("org.junit.jupiter:junit-jupiter-engine:5.10.0")
}

// JUnit5를 사용하기 위한 옵션 추가
tasks.test {
  useJUnitPlatform()
}
```

JUnit5를 사용해 테스트를 진행하기 위해서는 테스트 프레임웍인 JUnit5를 사용하기 위한 API 라이브러리인 junit-jupiter-api와 이 API를 사용해 테스트를 실행하는 엔진인 junit-jupiter-engine에 대한 의존성을 추가해야 한다. 추가로 테스트에 JUnit5를 사용하기 위해서는 tasks.test 블록에 useJUnitPlatform()을 추가해야 한다. IntelliJ에서 프로젝트를 생성하면 useJUnitPlatform()이 자동으로 추가되지만 만약 없다면 오류를 일으킬 수 있으니 다시 한 번 확인하자.

의존성을 추가한 build.gradle.kts 파일은 그림 12-2와 같다. 모든 의존성이 제대로 추가됐는지 확인하고 그레이들 동기화를 실행하도록 하자.

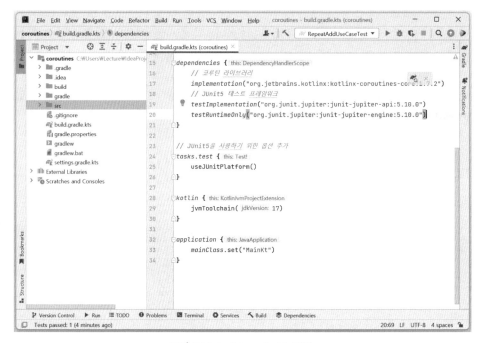

그림 12-2 build.gradle.kts 파일

그레이들 동기화를 마치면 src/test 경로에서 추가된 테스트용 라이브러리들을 사용할 수 있게 된다. 추가된 테스트용 라이브러리들을 사용해 간단한 테스트를 작성하고 실행해 보자.

testImplementation은 테스트 코드를 컴파일하고 실행하는 데 사용하는 의존성을 설정하는 함수이고, testRuntimeOnly는 컴파일 시에는 필요 없지만 테스트가 실행될 때 필요한 의존성을 설정하는 함수이다. 이들로 설정된 의존성은 테스트 시에만 유효하므로 테스트 소스 코드가 있는 경로인 src/test 경로에서만 사용할 수 있다.

따라서 앱의 프로덕션 빌드를 만들 때는 testImplementation이나 testRuntimeOnly로 추가된 라이브러리는 포함되지 않는다.

12.1.3. 간단한 테스트 만들고 실행하기

간단한 테스트를 만들기 위해 src/main/kotlin/chapter12/code1 경로에 다음과 같이 테스트 대상이 될 AddUseCase 클래스를 만들어 보자. AddUseCase 클래스는 가변 변수를 입력받아 모두 더해 반환하는 add 연산을 포함하는 클래스이다.

```
코드 위치: src/main/chapter12/code1/AddUseCase.kt
class AddUseCase {
  fun add(vararg args: Int): Int {
    return args.sum()
  }
}
```

AddUseCase 클래스가 만들어진 화면은 그림 12-3과 같다.

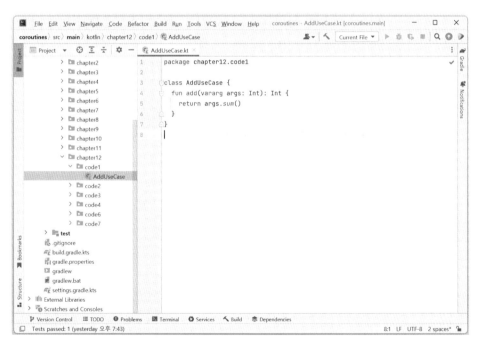

그림 12-3 AddUseCase

AddUseCase 클래스는 외부에 add 함수를 노출하고 있기 때문에 add 함수에 대한 테스트를 실행해야 한다. src/test/kotlin/chapter12/code1 경로에 다음과 같이 AddUseCaseTest 클래스를 만들어 보자.

```
코드 위치: src/test/chapter12/code1/AddUseCaseTest.kt
class AddUseCaseTest {
  @Test
  fun '1 더하기 2는 3이다'() {
    val addUseCase: AddUseCase = AddUseCase()
    val result = addUseCase.add(1, 2)
    assertEquals(3, result)
  }
}
```

개별 테스트는 @Test 어노테이션이 붙은 함수로 작성되며, AddUseCaseTest 클래스 내부에는 하나의 테스트 '1 더하기 2는 3이다' 테스트가 작성돼 있다. '1 더하기 2는 3이다' 테스트에서는 AddUseCase 객체를 사용해 1과 2의 더하기 연산을 실행한 후 assertEquals를 사용해 결괏값이 3인지 단언한다.

단언(Assert)이란 테스트를 검증하는 데 사용하는 개념으로 특정한 조건이 참임을 검증함으로써 코드가 올바로 동작하는지 확인하는 것이다. 여기서는 AddUseCase의 add 함수로부터 반환된 결괏값이 3과 동일한지 확인을 위해 assertEquals 단언을 사용했다. JUnit5에서는 assertEquals 단언 이외에도 결괏값이 참임을 확인하는 assertTrue와 함수 호출 시 예외가 발생하는지 확인하는 assertThrows 등 수십 가지의 단언을 지원한다. 하지만 이 책에서는 코루틴에 대한 테스트의 집중을 위해 assertEquals 단언만을 사용해 테스트를 진행한다.

AddUseCaseTest 클래스가 작성된 화면은 그림 12-4와 같다.

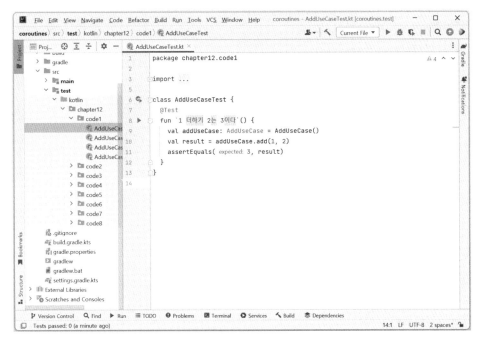

그림 12-4 AddUseCaseTest

이렇게 해서 AddUseCase 클래스를 만들고 이 클래스에 대한 간단한 테스트를 작성해 봤다. 작성한 테스트를 실행하는 방법은 간단하다. 그림 12-5와 같이 테스트 클래스 왼쪽의 재생 버튼을 클릭하고 Run 'AddUseCaseTest' 버튼을 클릭하면 된다.

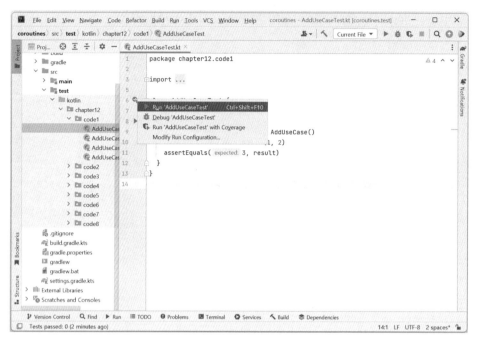

그림 12-5 테스트 실행하기

그러면 클래스 내부에 있는 모든 테스트들이 실행된다. 이후 그림 12-6과 같이 "Tests passed" 문구를 확인할 수 있는데 이는 모든 테스트가 통과된 것을 뜻한다.

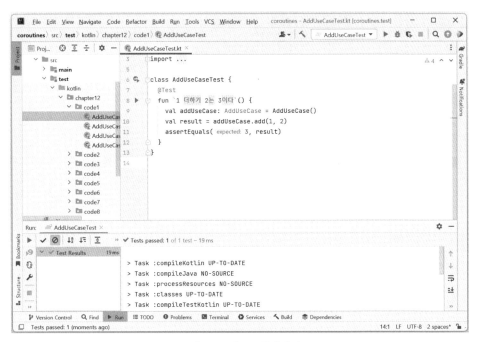

그림 12-6 테스트 통과 화면

테스트가 실패하면 어떤 일이 일어나는지 확인을 위해 코드를 다음과 같이 바꿔보자.

코드 위치: src/test/chapter12/code1/AddUseCaseTestFail.kt
```kotlin
class AddUseCaseTestFail {
  @Test
  fun '1 더하기 2는 4이다'() {
    val addUseCase: AddUseCase = AddUseCase()
    val result = addUseCase.add(1, 2)
    assertEquals(4, result) // 1 더하기 2는 3이므로 단언은 실패한다.
  }
}
```

테스트를 실행해 보면 그림 12-7과 같이 "Tests failed" 문구를 볼 수 있다.

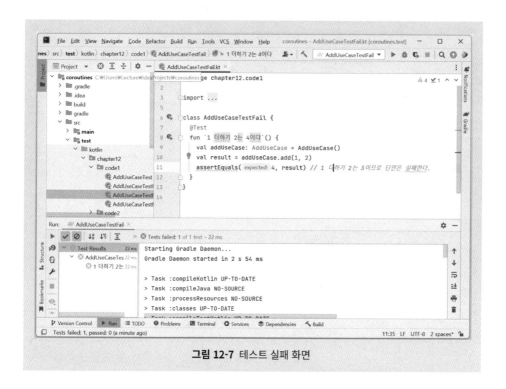

그림 12-7 테스트 실패 화면

12.1.4. @BeforeEach 어노테이션을 사용한 테스트 환경 설정

이번에는 AddUseCase 객체에 대한 테스트를 하나 더 작성해 보자. 다음 코드에서
는 AddUseCase 객체가 양수와 양수를 더하는 것뿐만 아니라 음수와 양수를 더하
는 데 사용되는 경우도 테스트한다.

```
코드 위치: src/test/chapter12/code1/AddUseCaseTestMultipleCase.kt
class AddUseCaseTestMultipleCase {
  @Test
  fun '1 더하기 2는 3이다'() {
    val addUseCase: AddUseCase = AddUseCase()
    val result = addUseCase.add(1, 2)
    assertEquals(3, result)
  }

  @Test
  fun '-1 더하기 2는 1이다'() {
    val addUseCase: AddUseCase = AddUseCase()
```

```
    val result = addUseCase.add(-1, 2)
    assertEquals(1, result)
  }
}
```

이 테스트들에서는 AddUseCase 클래스를 인스턴스화하는 코드가 똑같이 반복된다. 현재는 AddUseCase 객체에 대해 두 가지 테스트만 진행하지만 만약 테스트 케이스가 많아질 경우 AddUseCase 클래스를 인스턴스화하는 코드는 테스트마다 반복될 것이다.

이런 문제 해결을 위해 @BeforeEach 어노테이션을 사용할 수 있다. 테스트 클래스 내부에 @BeforeEach 함수를 만들면 해당 함수는 모든 테스트 실행 전에 공통으로 실행된다. 이를 사용해 앞서 AddUseCase 클래스를 인스턴스화하는 부분을 @BeforeEach가 있는 setUp 함수로 옮겨보자. 그러면 코드는 다음과 같다.

코드 위치: src/test/chapter12/code1/AddUseCaseTestBeforeEach.kt
```
class AddUseCaseTestBeforeEach {
  lateinit var addUseCase: AddUseCase

  @BeforeEach
  fun setUp() {
    addUseCase = AddUseCase()
  }

  @Test
  fun 'one plus two is three'() {
    val result = addUseCase.add(1, 2)
    println(result)
    assertEquals(3, result)
  }

  @Test
  fun 'minus one plus two is one'() {
    val result = addUseCase.add(-1, 2)
    println(result)
    assertEquals(1, result)
  }
}
```

JUnit5의 @BeforeEach는 JUnit4의 @Before와 같은 동작을 한다.

모든 테스트에서 AddUseCase 클래스를 인스턴스화하는 것은 동일하지만 AddUseCase 클래스를 인스턴스화하는 코드를 @BeforeEach가 있는 setUp 함수로 옮김으로써 코드의 중복을 피했다. 이를 통해 테스트가 아무리 늘어나도 Add UseCase 클래스를 인스턴스화하는 코드를 중복적으로 추가할 필요가 없다.

지금까지 테스트한 AddUseCase 객체는 다른 객체와 의존성이 없이 내부에서 모든 연산을 실행하는 객체여서 테스트하기 매우 간편했다. 이제 다른 객체들과 의존성이 있는 객체를 테스트하는 방법을 알아보자.

12.1.5. 테스트 더블을 사용해 의존성 있는 객체 테스트하기

이번에는 다른 객체들과 의존성이 있는 객체를 테스트하는 방법을 알아보기 위해 UserProfileFetcher 객체를 사용해 테스트를 진행할 것이다. UserProfile Fetcher 객체는 UserNameRepository에서 유저의 이름을 가져오고, User PhoneNumberRepository에서 유저의 전화번호를 가져와 데이터를 합쳐 UserProfile 타입의 객체를 반환하는 함수인 getUserProfileById를 가진다.

```
코드 위치: src/main/chapter12/code2/UserProfileFetcher.kt
class UserProfileFetcher(
    private val userNameRepository: UserNameRepository,
    private val userPhoneNumberRepository: UserPhoneNumberRepository
) {
    fun getUserProfileById(id: String): UserProfile {
        // 유저의 이름을 UserNameRepository로부터 가져옴
        val userName = userNameRepository.getNameByUserId(id)
        // 유저의 전화번호를 UserPhoneNumberRepository로부터 가져옴
        val userPhoneNumber = userPhoneNumberRepository.
getPhoneNumberByUserId(id)
        return UserProfile(
            id = id,
            name = userName,
            phoneNumber = userPhoneNumber
        )
```

```
        }
    }
```

코드 위치: src/main/chapter12/code2/UserNameRepository.kt
```
interface UserNameRepository {
    fun saveUserName(id: String, name: String)
    fun getNameByUserId(id: String): String
}
```

코드 위치: src/main/chapter12/code2/UserNameRepository.kt
```
interface UserPhoneNumberRepository {
    fun saveUserPhoneNumber(id: String, phoneNumber: String)
    fun getPhoneNumberByUserId(id: String): String
}
```

코드 위치: src/main/chapter12/code2/UserProfile.kt
```
data class UserProfile(val id: String, val name: String, val phoneNumber:
String)
```

UserProfileFetcher 객체에 대한 테스트 코드를 어떻게 만들 수 있을지 한 번 생각해 보자. 생각하다 보면 UserNameRepository 인터페이스와 UserPhoneNumberRepository 인터페이스에 대한 구현체가 없어 UserProfileFetcher 객체에 대한 테스트 코드를 작성하는 것이 쉽지 않다는 것을 깨달을 것이다.

혹여 UserNameRepository와 UserPhoneNumberRepository의 실제 구현체를 사용할 수 있다 하더라도 UserProfileFetcher 객체에 대한 테스트 케이스 작성에 이들의 실제 구현체를 사용하면 UserProfileFetcher 객체의 테스트가 UserNameRepository나 UserPhoneNumberRepository의 구현체에 영향을 받기 때문에 제대로 된 테스트를 할 수 없다.

12.1.5.1. 테스트 더블을 통한 객체 모방

다른 객체와의 의존성을 가진 객체를 테스트하기 위해서는 테스트 더블^{Test Double}이 필요하다. 테스트 더블은 객체에 대한 대체물을 뜻하며, 객체의 행동을 모방하는 객체를 만드는 데 사용한다. 만약 테스트 대상 객체가 다른 객체에 대한 의존성이 있다면 그림 12-8과 같이 의존성 있는 객체를 모방하는 객체(테스트 더블)를 만들어 특정 객체에 대한 테스트가 의존성 있는 객체의 구체적인 구현에 의존하는 문제를 해결할 수 있다.

그림 12-8 테스트 더블

테스트 더블의 종류에는 대표적으로 스텁^{Stub}, 페이크^{Fake}, 목^{Mock}의 세 가지가 있고, 이외에도 더미^{Dummy}, 스파이^{Spy} 등 종류가 매우 많다. 하지만 이 책은 테스트를 배우기 위한 책이 아니기 때문에 모든 테스트 더블을 다루지 않으며, 이후 나올 테스트를 다루는 데 필요한 스텁과 페이크 정도만 다룬다. 이제 스텁과 페이크가 무엇인지 알아보자.

스텁

스텁 객체는 미리 정의된 데이터를 반환하는 모방 객체로 반환값이 없는 동작은 구현하지 않으며, 반환값이 있는 동작만 미리 정의된 데이터를 반환하도록 구현한다. 예를 들어 UserNameRepository를 스텁으로 만든 StubUserNameRepository 는 다음과 같다.

코드 위치: src/test/chapter12/code2/StubUserNameRepository.kt
```kotlin
class StubUserNameRepository : UserNameRepository {
    private val userNameMap = mapOf<String, String>(
        "0x1111" to "홍길동",
        "0x2222" to "조세영"
```

```
    )

    override fun saveUserName(id: String, name: String) {
        // 구현하지 않는다.
    }

    override fun getNameByUserId(id: String): String {
        return userNameMap[id] ?: ""
    }
}
```

StubUserNameRepository 객체는 '미리 정의된 데이터를 반환'하기 위한 스텁이기 때문에 반환값이 없는 saveUserName 함수는 구현하지 않으며, 반환값이 있는 getNameByUserId 함수를 호출하면 userNameMap에 미리 정의된 값들을 반환할 수 있도록 한다. 하지만 이렇게 만든 스텁 객체는 userNameMap이 특정한 값으로 고정돼 있기 때문에 유연하지 못하다.

스텁을 좀 더 유연하게 만들기 위해서는 다음과 같이 userNameMap을 주입받도록 만들면 된다.

```
코드 위치: src/test/chapter12/code2/StubUserNameRepository.kt
class StubUserNameRepository(
    private val userNameMap: Map<String, String> // 데이터 주입
) : UserNameRepository {
    override fun saveUserName(id: String, name: String) {
        // 구현하지 않는다.
    }

    override fun getNameByUserId(id: String): String {
        return userNameMap[id] ?: ""
    }
}
```

그러면 테스트에 필요한 데이터가 들어간 userNameMap을 StubUserName Repository 객체 생성 시 설정할 수 있게 된다.

페이크

페이크 객체는 실제 객체와 비슷하게 동작하도록 구현된 모방 객체이다. 예를 들어 UserPhoneNumberRepository 인터페이스의 실제 구현체가 로컬 데이터베이스를 사용해 유저의 전화번호를 저장한다고 가정해 보자. 이를 페이크 객체인 FakeUserPhoneNumberRepository로 만들면 다음과 같다.

```kotlin
코드 위치: src/test/chapter12/code2/FakeUserPhoneNumberRepository.kt
class FakeUserPhoneNumberRepository : UserPhoneNumberRepository {
  private val userPhoneNumberMap = mutableMapOf<String, String>()

  override fun saveUserPhoneNumber(id: String, phoneNumber: String) {
    userPhoneNumberMap[id] = phoneNumber
  }

  override fun getPhoneNumberByUserId(id: String): String {
    return userPhoneNumberMap[id] ?: ""
  }
}
```

FakeUserPhoneNumberRepository 객체는 유저의 전화번호를 로컬 데이터베이스 대신 인메모리에 저장해 실제 객체처럼 동작할 수 있도록 만든다. 실제로 FakeUserPhoneNumberRepository 객체의 saveUserPhoneNumber 함수가 호출되면 유저의 전화번호가 userPhoneNumberMap에 저장되고, getPhoneNumberByUserId가 호출되면 userPhoneNumberMap에 저장된 값을 가져올 수 있다.

이렇게 만들어진 테스트 더블인 StubUserNameRepository와 FakeUserPhoneNumberRepository를 사용하면 UserNameRepository와 UserPhoneNumberRepository에 의존성이 있는 UserProfileFetcher 객체에 대한 테스트가 가능해진다. 이제 테스트 더블을 사용해 UserProfileFetcher 객체에 대한 테스트를 진행해 보자.

12.1.5.2. 테스트 더블을 사용한 테스트

UserProfileFetcher 객체를 다시 한 번 살펴보자. UserProfileFetcher 객체는 UserNameRepository 객체와 UserPhoneNumberRepository 객체에 대한 의존성이 있는 객체로 getUserProfileById 함수가 호출되면 이 두 객체와 상호 작용해 UserProfile을 만들어 반환한다.

코드 위치: src/main/chapter12/code2/UserProfileFetcher.kt

```kotlin
class UserProfileFetcher(
    private val userNameRepository: UserNameRepository,
    private val userPhoneNumberRepository: UserPhoneNumberRepository
) {
    fun getUserProfileById(id: String): UserProfile {
        // 유저의 이름을 UserNameRepository로부터 가져옴
        val userName = userNameRepository.getNameByUserId(id)
        // 유저의 전화번호를 UserPhoneNumberRepository로부터 가져옴
        val userPhoneNumber = userPhoneNumberRepository.
getPhoneNumberByUserId(id)
        return UserProfile(
            id = id,
            name = userName,
            phoneNumber = userPhoneNumber
        )
    }
}
```

UserProfileFetcher 객체의 getUserProfileById 함수를 "0x1111" 아이디에 대해 호출했을 때 UserNameRepository에서 "홍길동"을 반환한다면 getUserProfileById로 가져온 유저 프로필에도 이름이 홍길동으로 설정돼 있는지 확인하는 테스트를 작성해 보자.

이를 테스트하기 위해서는 StubUserNameRepository에 대해 getNameByUserId("0x1111")이 호출됐을 때 "홍길동"이 반환되도록 설정해야 하며, UserPhoneNumberRepository 자리에는 실제와 같이 동작할 수 있도록 FakeUserPhoneNumberRepository 객체를 주입한다. 따라서 테스트 코드는 다음과 같이 작성할 수 있다.

```
코드 위치: src/test/chapter12/code2/UserProfileFetcherTest.kt
class UserProfileFetcherTest {
  @Test
  fun 'UserNameRepository가 반환하는 이름이 홍길동이면 UserProfileFetcher에서
UserProfile를 가져왔을 때 이름이 홍길동이어야 한다'() {
    // Given
    val userProfileFetcher = UserProfileFetcher(
      userNameRepository = StubUserNameRepository(
        userNameMap = mapOf<String, String>(
          "0x1111" to "홍길동",
          "0x2222" to "조세영"
        )
      ),
      userPhoneNumberRepository = FakeUserPhoneNumberRepository()
    )

    // When
    val userProfile = userProfileFetcher.getUserProfileById("0x1111")

    // Then
    assertEquals("홍길동", userProfile.name)
  }
}
```

테스트를 실행해 보면 UserProfileFetcher 객체로부터 반환된 UserProfile의
name값이 "홍길동"이어서 테스트를 통과하는 것을 볼 수 있다.

Given-When-Then

앞의 테스트 코드에 주석으로 Given-When-Then이 적힌 것을 볼 수 있다. Given-When-Then은 테스트 코드 작성법 중 하나로 테스트의 시나리오를 설명함으로써 테스트 코드의 가독성을 높이는 데 사용된다. Given에서는 테스트 환경을 설정하는 작업을 하고, When에서는 동작이나 이벤트를 발생시키고 결과를 얻는다. 마지막으로 Then에서는 테스트 결과를 검증한다.

이번에는 UserPhoneNumberRepository 객체에 유저의 휴대폰 번호가 저장돼 있는 경우 UserProfileFetcher를 사용해 유저 프로필을 가져오면 저장된 휴대폰 번호가 반환되는지 확인하는 테스트를 작성해 보자. 이를 위해 테스트 환경 설정 시 FakeUserPhoneNumberRepository 객체에 대해 saveUser

PhoneNumber를 호출해 "0x1111" 아이디에 대응되는 휴대폰 번호를 "010-xxxx-xxxx"로 저장해 놔야 한다. 그러면 UserProfileFetcher에 대해 getUserProfileById("0x1111")을 호출했을 때 FakeUserPhoneNumberRepository 객체와 상호 작용해 해당 휴대폰 번호를 가져오게 된다.

```kotlin
@Test
fun 'UserPhoneNumberRepository에 휴대폰 번호가 저장돼 있으면, UserProfile를 가져왔을
때 해당 휴대폰 번호가 반환돼야 한다'() {
  // Given
  val userProfileFetcher = UserProfileFetcher(
    userNameRepository = StubUserNameRepository(
      userNameMap = mapOf<String, String>(
        "0x1111" to "홍길동",
        "0x2222" to "조세영"
      )
    ),
    userPhoneNumberRepository = FakeUserPhoneNumberRepository().apply {
      this.saveUserPhoneNumber("0x1111", "010-xxxx-xxxx")
    }
  )

  // When
  val userProfile = userProfileFetcher.getUserProfileById("0x1111")

  // Then
  assertEquals("010-xxxx-xxxx", userProfile.phoneNumber)
}
```

코드를 실행해 보면 UserProfileFetcher로부터 반환된 UserProfile 인스턴스의 phoneNumber값이 "010-xxxx-xxxx"여서 테스트를 통과하는 것을 볼 수 있다.

이렇게 테스트 더블을 활용해 다른 객체에 의존성이 있는 객체를 테스트할 수 있다. 물론, 테스트를 위해 매번 인터페이스를 구현해 테스트 더블을 만드는 것은 매우 비효율적이다. 이런 문제 해결을 위해 테스트 더블을 쉽게 만들 수 있게 하는 Mokito 나 MockK 같은 라이브러리들이 출시됐다. 하지만 이 라이브러리들을 사용하기 위해서는 추가적인 학습이 필요하며, 이 책에서 다룰 코루틴에 대한 테스트는 수동으로 테스트 더블을 만드는 것으로 충분하기 때문에 지금까지 배운 내용들만으로 코루

틴에 대한 테스트를 다룬다.

실제 코드상의 객체는 더 복잡한 상호 작용을 하는 경우가 많다. 따라서 실제로는 단위 테스트 시 단순히 테스트 대상 객체가 반환한 값을 비교하는 것뿐만 아니라 테스트 대상 객체의 상태가 어떻게 변화하는지, 테스트 대상 객체가 의존성 있는 객체와 어떻게 상호 작용하는지 등에 대한 테스트를 진행한다. 하지만 이 또한 이 책의 주제가 아니므로 이 책에서는 테스트 대상 객체가 반환한 값을 비교하는 테스트만 진행한다.

이제 테스트의 기초가 마무리됐다. 지금부터는 코루틴의 테스트를 어떻게 진행할 수 있는지 알아보자.

12.2. 코루틴 단위 테스트 시작하기

코루틴 단위 테스트는 일반적인 테스트와 비슷하게 작성할 수 있다. 첫 코루틴 단위 테스트를 작성해 보면서 코루틴에 대한 단위 테스트를 만드는 방법에 대해 알아보자.

12.2.1. 첫 코루틴 테스트 작성하기

코루틴에 대한 단위 테스트를 작성하기 위해서는 테스트 대상 객체가 필요하다. 간단하게 테스트 진행을 위해 다음과 같이 RepeatAddUseCase 클래스를 사용하자.

```
코드 위치: src/main/chapter12/code3/RepeatAddUseCase.kt
class RepeatAddUseCase {
  suspend fun add(repeatTime: Int): Int = withContext(Dispatchers.Default) {
    var result = 0
    repeat(repeatTime) {
      result += 1
    }
    return@withContext result
  }
}
```

RepeatAddUseCase 클래스의 add 일시 중단 함수는 withContext(Dispatchers.Default)를 사용해 코루틴이 사용하는 스레드를 CPU 바운드 작업을 위한 백그라운드 스레드로 전환한 후 매개변수로 입력된 repeatTime만큼 result에 1을 반복해 더하고 반환하는 객체이다. 즉, RepeatAddUseCase 객체에 대해 add 함수를 호출했을 때 반환값은 함수의 인자로 넘어간 repeatTime과 일치해야 한다.

RepeatAddUseCase의 add 일시 중단 함수에 대한 테스트는 다음과 같이 간단하게 작성할 수 있다. add 함수의 repeatTime 매개변수로 100을 넘긴 후 반환값이 100과 동일한지 확인하면 된다.

```kotlin
// 코드 위치: src/test/chapter12/code3/RepeatAddUseCaseTest.kt
class RepeatAddUseCaseTest {
  @Test
  fun '100번 더하면 100이 반환된다'() {
    // Given
    val repeatAddUseCase = RepeatAddUseCase()

    // When
    val result = repeatAddUseCase.add(100)

    // Then
    assertEquals(100, result)
  }
}
```

하지만 이 코드는 그림 12-9에서 볼 수 있듯이 컴파일 타임에 오류를 발생시킨다. add 함수가 일시 중단 함수인데 테스트 함수는 일반 함수이기 때문이다.

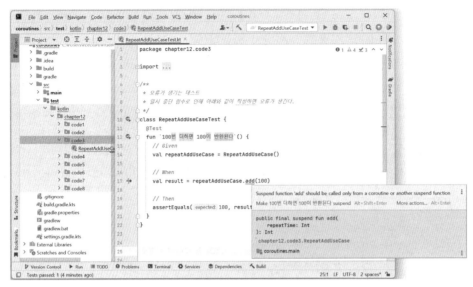

그림 12-9 일시 중단 함수 호출 오류

이 문제를 해결하는 방법은 매우 간단하다. 일시 중단 함수는 코루틴 내부에서 실행돼야 하므로 다음과 같이 테스트 함수를 runBlocking 함수로 감싸면 된다. 그러면 add 함수를 호출했을 때 생기는 오류가 사라지는 것을 확인할 수 있다.

코드 위치: src/test/chapter12/code3/RepeatAddUseCaseTest.kt

```
class RepeatAddUseCaseTest {
  @Test
  fun '100번 더하면 100이 반환된다'() = runBlocking {
    // Given
    val repeatAddUseCase = RepeatAddUseCase()

    // When
    val result = repeatAddUseCase.add(100)

    // Then
    assertEquals(100, result)
  }
}
```

이제 일시 중단 함수를 테스트하기 위한 모든 준비가 완료됐다. 테스트를 실행해 보자.

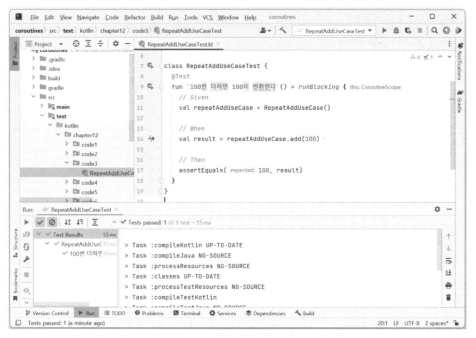

그림 12-10 첫 코루틴 테스트 통과

테스트를 실행해 보면 그림 12-10과 같은 화면이 나오며, 테스트가 통과된 것을 볼 수 있다. 첫 코루틴 테스트 작성이 완료됐다. 이 테스트에서 볼 수 있듯이 일반적인 일시 중단 함수는 runBlocking 함수로 코드를 감싸 테스트를 실행하는 것만으로 충분하다.

하지만 runBlocking 함수를 사용해 테스트를 진행하다 보면 runBlocking 함수의 한계로 인해 문제가 생긴다. 이제 runBlocking 함수를 사용해 실행에 오랜 시간이 걸리는 함수를 테스트할 경우 어떤 문제가 발생하는지 살펴보자.

12.2.2. runBlocking을 사용한 테스트의 한계

runBlocking 함수를 사용한 테스트에서 실행에 오랜 시간이 걸리는 일시 중단 함수를 실행하면 문제가 나타난다. 다음과 같이 RepeatAddWithDelayUseCase 클래스를 사용해 이 문제에 대해 알아보자.

```
코드 위치: src/main/chapter12/code4/RepeatAddWithDelayUseCase.kt
class RepeatAddWithDelayUseCase {
    suspend fun add(repeatTime: Int): Int {
        var result = 0
        repeat(repeatTime) {
            delay(100L)
            result += 1
        }
        return result
    }
}
```

RepeatAddWithDelayUseCase 객체의 add 일시 중단 함수는 RepeatAdd
UseCase 객체의 add 일시 중단 함수와 비슷하게 매개변수로 받은 repeatTime
만큼 더하기를 반복해 반환하지만 반복 때마다 100밀리초간 일시 중단 후 더하기
를 반복한다. 즉, 매 더하기 작업 간에는 100밀리초의 간격이 생겨 repeatTime
이 늘어날수록 더 많은 시간이 소요된다. runBlocking을 사용해 RepeatAdd
WithDelayUseCase 객체에 대한 테스트를 기존과 같이 진행했을 때 어떤 문제가
생기는지 확인해 보자.

> add 함수는 내부적으로 withContext(Dispatchers.Default)를 통해 코루틴의 실행 스레드를 백그라운드
> 스레드로 스위칭하지만 더하기에 사용하는 코루틴이 하나이므로 모든 더하기 연산은 순차적으로 실행된다.

RepeatAddWithDelayUseCaseTest 클래스의 '100번 더하면 100이 반환된다'
테스트는 add 함수의 repeatTime 인자로 100을 넘기고 이로부터 반환된 값이
100인지 확인하는 테스트이다.

```
코드 위치: src/test/chapter12/code4/RepeatAddWithDelayUseCaseTest.kt
class RepeatAddWithDelayUseCaseTest {
  @Test
  fun '100번 더하면 100이 반환된다'() {
    val testCoroutineScheduler = TestCoroutineScheduler()
    val testDispatcher = StandardTestDispatcher(testCoroutineScheduler)
```

```
// Given
val repeatAddUseCase = RepeatAddWithDelayUseCase()

// When
var result = 0
CoroutineScope(testDispatcher).launch {
  result = repeatAddUseCase.add(100)
  assertEquals(100, result)
}

testCoroutineScheduler.advanceUntilIdle()
assertEquals(100, result)
  }
}
```

테스트 작성이 완료됐으면 테스트를 실행해 보자. 테스트가 실행되면 테스트 실행에 오랜 시간이 걸린다는 느낌을 받을 것이다. 잠시 기다리면 그림 12-11과 같은 테스트 통과 화면을 볼 수 있다.

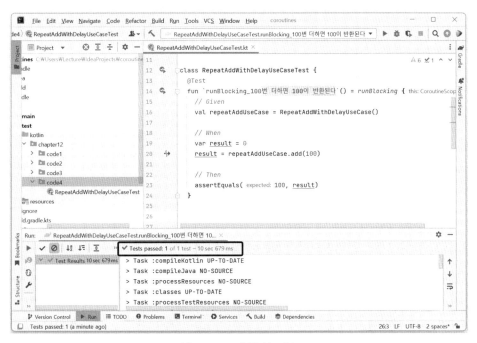

그림 12-11 오래 걸리는 테스트

테스트는 정상적으로 실행돼 통과되지만 테스트 하나를 실행하는 데 걸린 시간이 10초가 넘는 것을 볼 수 있다. 이 테스트에서 add 함수의 repeatTime 인자로 입력된 값은 100이어서 10초만에 끝났지만 만약 10000이 입력된다면 1,000초에 달하는 시간을 기다려야 한다. 이처럼 하나의 테스트를 위해 수십 분 동안 테스트가 지속될 수도 있다.

만약 테스트 시 매번 이렇게 긴 시간이 걸린다면 아무도 이 테스트를 실행하지 않을 것이다. 누군가는 테스트가 동작하는 것을 막으려고 테스트를 제거할 수도 있다. 이렇게 오래 걸리는 테스트는 사실상 활용되지 않는다. 이런 문제 때문에 좋은 테스트를 작성하는 원칙 중 하나는 테스트에 걸리는 시간을 짧게 해서 테스트를 부담 없이 실행할 수 있도록 만드는 것이다.

하나의 테스트를 실행할 때 긴 시간이 걸리는 문제 해결을 위해 코루틴 테스트 라이브러리는 가상 시간에서 테스트를 진행할 수 있도록 코루틴 스케줄러를 제공한다. 지금부터 코루틴 테스트 라이브러리의 기능을 사용해 앞서 살펴본 문제 상황에서 어떻게 효과적인 테스트를 진행할 수 있는지 알아보자.

12.3. 코루틴 테스트 라이브러리

앞서 시간이 걸리는 작업이 포함된 일시 중단 함수를 테스트할 때 runBlocking 함수를 사용하면 오랜 시간이 걸릴 수 있다고 했다. 이런 문제 해결을 위해 코루틴 테스트 라이브러리는 가상 시간을 사용하는 코루틴 스케줄러를 제공한다. 먼저 코루틴 테스트 라이브러리에 대한 의존성을 설정해 보자.

12.3.1. 코루틴 테스트 라이브러리 의존성 설정하기

가상 시간을 사용해 테스트를 진행하기 위해서는 코루틴 테스트 라이브러리 (kotlinx-coroutines-test)에 대한 의존성을 설정해야 한다. 다음 코드를 build. gradle.kts 파일에 추가해 코루틴 테스트 라이브러리에 대한 의존성을 추가로 설정하자.

```
dependencies {
    ...
    // 코루틴 테스트 라이브러리
    testImplementation("org.jetbrains.kotlinx:kotlinx-coroutines-test:1.7.2")
}
```

코루틴 테스트 라이브러리에 대한 의존성이 설정된 모습은 그림 12-12와 같다.

그림 12-12 코루틴 테스트 라이브러리 의존성 추가

그레이들 동기화를 진행하면 코루틴 테스트 라이브러리를 사용할 수 있게 된다.

12.3.2. TestCoroutineScheduler 사용해 가상 시간에서 테스트 진행하기

코루틴 테스트 시 코루틴에 오랜 시간이 걸리는 작업이 포함돼 있으면 가상 시간을 사용해 코루틴의 동작이 자신이 원하는 시간까지 단번에 진행될 수 있도록 만들면 빠르게 테스트를 완료할 수 있다. 이를 위해 코루틴 테스트 라이브러리에서는 코루틴 스케줄러인 TestCoroutineScheduler 객체를 제공한다.

TestCoroutineScheduler 객체를 사용하면 시간을 자유자재로 다룰 수 있다.

12.3.2.1. advanceTimeBy 사용해 가상 시간 흐르게 만들기

TestCoroutineScheduler 객체를 사용해 가상 시간이 흐르게 만드는 방법은 간단하다. TestCoroutineScheduler 객체의 advanceTimeBy 함수를 호출하면 함수의 인자로 입력된 값만큼 가상 시간이 밀리초 단위로 흐르게 된다. 가상 시간이 얼마나 흘렀는지 확인하고 싶으면 TestCoroutineScheduler 객체의 currentTime 프로퍼티를 사용하면 된다. currentTime 프로퍼티는 흐른 가상 시간을 밀리초 단위로 반환한다.

다음의 '가상 시간 조절 테스트'를 통해 TestCoroutineScheduler 객체의 advanceTimeBy 함수와 currentTime 프로퍼티를 사용하는 방법을 알아보자.

```
코드 위치: src/test/chapter12/code5/TestCoroutineScheduler.kt
@Test
fun '가상 시간 조절 테스트'() {
  // 테스트 환경 설정
  val testCoroutineScheduler = TestCoroutineScheduler()

  testCoroutineScheduler.advanceTimeBy(5000L) // 가상 시간에서 5초를 흐르게 만듦 :
현재 시간 5초
    assertEquals(5000L, testCoroutineScheduler.currentTime) // 현재 시간이 5초임을
단언
  testCoroutineScheduler.advanceTimeBy(6000L) // 가상 시간에서 6초를 흐르게 만듦 :
현재 시간 11초
    assertEquals(11000L, testCoroutineScheduler.currentTime) // 현재 시간이 11초
임을 단언
  testCoroutineScheduler.advanceTimeBy(10000L) // 가상 시간에서 10초를 흐르게 만듦
: 현재 시간 21초
    assertEquals(21000L, testCoroutineScheduler.currentTime) // 현재 시간이 21초
임을 단언
}
```

이 테스트에서는 TestCoroutineScheduler 객체를 생성한 후 해당 객체에 대해 advanceTimeBy(5000L)을 호출한다. 그러면 가상 시간은 0초에서 5초로 이동하는데 현재 가상 시간이 5초이므로 assertEquals(5000L, testCoroutine

Scheduler.currentTime) 단언이 통과한다. 이후 advanceTimeBy(6000L)
을 호출해 6초를 더 흐르게 만들면 11초가 되며, assertEquals(11000L, test
CoroutineScheduler.currentTime) 단언도 통과한다. 마지막으로 advance
TimeBy(10000L)을 호출하면 가상 시간은 10초가 더 흘러 21초가 되며, 마지막
단언도 통과한다. 이를 시각화하면 그림 12-13과 같다.

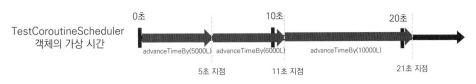

그림 12-13 TestCoroutineScheduler 객체의 가상 시간 흐르게 만들기

12.3.2.2. TestCoroutineScheduler와 StandardTestDispatcher 사용해 가상 시간 위에서 테스트 진행하기

그렇다면 TestCoroutineScheduler 객체의 가상 시간을 어떻게 사용할 수 있을
까? TestCoroutineScheduler 객체는 테스트용 CoroutineDispatcher 객체인
TestDispatcher를 만드는 StandardTestDispatcher 함수와 함께 사용할 수 있
다. StandardTestDispatcher 함수에 TestCoroutineScheduler 객체를 전달하
면 생성되는 TestDispatcher 객체가 가상 시간을 사용하도록 만들 수 있다.

TestCoroutineScheduler 객체와 TestDispatcher 객체를 함께 사용한 테스트
를 다음과 같이 만들어 보자.

```
코드 위치: src/test/chapter12/code5/TestCoroutineScheduler.kt
@Test
fun '가상 시간 위에서 테스트 진행'() {
  // 테스트 환경 설정
  val testCoroutineScheduler: TestCoroutineScheduler =
TestCoroutineScheduler()
  val testDispatcher: TestDispatcher = StandardTestDispatcher(scheduler =
testCoroutineScheduler)
  val testCoroutineScope: CoroutineScope = CoroutineScope(context =
testDispatcher)
```

```
// Given
var result = 0

// When
testCoroutineScope.launch {
  delay(10000L) // 10초간 대기
  result = 1
  delay(10000L) // 10초간 대기
  result = 2
  println(Thread.currentThread().name)
}

// Then
assertEquals(0, result)
testCoroutineScheduler.advanceTimeBy(5000L) // 가상 시간에서 5초를 흐르게 만듦 :
현재 시간 5초
  assertEquals(0, result)
  testCoroutineScheduler.advanceTimeBy(6000L) // 가상 시간에서 6초를 흐르게 만듦 :
현재 시간 11초
  assertEquals(1, result)
  testCoroutineScheduler.advanceTimeBy(10000L) // 가상 시간에서 10초를 흐르게 만듦
: 현재 시간 21초
  assertEquals(2, result)
}
```

이 테스트에서는 TestCoroutineScheduler 객체를 생성해 testCoroutine
Scheduler 변수를 통해 참조하고, 이를 StandardTestDispatcher 함수의 인
자로 넘겨 TestDispatcher 객체를 생성한다. 생성된 TestDispatcher 객체
는 CoroutineScope 생성 함수로 감싸져, TestDispatcher 객체를 사용하는
CoroutineScope 객체를 생성하고, 이 객체는 testCoroutineScope을 통해 참조
된다.

나머지 코드는 복잡한 작업을 하지 않는다. 먼저 결괏값을 저장하는 result를 0으
로 초기화한 다음 testCoroutineScope에서 launch 코루틴을 실행해 10초간 대
기 후 result를 1로 업데이트시키고 다시 10초간 대기 후 result를 2로 업데이트시
킨다.

testCoroutineScope는 testCoroutineScheduler에 의해 시간이 관리되기 때문

에 이 범위에서 실행되는 코루틴들은 가상 시간이 흐르지 않으면 실행되지 않는다. 가상 시간을 흐르게 하려면 앞서 살펴본 것과 같이 testCoroutineScheduler에 대해 advanceTimeBy 함수를 호출해야 한다.

따라서 앞의 코드에서 첫 advanceTimeBy 함수가 실행되기 전까지 흐른 시간은 0초이므로 result의 값은 0으로 유지되며, 이에 따라 assertEquals(0, result) 단언은 통과한다. 이후 advanceTimeBy(5000L)이 호출되면 5초가 흐른다. 하지만 여전히 5초에서도 여전히 result는 0이다. 따라서 두 번째 단언인 assertEquals(0, result) 단언도 통과한다. 이후 advanceTimeBy(6000L)이 호출되면 가상 시간은 6초가 더 흐르며, 가상 시간이 총 11초가 흐른다. 10초경에 result의 값이 1로 바뀌기 때문에 11초를 기준으로 result의 값은 1이 돼 assertEquals(1, result) 단언도 통과한다. 마지막으로 advanceTimeBy(10000L)이 호출되면 다시 가상 시간이 10초가 더 흘러 총 흐른 시간이 21초가 되며, result의 값은 2가 된다. 따라서 마지막 assertEquals(2, result) 단언도 통과한다. 이 과정을 시각화하면 그림 12-14와 같다.

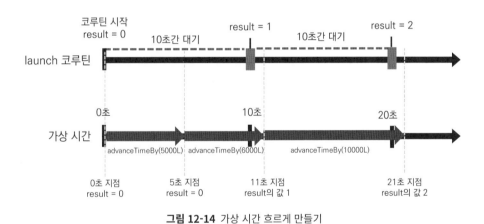

그림 12-14 가상 시간 흐르게 만들기

물론, 테스트 시 이렇게 직접 시간을 컨트롤하는 경우는 거의 없다. 그럼에도 이렇게 TestCoroutineScheduler 객체를 사용해 가상 시간을 직접 제어해 본 이유는 가상 시간을 직접 제어하는 것이 이후 다룰 코루틴 테스트 라이브러리의 기능들을 이해하는 데 도움이 되기 때문이다. 그렇다면 실제 테스트 시에는 어떻게 시간을 제어하는지 알아보자.

12.3.2.3 advanceUntilIdle 사용해 모든 코루틴 실행시키기

테스트가 제대로 실행되기 위해서는 테스트 대상 코드가 모두 실행되고 나서 단언이 실행돼야 한다. 이를 위해 TestCoroutineScheduler 객체는 이 객체를 사용하는 모든 디스패처와 연결된 작업이 모두 완료될 때까지 가상 시간을 흐르게 만드는 advanceUntilIdle 함수를 제공한다.

앞서 다룬 테스트를 advanceUntilIdle 함수를 사용하도록 변경해 보자. advance UntilIdle의 동작 살펴보기 테스트는 launch 코루틴을 실행시키는 것까지는 이전 테스트와 같지만 가상 시간을 흐르게 만들 때 advanceTimeBy 함수 대신 advanceUntilIdle 함수를 호출한다.

```kotlin
코드 위치: src/test/chapter12/code5/TestCoroutineScheduler.kt
@Test
fun 'advanceUntilIdle의 동작 살펴보기'() {
  // 테스트 환경 설정
  val testCoroutineScheduler: TestCoroutineScheduler =
TestCoroutineScheduler()
  val testDispatcher: TestDispatcher = StandardTestDispatcher(scheduler =
testCoroutineScheduler)
  val testCoroutineScope = CoroutineScope(context = testDispatcher)

  // Given
  var result = 0

  // When
  testCoroutineScope.launch {
    delay(10_000L) // 10초간 대기
    result = 1
    delay(10_000L) // 10초간 대기
    result = 2
  }
  testCoroutineScheduler.advanceUntilIdle() // testCoroutineScope 내부의 코루틴
이 모두 실행되게 만듦

  // Then
  assertEquals(2, result)
}
```

testCoroutineScheduler.advanceUntilIdle()이 호출되면 testCoroutine Scheduler와 연결된 코루틴이 모두 실행 완료될 때까지 가상 시간이 흐른다. 여기서 실행되는 코루틴은 launch 코루틴 하나이므로 launch 코루틴이 모두 실행될 때까지 가상 시간이 흐르게 된다. launch 코루틴이 모두 실행되면 result의 값은 2가 되므로 assertEquals(2, result) 단언이 통과하는 것을 볼 수 있다.

이처럼 TestCoroutineScheduler 객체의 advanceUntilIdle 함수가 실행되면 TestCoroutineScheduler 객체를 사용한 모든 코루틴 작업이 실행 완료될 때까지 가상 시간이 흐르게 된다.

12.3.3. TestCoroutineScheduler를 포함하는 StandardTestDispatcher

앞서 다룬 내용에서는 TestCoroutineScheduler 객체에 집중하려고 Test CoroutineScheduler 객체를 생성해 StandardTestDispatcher 함수의 인자로 넘겼지만 StandardTestDispatcher 함수에는 기본적으로 TestCoroutine Scheduler 객체를 생성하는 부분이 포함돼 있어 직접 생성할 필요가 없다. 다음은 코루틴 테스트 라이브러리의 StandardTestDispatcher 함수 구현체이다.

```
public fun StandardTestDispatcher(
  scheduler: TestCoroutineScheduler? = null,
  name: String? = null
): TestDispatcher = StandardTestDispatcherImpl(
  scheduler ?: TestMainDispatcher.currentTestScheduler ?:
TestCoroutineScheduler(), name)
```

StandardTestDispatcher 함수가 호출됐을 때 scheduler 인자로 아무런 값도 전달되지 않으면 먼저 TestMainDispatcher.currentTestScheduler가 있는지 확인하고, 없으면 TestCoroutineScheduler()를 호출해 TestCoroutineScheduler 객체를 생성한다. 즉, StandardTestDispatcher 함수를 사용하면 내부에서 자동으로 TestCoroutineScheduler 객체가 생성된다. StandardTestDispatcher 함수와 TestCoroutineScheduler 함수의 포함관계를 시각화하면 그림 12-15와 같다.

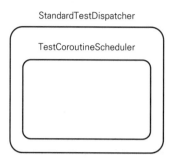

StandardTestDispatcher

TestCoroutineScheduler

그림 12-15 TestCoroutineScheduler를 포함하는 StandardTestDispatcher

StandardTestDispatcher()를 통해 생성되는 TestDispatcher 객체에서 TestCoroutineScheduler 객체를 사용하는 방법은 간단하다. TestDispatcher 객체의 scheduler 프로퍼티를 통해 TestCoroutineScheduler 객체에 접근해 사용하면 된다. 이를 위해 앞서 다룬 테스트에서 TestCoroutineScheduler 객체를 직접 생성하는 부분을 제거하면 다음과 같다.

```kotlin
코드 위치: src/test/chapter12/code5/TestCoroutineScheduler.kt
@Test
fun 'StandardTestDispatcher 사용하기'() {
  // 테스트 환경 설정
  val testDispatcher: TestDispatcher = StandardTestDispatcher()
  val testCoroutineScope = CoroutineScope(context = testDispatcher)

  // Given
  var result = 0

  // When
  testCoroutineScope.launch {
    delay(10_000L) // 10초간 대기
    result = 1
    delay(10_000L) // 10초간 대기
    result = 2
  }

  testDispatcher.scheduler.advanceUntilIdle() // testCoroutineScope 내부의 코
루틴이 모두 실행되게 만듦
  assertEquals(2, result)
}
```

이 테스트에서는 더 이상 TestCoroutineScheduler 객체가 생성되는 부분을 코드에 포함하지 않아 코드가 간결해진다. 대신 TestCoroutineScheduler는 StandardTestDispatcher 함수 내부에서 자동으로 생성되고, 이렇게 생성된 TestDispatcher 객체는 내부에 TestCoroutineScheduler 객체를 포함한다.

12.3.4. TestScope 사용해 가상 시간에서 테스트 진행하기

앞의 코드는 TestCoroutineScheduler 객체를 생성하는 부분을 제거했지만 여전히 TestDispatcher 객체를 생성하고, 이 객체를 CoroutineScope 함수로 감싸서 사용해야 한다.

```
val testDispatcher: TestDispatcher = StandardTestDispatcher()
val testCoroutineScope = CoroutineScope(context = testDispatcher)
```

매번 TestDispatcher 객체를 CoroutineScope 함수로 감싸서 사용하는 것은 불편하다. 이 문제 해결을 위해 코루틴 테스트 라이브러리는 같은 동작을 하면서 더욱 많은 기능을 제공하는 TestScope 함수를 제공한다. TestScope 함수를 호출하면 내부에 TestDispatcher 객체를 가진 TestScope 객체가 반환된다. 또한 코루틴 테스트 라이브러리는 TestScope에 대한 확장 함수를 통해 TestCoroutineScheduler 객체의 함수들(advanceTimeBy, advanceUntilIdle 등)과 프로퍼티(currentTime 등)를 Testcope 객체가 직접 호출할 수 있도록 만든다.

앞서 만든 테스트를 TestScope만 사용하도록 수정하면 다음과 같다.

```
코드 위치: src/test/chapter12/code5/TestCoroutineScheduler.kt
@Test
fun 'TestScope 사용하기'() {
  // 테스트 환경 설정
  val testCoroutineScope: TestScope = TestScope()

  // Given
  var result = 0

  // When
```

```
testCoroutineScope.launch {
  delay(10_000L) // 10초간 대기
  result = 1
  delay(10_000L) // 10초간 대기
  result = 2
}

testCoroutineScope.advanceUntilIdle() // testCoroutineScope 내부의 코루틴이 모
두 실행되게 만듦
  assertEquals(2, result)
}
```

이 테스트에서는 테스트 환경을 만들기 위해 TestDispatcher 객체를 생성해 이를 CoroutineScope 함수로 감싸는 대신 TestScope 함수만 호출하면 돼 코드가 간결해지는 것을 볼 수 있다.

이처럼 TestScope 함수는 기본적으로 StandardTestDispatcher 함수로 생성되는 TestDispatcher 객체를 포함한다. 따라서 TestScope, StandardTestDispatcher, TestCoroutineScheduler 함수들의 포함관계는 그림 12-16과 같다. TestScope는 StandardTestDispatcher 함수의 동작을 포함하고, StandardTestDispatcher 함수는 내부에서 TestCoroutineScheduler 객체를 포함한다.

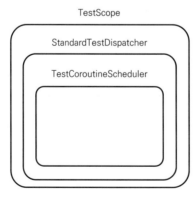

그림 12-16 StandardTestDispatcher를 포함하는 TestScope

지금까지 두 단계에 걸쳐서 테스트를 간결하게 만들었다. 하지만 여전히 Test Scope 객체를 직접 생성하고, TestScope 객체에 대해 advanceUntilIdle을 호출해 내부의 코루틴이 모두 실행될 때까지 가상 시간을 직접 흐르게 만들고 있다. 코루틴 테스트 라이브러리는 이 모든 것을 자동으로 실행해 주는 runTest 함수를 제공한다. runTest 함수에 대해 알아보자.

12.3.5. runTest 사용해 테스트 만들기

12.3.5.1. runTest 사용해 TestScope 대체하기

runTest 함수는 TestScope 객체를 사용해 코루틴을 실행시키고, 그 코루틴 내부에서 일시 중단 함수가 실행되더라도 작업이 곧바로 실행 완료될 수 있도록 가상 시간을 흐르게 만드는 기능을 가진 코루틴 빌더이다. runTest 함수를 사용하는 방법은 간단하다. 테스트를 원하는 코드 블록을 runTest 함수의 람다식에서 실행하면 된다. 그러면 runBlocking 함수로 만들어지는 코루틴과 유사하게 동작하지만 지연되는 부분을 건너뛰는 코루틴이 만들어진다.

다음과 같이 runTest 함수를 사용할 수 있다.

```
코드 위치: src/test/chapter12/code5/TestCoroutineScheduler.kt
@Test
fun 'runTest 사용하기'() {
  // Given
  var result = 0

  // When
  runTest { // this: TestScope
    delay(10000L) // 10초간 대기
    result = 1
    delay(10000L) // 10초간 대기
    result = 2
  }

  // Then
  assertEquals(2, result)
}
```

이 테스트는 result를 0으로 초기화한 후 runTest 람다식 내부에서 delay (10000L)을 호출해 10초간 대기를 실행하고 result를 1로 업데이트한다. 이후 다시 delay(10000L)을 호출해 10초간 대기한 후 result를 2로 업데이트한다. 모든 코드가 실행되고 나면 assertEquals(2, result)를 통해 result의 값이 2인지 확인한다. 매우 간단한 테스트이지만 테스트를 실행해 보면 runTest 함수가 왜 강력한지 알 수 있다. 그림 12-17은 테스트를 실행한 결과이다.

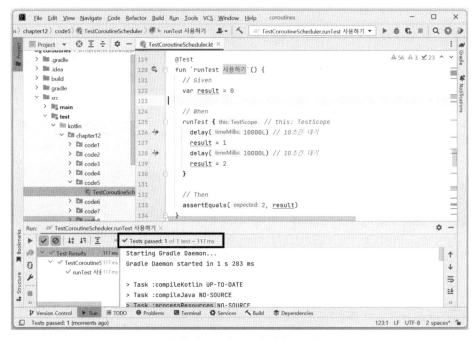

그림 12-17 runTest의 빠른 실행 화면

테스트를 실행하는 데 걸린 시간이 100밀리초 정도밖에 되지 않는다. 만약 이 코드가 runTest 함수가 아닌 runBlocking 함수로 감싸졌다면 실제 시간에서 테스트가 실행되기 때문에 두 번의 delay(10000L) 호출로 인해 테스트 코드 실행에 20초가 걸렸을 것이다. 하지만 이처럼 runTest를 사용하면 가상 시간 위에서 테스트가 진행돼 코루틴에 지연 지점이 있더라도 해당 시간 동안 가상 시간을 자동으로 흐르게 만들어 빠르게 실행 완료된다.

runTest, TestScope, StandardTestDispatcher, TestCoroutineScheduler의 포함관계

지금까지 다룬 내용을 정리하면 runTest 함수는 TestScope 함수를 포함하고, TestScope 함수는 StandardTestDispatcher 함수를 포함하고, StandardTestDispatcher 함수는 TestCoroutineScheduler를 포함해 그림 12-18과 같은 포함관계가 성립된다.

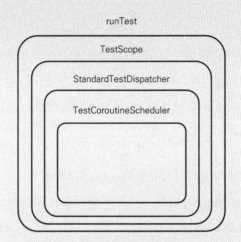

그림 12-18 코루틴 라이브러리 구성 요소의 포함관계

이들 간의 포함관계가 어떻게 되는지 파악하면 언제 어떤 구성 요소를 사용해야 할지 알 수 있다.

12.3.5.2. runTest로 테스트 전체 감싸기

앞선 예시에서는 이전 예시와의 비교를 위해 테스트를 원하는 코드만 runTest 함수로 감쌌지만 일반적으로는 다음과 같이 runTest 함수를 사용해 테스트 전체를 감싼다.

```
코드 위치: src/test/chapter12/code5/TestCoroutineScheduler.kt
@Test
fun 'runTest로 테스트 감싸기'() = runTest {  // this: TestScope
  // Given
  var result = 0

  // When
  delay(10000L) // 10초간 대기
```

```
    result = 1
    delay(10000L) // 10초간 대기
    result = 2

    // Then
    assertEquals(2, result)
}
```

이렇게 모든 테스트를 runTest 함수로 감싸는 이유는 테스트 환경을 설정하는 부분에서도 일시 중단 함수가 호출될 수 있고, 결과를 비교하는 부분에서도 일시 중단 함수가 호출될 수 있기 때문이다. runTest 함수로 이 부분들을 감싸면 각 부분에서 일시 중단 함수가 호출되더라도 일시 중단되는 시간을 가상 시간을 통해 빠르게 흐르게 만들 수 있다.

12.3.5.3. runTest 함수의 람다식에서 TestScope 사용하기

runTest 함수는 람다식에서 TestScope 객체를 수신 객체로 갖기 때문에 this를 통해 TestScope 객체에 접근할 수 있다. 따라서 runTest 함수의 람다식에서는 TestScope 객체가 사용할 수 있는 advanceTimeBy, advanceUntilIdle 같은 확장 함수들과 currentTime 확장 프로퍼티를 모두 사용할 수 있다.

예를 들어 runTest 함수의 람다식에서 this.currentTime을 사용해 가상 시간을 확인할 수 있다.

```
코드 위치: src/test/chapter12/code5/TestCoroutineScheduler.kt
@Test
fun 'runTest에서 가상 시간 확인'() = runTest {  // this: TestScope
  delay(10000L) // 10초간 대기
  println("가상 시간: ${this.currentTime}ms") // 가상 시간: 10000ms
  delay(10000L) // 10초간 대기
  println("가상 시간: ${this.currentTime}ms") // 가상 시간: 20000ms
}
```

runTest 함수의 람다식 내부에서 delay(10000L)이 호출되면 advanceUntilIdle 함수가 호출되지 않아도 가상 시간 10초가 자동으로 흐르게 된다. 이렇게 일시 중단 시간 동안 가상 시간을 자동으로 흐르게 만드는 것이 바로 runTest 함수를 통해 생성되는 코루틴의 기능이다.

그렇다면 runTest 함수에서 advanceTimeBy 함수나 advanceUntilIdle 함수는 언제 사용할 수 있을까? 바로 runTest의 TestScope 내부에서 새로운 코루틴이 실행될 때 해당 코루틴이 모두 실행 완료될 때까지 가상 시간을 흐르게 하는 데 사용할 수 있다. 다음 코드를 살펴보자.

> this는 생략할 수 있지만 이해를 위해 this를 모두 붙였다.

```kotlin
코드 위치: src/test/chapter12/code5/TestCoroutineScheduler.kt
@Test
fun 'runTest 내부에서 advanceUntilIdle 사용하기'() = runTest {  // this:
TestScope
  var result = 0
  launch {
    delay(1000L)
    result = 1
  }

  println("가상 시간: ${this.currentTime}ms, result = ${result}") // 가상 시간:
0ms, result = 0
  advanceUntilIdle()
  println("가상 시간: ${this.currentTime}ms, result = ${result}") // 가상 시간:
1000ms, result = 1
}
```

이 테스트에서는 runTest 함수의 람다식 내부에서 launch 코루틴이 새롭게 생성된다. runTest 함수는 runTest 함수로 생성된 내부에서 실행된 일시 중단 함수에 대해서만 가상 시간이 흐르게 만들며, TestScope상에서 새로 실행된 launch 코루틴에 대해서는 자동으로 시간을 흐르게 하지 않는다. 이 경우에는 advanceUntilIdle이 호출돼야 runTest 블록 내부에서 새로 생성된 코루틴들이 실행 완료될 때까지 시간이 흐른다.

멀티 스레드 환경에서의 코루틴 테스트를 위해서는 여러 코루틴이 병렬로 실행되는 상황이 테스트돼야 한다. 만약 runTest 함수가 내부에서 새로 생성된 코루틴에 대해 가상 시간을 흐르게 만들어 즉시 실행 완료시키면 코루틴이 순차적으로 실행되므로 병렬 환경에서의 코루틴 테스트가 제대로 이뤄질 수 없다. 따라서 runTest 내부에서 모든 코루틴이 생성되고 나서 advanceUntilIdle을 호출해 생성된 모든 코루틴이 함께 실행될 수 있도록 해야 제대로 테스트가 이뤄질 수 있다.

따라서 이 코드에서 this.advanceUntilIdle()이 호출되기 전 출력에서는 "가상 시간: 0ms, result = 0"이 나오고, this.advanceUntilIdle()이 호출되고 나서는 "가상 시간: 1000ms, result = 1"이 출력되는 것을 볼 수 있다.

만약 runTest 코루틴의 자식 코루틴을 생성하고 해당 코루틴에 대해 join을 호출하면 advanceUntilIdle을 호출하지 않더라도 runTest 코루틴의 가상 시간이 흐른다. 그 이유는 join 함수의 호출이 runTest 코루틴을 일시 중단시키기 때문이다.

```
코드 위치: src/test/chapter12/code5/TestCoroutineScheduler.kt
@Test
fun 'runTest 내부에서 join 사용하기'() = runTest {  // this: TestScope
  var result = 0
  launch {
    delay(1000L)
    result = 1
  }.join()

  println("가상 시간: ${this.currentTime}ms, result = ${result}") // 가상 시간: 1000ms, result = 1
}
```

따라서 이 코드를 실행해 보면 테스트가 빠르게 실행되는 것을 볼 수 있다.

지금까지 코루틴 테스트 라이브러리의 가상 스케줄러를 사용해 테스트 시간을 줄이는 다양한 방법을 알아봤다. 이제부터는 지금까지 배운 내용들을 활용해 본격적으로 코루틴에 대한 테스트를 만드는 방법을 알아보자.

12.4. 코루틴 단위 테스트 만들어 보기

"12.1. 단위 테스트 기초"에서는 단위 테스트의 개념과 단위 테스트를 만드는 방법에 대해 배웠고, "12.2. 코루틴 단위 테스트 시작하기"에서는 runBlocking 함수를 사용해 코루틴의 단위 테스트를 진행하는 방법과 한계에 대해 배웠다. "12.3. 코루틴 테스트 라이브러리"에서는 runBlocking 함수를 사용했을 때 테스트 실행에 오랜 시간이 걸리는 한계 극복을 위해 TestCoroutineScheduler 객체를 사용해 가상 시간 위에서 테스트하는 방법에 대해 배웠다.

이번에는 지금까지 배운 내용을 바탕으로 코루틴 테스트를 작성할 것이다. 우선 코루틴 단위 테스트를 위한 객체부터 준비해 보자.

12.4.1. 코루틴 단위 테스트를 위한 코드 준비하기

지금부터 SNS에서 자신의 팔로워를 검색하는 FollowerSearcher 클래스에 대한 테스트를 작성할 것이다. 일반적으로 SNS에는 기업이 만든 계정과 개인이 만든 계정이 있기 때문에 먼저 모델 클래스 Follower를 다음과 같이 만들어 보자.

```
코드 위치: src/main/chapter12/code6/Follower.kt
sealed class Follower(
  private val id: String,
  private val name: String
) {
  data class OfficialAccount(
    private val id: String,
    private val name: String
  ) : Follower(id, name)

  data class PersonAccount(
    private val id: String,
    private val name: String
  ) : Follower(id, name)
}
```

Follower 클래스는 sealed class로 선언돼 있으며, 서브타입으로 기업용 계정 클래스인 OfficialAccount 데이터 클래스와 개인용 계정 클래스인 PersonAccount

데이터 클래스를 가진다.

FollwerSearcher 클래스는 기업용 계정 데이터를 가져오는 OfficialAccount Repository 객체와 개인용 계정 데이터를 가져오는 PersonAccountRepository 객체를 주입받으며, searchByName 함수를 호출하면 각 객체로부터 유저의 팔로워 데이터를 Array⟨Follower.OfficalAccount⟩, Array⟨Follower.Person Account⟩ 형태로 가져와 합쳐 List⟨Follower⟩ 타입으로 반환한다.

```kotlin
코드 위치: src/main/chapter12/code6/FollowerSearcher.kt
class FollowerSearcher(
  private val officialAccountRepository: OfficialAccountRepository,
  private val personAccountRepository: PersonAccountRepository
) {
  suspend fun searchByName(name: String): List<Follower> = coroutineScope {
    val officialAccountsDeferred = async {
      officialAccountRepository.searchByName(name)
    }
    val personAccountsDeferred = async {
      personAccountRepository.searchByName(name)
    }

    return@coroutineScope listOf(
      *officialAccountsDeferred.await(),
      *personAccountsDeferred.await()
    )
  }
}
```

```kotlin
코드 위치: src/main/chapter12/code6/OfficialAccountRepository.kt
interface OfficialAccountRepository {
  suspend fun searchByName(name: String): Array<Follower.OfficialAccount>
}
```

```kotlin
코드 위치: src/main/chapter12/code6/PersonAccountRepository.kt
interface PersonAccountRepository {
  suspend fun searchByName(name: String): Array<Follower.PersonAccount>
}
```

FollowerSearcher 클래스에 대한 테스트를 작성하기 위해서는 OfficialAccount Repository와 PersonAccountRepository에 대한 테스트 더블이 필요하다. 이들에 대한 테스트 더블을 다음과 같이 만들어 보자.

코드 위치: src/test/chapter12/code6/StubOfficialAccountRepository.kt

```kotlin
class StubOfficialAccountRepository(
  private val users: List<Follower.OfficialAccount>
) : OfficialAccountRepository {
  override suspend fun searchByName(name: String): Array<Follower.
OfficialAccount> {
    delay(1000L)
    return users.filter { user ->
      user.name.contains(name)
    }.toTypedArray()
  }
}
```

코드 위치: src/test/chapter12/code6/StubPersonAccountRepository.kt

```kotlin
class StubPersonAccountRepository(
  private val users: List<Follower.PersonAccount>
) : PersonAccountRepository {
  override suspend fun searchByName(name: String): Array<Follower.
PersonAccount> {
    delay(1000L)
    return users.filter { user ->
      user.name.contains(name)
    }.toTypedArray()
  }
}
```

이 코드에서 StubOfficialAccountRepository는 OfficialAccountRepository의 스텁으로 users 프로퍼티를 통해 테스트에 사용할 공식 계정 목록을 주입받고, searchByName 함수가 호출되면 해당 이름을 포함하는 공식 계정의 목록을 users에서 찾아 반환하는 객체이다. StubPersonAccountRepository 또한 PersonAccountRepository의 스텁으로 users 프로퍼티를 통해 테스트에 사용할 개인 계정 목록을 주입받고, searchByName 함수가 호출되면 해당 이름을 포함하는 개인 계정 목록을 users에서 찾아 반환하는 객체이다. 각 스텁 객체의 searchByName 함수는 연산을 실행하기 전 입출력 작업을 한다고 가정하고 delay(1000L)을 호출해 1초의 지연 시간을 준다. 이를 통해 더욱 실제와 가까운 테스트가 가능해진다.

지금까지 테스트를 위한 코드를 모두 만들었다. 이제부터 본격적으로 Follower Searcher 클래스에 대한 테스트를 작성해 보자.

12.4.2. FollowerSearcher 클래스 테스트 작성하기

12.4.2.1. @BeforeEach 사용해 테스트 실행 환경 설정하기

FollowerSearcher 클래스의 테스트를 위해 먼저 @BeforeEach를 사용해 테스트 때마다 설정해야 할 환경을 설정해 보자.

```
코드 위치: src/test/chapter12/code6/FollowerSearcherTest.kt
class FollowerSearcherTest {

  private lateinit var followerSearcher: FollowerSearcher

  @BeforeEach
  fun setUp() {
    followerSearcher = FollowerSearcher(
      officialAccountRepository = stubOfficialAccountRepository,
      personAccountRepository = stubPersonAccountRepository
    )
  }

  companion object {
    private val companyA = Follower.OfficialAccount(id = "0x0000", name =
"CompanyA")
    private val companyB = Follower.OfficialAccount(id = "0x0001", name =
"CompanyB")
    private val companyC = Follower.OfficialAccount(id = "0x0002", name =
"CompanyC")

    private val stubOfficialAccountRepository =
StubOfficialAccountRepository(
      users = listOf(companyA, companyB, companyC)
    )
```

426

```
    private val personA = Follower.PersonAccount(id = "0x1000", name =
"PersonA")
    private val personB = Follower.PersonAccount(id = "0x1001", name =
"PersonB")
    private val personC = Follower.PersonAccount(id = "0x1002", name =
"PersonC")

    private val stubPersonAccountRepository = StubPersonAccountRepository(
      users = listOf(personA,personB,personC)
    )
  }
}
```

이 코드에서는 companyA, companyB, companyC로 구성된 유저를 갖는 StubOfficialAccountRepository 객체인 stubOfficialAccountRepository 를 만들고, personA, personB, personC로 구성된 유저를 갖는 StubPerson AccountRepository 객체인 stubPersonAccountRepository를 만든다. stub OfficialAccountRepository와 stubPersonAccountRepository는 @Before Each 블록에서 FollowerSearcher 객체가 초기화될 때 주입된다. 이렇게 작성하 면 테스트 때마다 followerSearcher를 초기화하는 코드를 작성하지 않아도 된다.

12.4.2.2. 테스트 작성하기

이제 테스트를 작성해 보자. 첫 테스트는 FollowerSearcher 객체에 searchBy Name을 호출했을 때 FollowerSearcher 객체가 OfficialAccountRepository 객체, PersonAccountRepository 객체 모두와 제대로 상호 작용해 결과가 반환되 는지 확인하는 테스트이다. 이를 위해 그림 12-19와 같이 FollowerSearcher 객 체에 searchByName("A")를 호출해 공식 계정과 개인 계정이 합쳐져 결과가 반환 되는지 확인하면 된다.

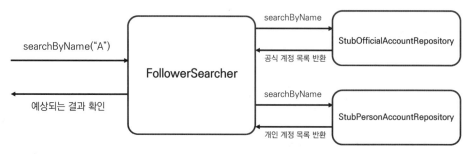

그림 12-19 코루틴 테스트 작성하기

FollowerSearcher 객체에 searchByName("A")를 호출하면 StubOfficial
AccountRepository 객체로부터 companyA, StubPersonAccountRepository
객체로부터 personA가 반환돼야 하므로 테스트는 다음과 같이 작성할 수 있다.

```
코드 위치: src/test/chapter12/code6/FollowerSearcherTest.kt
@Test
fun '공식 계정과 개인 계정이 합쳐져 반환되는지 테스트'() = runTest {
  // Given
  val searchName = "A"
  val expectedResults = listOf(companyA, personA)

  // When
  val results = followerSearcher.searchByName(searchName)

  // Then
  Assertions.assertEquals(
    expectedResults,
    results
  )
}
```

이 테스트에서는 일시 중단 함수인 searchByName을 테스트하기 때문에 모든
테스트를 runTest 함수로 감싼다. 그러면 followerSearcher.searchByName
(searchName)이 호출됐을 때 내부에서 2개의 코루틴을 생성해 StubOfficial
AccountRepository, StubPersonAccountRepository 객체의 searchByName
함수를 호출해 1초의 시간이 걸렸음에도 가상 시간 위에서 테스트를 진행함으로써

이 지연 시간을 없앨 수 있다.

따라서 테스트를 실행해 보면 그림 12-20과 같은 결과 화면을 볼 수 있다.

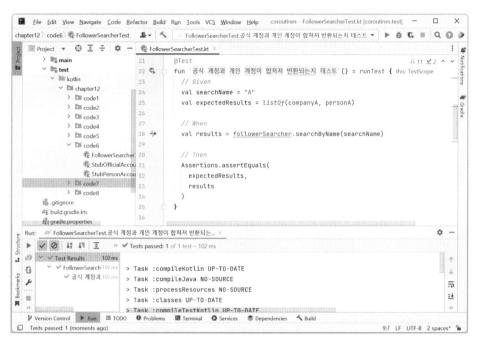

그림 12-20 빨리 실행되는 테스트

그림 12-20을 보면 테스트가 실행되는 데 100밀리초 정도가 걸렸다. 이는 Stub OfficialAccountRepository 객체와 StubPersonAccountRepository 객체가 만드는 1초의 지연 시간보다 훨씬 짧다.

하나의 테스트를 더 작성해 보자. 이번 테스트는 그림 12-21과 같이 Follower Searcher 객체에 대해 일치하는 이름이 없는 "Empty" 문자열로 searchByName 함수를 호출했을 때 빈 리스트가 반환되는지에 대한 테스트이다.

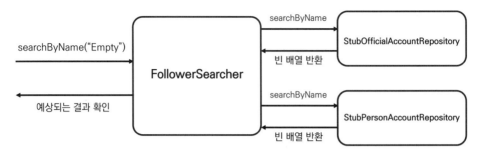

그림 12-21 빈 리스트가 반환되는 테스트 작성하기

FollowerSearcher 객체에 searchByName("Empty")를 호출하면 빈 리스트가 반환돼야 하므로 테스트는 다음과 같이 작성할 수 있다.

```kotlin
코드 위치: src/test/chapter12/code6/FollowerSearcherTest.kt
@Test
fun '빈 배열이 반환되는지 테스트'() = runTest {
  // Given
  val searchName = "Empty"
  val expectedResults = emptyList<Follower>()

  // When
  val results = followerSearcher.searchByName(searchName)

  // Then
  Assertions.assertEquals(
    expectedResults,
    results
  )
}
```

이 테스트 또한 일시 중단 함수인 searchByName을 테스트하기 때문에 모든 테스트를 runTest 함수로 감싼다. 그러면 followerSearcher.searchByName(searchName)이 호출됐을 때 내부에서 2개의 코루틴을 생성해 StubOfficial AccountRepository, StubPersonAccountRepository 객체의 searchByName 함수를 호출해 1초의 시간이 걸렸음에도 가상 시간 위에서 테스트를 진행함으로써 이 지연 시간이 없어져 매우 빠르게 테스트가 완료된다.

그림 12-22는 테스트를 실행한 결과 화면이다. 100밀리초 정도에 테스트가 완료된 것을 볼 수 있다.

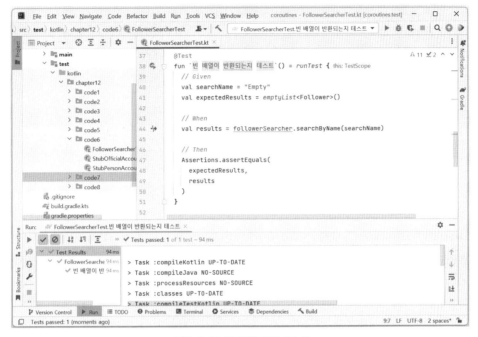

그림 12-22 빈 배열 반환 테스트

지금까지 코루틴 단위 테스트를 만들어 봤다.

12.5. 코루틴 테스트 심화

12.5.1. 함수 내부에서 새로운 코루틴을 실행하는 객체에 대한 테스트

앞서처럼 일시 중단 함수 내부에서 새로운 코루틴을 생성하는 동작은 테스트하기 쉽다. 하지만 가끔은 일시 중단 함수가 아닌 함수 내부에서 새로운 코루틴을 실행하는 경우가 있다. 예를 들어 문자열의 상태를 저장하는 StringStateHolder 객체가 다음과 같이 생성돼 있다고 해보자.

```
코드 위치: src/main/chapter12/code7/StringStateHolder.kt
class StringStateHolder {
  private val coroutineScope = CoroutineScope(Dispatchers.IO)

  var stringState = ""
    private set

  fun updateStringWithDelay(string: String) {
    coroutineScope.launch {
      delay(1000L)
      stringState = string
    }
  }
}
```

StringStateHolder 객체는 내부에서 CoroutineScope 생성 함수를 통해 Dispatchers.IO를 사용하는 CoroutineScope 객체를 만들고, updateString WithDelay 함수가 호출되면 이 CoroutineScope 객체를 사용해 새로운 코루틴을 실행시켜 1초간 대기 후 내부에 저장된 stringState의 상태를 변경한다.

이 객체에 대한 테스트를 어떻게 작성할 수 있을까? 다음과 같이 테스트를 작성해보자.

```
코드 위치: src/test/chapter12/code7/StringStateHolderTestFail.kt
class StringStateHolderTestFail {
  @Test
  fun 'updateStringWithDelay(ABC)가 호출되면 문자열이 ABC로 변경된다'() = runTest {
    // Given
    val stringStateHolder = StringStateHolder()

    // When
    stringStateHolder.updateStringWithDelay("ABC")

    // Then
    advanceUntilIdle()
    Assertions.assertEquals("ABC", stringStateHolder.stringState)
  }
}
```

'updateStringWithDelay(ABC)가 호출되면 문자열이 ABC로 변경된다'
는 테스트는 코루틴 테스트를 위해 runTest로 감싸진다. 테스트 내부에서는
StringStateHolder 객체를 초기화해 stringStateHolder에 할당하며, string
StateHolder.updateStringWithDelay("ABC")를 호출해 StringStateHolder
객체가 저장한 문자열을 "ABC"로 업데이트한다. 이후 advanceUntilIdle을 호출해
코루틴이 모두 실행되게 하고 stringStateHolder가 가진 stringState값을 "ABC"
와 동일한지 비교한다. 테스트를 실행해 보면 그림 12-23과 같이 실패한다는 것을
볼 수 있다.

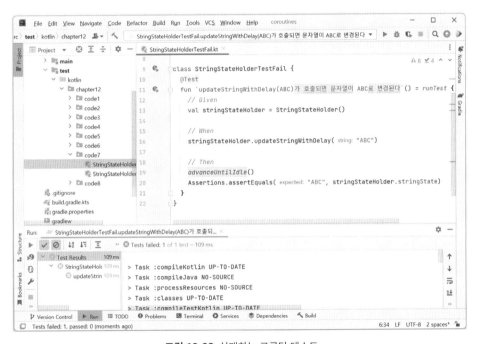

그림 12-23 실패하는 코루틴 테스트

이 테스트가 실패하는 이유는 StringStateHolder 객체 내부에 있는 Coroutine
Scope 객체에 있다. 이 CoroutineScope 객체는 별도의 루트 Job 객체를 갖
기 때문에 runTest로 생성되는 코루틴과 구조화되지 않으며, 코루틴을 실행할 때
Dispatchers.IO를 사용하기 때문에 실제 시간 위에서 실행된다. 즉, 테스트용 스케
줄러의 영향을 받지 않는다. 따라서 advanceUntilIdle 함수가 호출되더라도 실제

시간에서 그대로 실행된다. 즉, 단언이 실행될 때 stringStateHolder.stringState 값은 업데이트되기 전이어서 여전히 빈 문자열이며, 이에 따라 테스트가 실패한다.

이를 해결하기 위해서는 StringStateHolder 객체의 CoroutineScope 객체가 TestCoroutineScheduler 객체를 사용할 수 있게 해야 한다. 이를 위한 가장 쉬운 방법은 StringStateHolder 클래스의 CoroutineScope 생성 함수에서 사용하는 CoroutineDispatcher 객체를 StringStateHolder에 주입받도록 StringStateHolder의 구현을 변경하는 것이다. 다음과 같이 StringStateHolder 클래스를 변경해 보자.

```
코드 위치: src/main/chapter12/code7/StringStateHolder.kt
class StringStateHolder(
  private val dispatcher: CoroutineDispatcher = Dispatchers.IO
) {
  private val coroutineScope = CoroutineScope(dispatcher)

  var stringState = ""
    private set

  fun updateStringWithDelay(string: String) {
    coroutineScope.launch {
      delay(1000L)
      stringState = string
    }
  }
}
```

이제 새롭게 만든 StringStateHolder 클래스를 사용해 테스트를 만들어 보자.

```
코드 위치: src/test/chapter12/code7/StringStateHolderTestSuccess.kt
class StringStateHolderTestSuccess {
  @Test
  fun 'updateStringWithDelay(ABC)가 호출되면 문자열이 ABC로 변경된다'() {
    // Given
    val testDispatcher = StandardTestDispatcher()
    val stringStateHolder = StringStateHolder(
      dispatcher = testDispatcher
```

```
    )

    // When
    stringStateHolder.updateStringWithDelay("ABC")

    // Then
    testDispatcher.scheduler.advanceUntilIdle()
    Assertions.assertEquals("ABC", stringStateHolder.stringState)
  }
}
```

이 테스트에서는 일시 중단 함수를 호출하는 부분이 없기 때문에 더는 runTest 함수로 감싸지 않는다. 대신 StandardTestDispatcher 함수를 통해 Coroutine Dispatcher 객체를 만들어 StringStateHolder 객체를 초기화할 때 주입하고, stringStateHolder.updateStringWithDelay("ABC")를 호출한 후 String StateHolder 객체 내부에서 만들어진 코루틴이 모두 실행 완료됨의 보장을 위해 testDispatcher.scheduler.advanceUntilIdle()을 호출한다. 이후 String StateHolder 객체가 가진 stringState값이 "ABC"로 업데이트됐는지 확인을 위해 Assertions.assertEquals("ABC", stringStateHolder.stringState)를 호출한다. 테스트를 실행해 보면 그림 12-24와 같이 성공하는 것을 볼 수 있다.

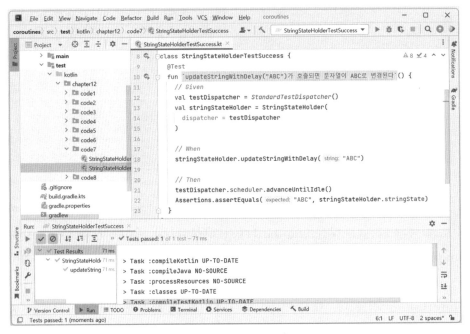

그림 12-24 성공하는 코루틴 테스트

이처럼 클래스 내부에서 별도의 CoroutineScope 객체를 갖고, 이를 사용해 새로운 코루틴을 실행하는 경우가 의외로 많다. 일반적으로 작업의 시작점 역할을 하는 클래스에서 이렇게 사용하는 방식이 흔히 발견되는데 이런 객체들도 모두 테스트가 필요하기 때문에 테스트하는 방법을 아는 것은 중요하다.

12.5.2. backgroundScope를 사용해 테스트 만들기

runTest 함수를 사용해 테스트를 진행할 경우 runTest 함수를 호출해 생성되는 코루틴은 메인 스레드를 사용하는데 내부의 모든 코루틴이 실행될 때까지 종료되지 않는다.

```
코드 위치: src/test/chapter12/code8/BackgroundScopeTest.kt
@Test
fun '메인 스레드만 사용하는 runTest'() = runTest {
  println(Thread.currentThread())
}
```

```
/*
// 결과:
Thread[Test worker @kotlinx.coroutines.test runner#5,5,main]
*/
```

따라서 runTest 코루틴 내부에서 launch 함수가 호출돼 코루틴이 생성되고, 이 코루틴 내부에서 while문 같은 무한히 실행되는 작업이 실행된다면 테스트가 계속해서 실행된다. 다음의 '끝나지 않아 실패하는 테스트'를 살펴보자.

코드 위치: src/test/chapter12/code8/BackgroundScopeTest.kt
```kotlin
@Test
fun '끝나지 않아 실패하는 테스트'() = runTest {
  var result = 0

  launch {
    while(true) {
      delay(1000L)
      result += 1
    }
  }

  advanceTimeBy(1500L)
  Assertions.assertEquals(1, result)
  advanceTimeBy(1000L)
  Assertions.assertEquals(2, result)
}
```

이 테스트는 runTest 내부에서 launch 함수를 호출해 새로운 코루틴을 생성하고 1초마다 result의 값을 1씩 증가시키고 있다. 따라서 advanceTimeBy(1500L)이 호출된 후 result의 값은 1이고, advanceTimeBy(1000L)이 호출된 후 result의 값은 2가 돼 테스트가 통과돼야 한다.

하지만 테스트를 실행하고 잠시 기다려도 통과 아이콘이 나오지 않는 것을 볼 수 있다. 10초 정도 지난 후에 다음과 같은 로그가 출력되며 테스트가 실패한다.

```
/*
// 결과:
```

```
After waiting for 10s, the test coroutine is not completing, there were
active child jobs: ["coroutine#3":StandaloneCoroutine{Active}@381f03c1]
kotlinx.coroutines.test.UncompletedCoroutinesError: After waiting for 10s,
the test coroutine is not completing, there were active child jobs: ["corou
tine#3":StandaloneCoroutine{Active}@381f03c1]
at app//kotlinx.coroutines.test.TestBuildersKt__
TestBuildersKt$runTest$2$1$2$1.invoke(TestBuilders.kt:349)
at app//kotlinx.coroutines.test.TestBuildersKt__
TestBuildersKt$runTest$2$1$2$1.invoke(TestBuilders.kt:333)
...
*/
```

이 로그가 출력되는 이유는 runTest 코루틴이 마지막 코드인 Assertions.
assertEquals(2, result)를 실행하고 나서 '실행 완료 중' 상태로 변경됐지만
while문에 의해 launch 코루틴이 계속해서 실행돼 테스트가 종료되지 않기 때문이
다. 원칙대로라면 테스트가 무한히 실행돼야 하지만 runTest 코루틴은 테스트가 무
한히 실행되는 것을 방지하려고 코루틴이 '실행 완료 중' 상태로 변한 후 일정 시간
(10초) 뒤에도 테스트가 종료되지 않으면 UncompletedCoroutinesError 예외를
던져 강제로 테스트를 실패하게 만든다.

이렇게 무한히 실행되는 작업을 테스트하기 위해서는 runTest 람다식의 수신 객체
인 TestScope가 제공하는 backgroundScope를 사용해야 한다. background
Scope는 runTest 코루틴의 모든 코드가 실행되면 자동으로 취소되며, 이를 통해
테스트가 무한히 실행되는 것을 방지할 수 있다. 앞의 테스트에서 launch 함수가
backgroundScope를 사용하도록 바꿔 'backgroundScope를 사용하는 테스트'
를 만들어 보자.

코드 위치: src/test/chapter12/code8/BackgroundScopeTest.kt
```
@Test
fun 'backgroundScope를 사용하는 테스트'() = runTest {
  var result = 0

  backgroundScope.launch {
    while (true) {
      delay(1000L)
      result += 1
```

```
    }
  }

  advanceTimeBy(1500L)
  Assertions.assertEquals(1, result)
  advanceTimeBy(1000L)
  Assertions.assertEquals(2, result)
}
```

이 코드에서는 무한히 실행되는 launch 코루틴이 backgroundScope를 사용해 실행되며, 이 backgroundScope는 runTest 코루틴의 마지막 코드인 Assertions.assertEquals(2, result)가 실행되면 취소된다. 따라서 테스트를 실행해 보면 그림 12-25와 같은 테스트 통과 화면을 볼 수 있다.

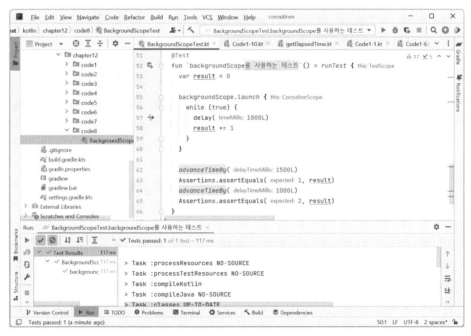

그림 12-25 backgroundScope를 사용한 테스트 통과 화면

이상으로 코루틴 테스트에 대한 내용이 마무리됐다.

12.6. 요약

1. 단위란 명확히 정의된 역할의 범위를 갖는 단위로 소프트웨어의 기능을 담는 코드 블록을 나타낸다. 즉, 정의된 동작을 실행하는 개별 함수나 클래스 또는 모듈이 모두 단위가 될 수 있다.

2. 단위 테스트란 단위에 대한 자동화된 테스트를 작성하고 실행하는 프로세스를 말한다.

3. 단위 테스트의 목적은 소프트웨어의 특정 기능이 의도한 대로 동작하는지 검증하는 것이다.

4. 객체 지향 프로그래밍에서 책임을 할당받는 기능을 담는 역할은 객체가 하므로 일반적으로 단위는 객체가 된다.

5. JUnit5 프레임웍을 사용해 테스트를 실행하기 위해서는 테스트 라이브러리 의존성을 build.gradle.kts 파일에 추가해야 한다.

6. assertEquals 단언을 사용해 테스트의 예상 결과를 검증할 수 있다.

7. JUnit5에서는 @BeforeEach 어노테이션을 사용해 각 테스트 실행 전에 공통으로 실행되는 코드를 작성할 수 있다.

8. 테스트 더블은 객체의 행동을 모방하는 객체로 테스트 대상 객체가 의존하는 다른 객체를 대체하는 데 사용된다. 대표적으로 스텁이나 페이크 같은 객체들이 있다.

9. 스텁 객체는 미리 정의된 데이터를 반환하는 모방 객체이다.

10. 페이크 객체는 실제 객체처럼 동작하도록 구현된 모방 객체이다.

11. 코루틴 단위 테스트는 일반 단위 테스트와 유사한 방식으로 작성된다.

12. 코루틴을 테스트할 때 일시 중단 함수는 일반 함수에서 호출할 수 없다. 테스트에서 일시 중단 함수 호출을 위해 runBlocking 함수로 테스트 함수를 감쌀 수 있다.

13. runBlocking 함수를 사용해 테스트를 작성하면 함수 내에서 지연이 발생할

경우 테스트가 오래 걸릴 수 있다. 이런 지연은 테스트의 실용성을 저하한다.

14. 코루틴 테스트 라이브러리를 사용하면 가상 시간 위에서 코루틴 테스트를 진행할 수 있어서 코루틴 내에서 지연이 발생하더라도 실제 시간의 지연 없이 테스트를 실행할 수 있다.

15. TestCoroutineScheduler 객체는 가상 시간을 조절해 코루틴이 실행될 때 실제 시간의 지연 없이 테스트를 진행할 수 있게 한다.

16. TestCoroutineScheduler 객체의 advanceTimeBy 함수를 통해 테스트 중에 가상 시간을 특정 시간만큼 진행시킬 수 있다.

17. TestCoroutineScheduler 객체의 currentTime 프로퍼티를 통해 현재 가상 시간이 얼마나 지났는지 확인할 수 있다.

18. StandardTestDispatcher 함수를 사용해 TestCoroutineScheduler가 내장된 TestDispatcher 객체를 만들 수 있다.

19. TestScope 생성 함수를 사용해 TestDispatcher 객체가 내장된 TestScope 객체를 만들 수 있다.

20. 코루틴 테스트 라이브러리는 TestScope에 대한 확장 함수를 통해 TestCoroutineScheduler 객체의 함수들(advanceTimeBy, advanceUntilIdle 등)과 프로퍼티(currentTime 등)를 Testcope 객체가 직접 호출할 수 있도록 한다.

21. runTest 함수는 TestScope 객체를 사용해 코루틴을 실행시키고, 그 코루틴에서 생기는 지연을 자동으로 처리해 빠르고 효율적인 코루틴 테스트를 가능하게 한다.

22. 함수에서 새로운 코루틴을 실행하는 클래스를 테스트하기 위해서는 코루틴을 실행하는 데 사용되는 CoroutineDispatcher 객체가 클래스의 생성자를 통해 주입될 수 있도록 만들어야 한다.

23. 무한히 실행되는 작업을 테스트하기 위해서는 runTest 람다식의 수신 객체인 TestScope가 제공하는 backgroundScope를 사용해야 한다.

| 마치며 |

지금까지 개발자들에게 비동기 프로그래밍이라는 주제는 항상 어려운 주제로 여겨졌다. 물론, 비동기 프로그래밍은 어려운 주제지만, 나는 사람들이 이해하기 어려운 이유 중 큰 부분을 차지하는 것이 체계화된 학습자료의 부족이라고 생각해 왔다. 이 책은 그 문제를 해결하기 위해 쓰였다.

우리는 이 책에서 코틀린 코루틴의 실행 방법부터 시작해, 코루틴의 구성 요소, 구조화된 동시성과 예외 처리 방법 등의 기초 지식을 비롯해, 멀티 스레드 환경에서의 데이터 동기화 방법, 코루틴의 일시 중단의 원리 등의 심화 지식을 배웠으며, 테스트에 관한 지식도 기초부터 심화까지 모두 다뤘다. 코루틴 리액티브 프로그래밍과 관련된 내용을 제외하면, 사실상 현업에서 사용하는 거의 모든 내용을 체계적으로 다뤘으며, 이 책의 내용을 충분히 이해하고 머릿속으로 코루틴의 동작 방식을 시각화하는 훈련을 거친다면, 현업에서 코루틴 코드를 효율적이고 안정적으로 동작하도록 만들 수 있을 것이다.

찾아보기

기호

코틀린 코루틴의 정석

기초부터 심화까지 알아보는

초판 발행 | 2024년 2월 29일
2쇄 발행 | 2024년 11월 8일

지은이 | 조 세 영

펴낸이 | 권 성 준
편집장 | 황 영 주
편 집 | 김 진 아
　　　　임 지 원
디자인 | 윤 서 빈

에이콘출판주식회사
서울특별시 양천구 국회대로 287 (목동)
전화 02-2653-7600, 팩스 02-2653-0433
www.acornpub.co.kr / editor@acornpub.co.kr